合格発表まで

日程はあらかじめ必ず協力機関へお問い合わせ下さい。

受験票の送付	試　験	合格発表
9月下旬～10月上旬（予定）	10月第3日曜日（予定） 午後1時～午後3時 ※3 （12時30分までに着席のこと） 途中退室不可	原則として、11月下旬～12月上旬
不動産適正取引推進機構より直接送付される。 10月上旬までに受験票が到着しないときは、不動産適正取引推進機構又は、協力機関に問い合わせる。 ※受験票の記載内容に修正する箇所がある場合は、試験当日、監督員から受け取ったデータ修正票に記入の上、試験終了時に提出する。	持参品 ・受験票 ・ＢかＨＢの黒鉛筆またはシャープペンシル ・プラスチック消しゴム ・鉛筆削り（任意） ・腕時計 ※4	合格者の受験番号を都道府県ごとの所定の場所に掲示するとともに、不動産適正取引推進機構のホームページでも掲載される。 また、合格者には不動産適正取引推進機構より**合格証書**が送付される。

※3　登録講習修了者は午後1時10分～午後3時
※4　時計機能（時刻確認）のみのものに限る。

キャラクターとロゴのご紹介!!

本文中に登場して、適切なアドバイスを致します。

考えてもわからないときは、参考にしよう!

重要なポイントをわかりやすく整理・解説しています。

虚心坦懐(きょしんたんかい)に(すなおに、という意味の古い言葉)聞くがよいぞ!

問題の解き方や注意すべきところをアドバイスします。

これを間違えたら受からないヨ!

法改正などがあったため、少々手直しした問題です!

8割以上取らなきゃダメ!

覚えにくいポイントもこれでバッチリだ!

がんばって半分以上正解しよう!

らくらく宅建塾[基本テキスト]の略です。

こんなの間違えても大丈夫!

過去問宅建塾3(本書)の略です。

Takken Gakuin
宅建学院

ごあいさつ

★　ラクに受かりましょう‼

この問題集は、苦労して受かりたい方には、おすすめできません。**ラクに受かりたい方だけどうぞ‼**

★　「本番」のカラクリとは⁈

出題者は、過去問を焼き直して繰り返し出題します。それが本番のカラクリです。では、どのように？　それを本書で完全に解明しました！　その**キラ星のような良問の花束**を３分冊でお届けします。

★　解けない問題をどう解くか⁈

おまかせ下さい。この３冊の問題集には、**解けない問題が解けるようになる**宅建学院の秘伝がスシ詰めになっています。

独学の方も、他校の方も、他の問題集を解く前に、まずこの問題集を解いてみて下さい。そうすれば、宅建学院の**究極のわかりやすさ**の秘密がわかります。本書は宅建士試験に向けて厳選した、オリジナルの問題のみで構成しています。本書シリーズの「**らくらく宅建塾[基本テキスト]**」と出題順序を合わせていますので、「テキストで学習」⇒「学習した範囲を問題集で演習」と、セットで効率よく学習でき、肢ごとの解説には、テキストの参照箇所も記載しています。まずは本書で宅建士試験の全範囲を網羅しましょう!!!!

★　宅建戦争終結

この問題集には、**解けない問題が解けるようになる**宅建学院の秘伝がスシ詰めになっています。

2024年に合格なさりたいすべての方に、**無限の自信**をもっておすすめします！

本当に、こんなにラクに受かってしまっていいのでしょうか！？

2024年２月

宅建学院

一番ラクで確実な合格方法!!

どのように学習するべきか

余計な知識は混乱のモト。合格に必要な知識だけ身につけるべし。それにはどうしたらいいか？　答えは、本書シリーズの「らくらく宅建塾［基本テキスト］」を繰り返し読むことに尽きる。このテキストには、合格するために必要なことが、全て書かれている。無駄な記述は一つもない。ここが、他のテキストとの違いだ。1000 頁の本を 1 回読むより、500 頁の本を 2 回読んだ方が、よほど効果がある。万が一学習していて理解しづらい箇所が出てきたら、マンガで具体的にイメージできる「マンガ宅建塾」の併用をおすすめする。

知識を身につけただけでは合格できない。身につけた知識を使いこなして、どんどん問題を解くこと。まずは本書「らくらく宅建塾（基本問題集）」で全範囲を網羅しよう。次に過去問だ。分野別に良問を集めた「過去問宅建塾」で多くの過去問に挑戦しよう。これらの問題集を、全問正解するまで繰り返せば、得点目標は自動的に達成できる!!

そして必要に応じて、「まる覚え宅建塾」、「まるばつ宅建塾 / 一問一答問題集」でポイントを押さえ、「ズバ予想宅建塾・直前模試編」で仕上げれば完璧だ!!

本書利用のコツ

コツ1　正解が出せたとしても、それだけでその問題がマスターできたと思うべからず。各問は、4 つの選択肢から成り立っている。各肢を独立の問題と心得よ。全肢について、どういう理由で誤り（または正しい）かを何も見ないで友達に説明できるようになるまで吸収すべし!!

コツ2　全問を 1 回解いただけで卒業と思うなかれ。再び第 1 問に立ち返り、全問正解するまで繰り返すこと。問題集をそれぞれ丸 1 日で解き切れるようになるのが最終目標だ!!

最後に奥の手は

「らくらく宅建塾シリーズ」だけで誰でも合格できるが、もっとラクに確実に合格するにはどうしたらいいか？　答えは、通信講座の**宅建超完璧講座**を受けることだ！　宅建士試験は覚えることがたくさんあって、法律用語も分かりづらい。**宅建超完璧講座**では、ベテラン講師が豊富な事例を用いて「わかりやすく」解説している。実際、**宅建超完璧講座**の受講生から、2 年連続で全国最年少合格者も誕生している。巻末の紹介と宅建学院のホームページをチェックしてほしい。

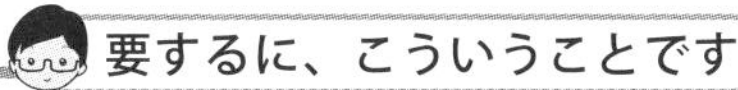

要するに、こういうことです

2024年版「らくらく宅建塾」シリーズ

1 導　入

マンガ宅建塾

2 基本学習

らくらく宅建塾
［基本テキスト］

らくらく宅建塾
［基本問題集］

■ サポート

コンパクトで
持ち歩きにも便利

まる覚え
宅建塾

4 直前演習

ズバ予想宅建塾
直前模試編

3 過去問演習

過去問宅建塾（分野別３巻）

まるばつ
宅建塾

奥　の　手

合格率 3.2 倍※、２年連続で全国最年少合格者を生み出した

通信「宅建超完璧講座」を受ける。

宅建学院のホームページまたは通信講座問合せ先→04-2921-2020（宅建学院）

宅建超完璧講座は一般教育訓練給付制度厚生労働大臣指定講座（指定番号 1120019-0020012-9）です!!　詳しくは、巻末広告をご覧ください。

※不動産適正取引推進機構発表の「令和３年度宅地建物取引士資格試験結果の概要」と令和３年度「宅建超完璧講座」受講生のうち、講座修了者に対するアンケート結果より算出。

各種情報は、宅建学院のホームページをご覧ください！

宅建学院

類似の学校名にご注意ください。

https://www.takkengakuin.com/

過去問宅建塾の特長と使い方

1　問題数が多い！

「過去問宅建塾3」には、合計226問が載っている。「多いなー」と思ったら負け。実は何度も繰り返し同じ問題が出題されている。「あれ、この問題さっきもあったな」と感じ始めたらしめたもの。身体と頭で、「よく出題されるところ」を覚えたら、決して忘れない！

2　各ページ左上部に□□□□□マークがある

過去問は最低でも3回は繰り返そう。次の①～④を意識して解けば、勉強効率もUPだ！

①問題を解いて問題なければ□□□□□のひとつを全部塗りつぶす。もし間違えたり不安だったら□を半分だけ塗りつぶす。こうして1回目を全部解く。

問題なし！　まだ不安…　でもOK!

②2回目以降は毎回隣の□に移って、同じ要領で解いては塗りつぶすの繰り返し。

③すべての問題で真っ黒な□が3個できるまで繰り返そう。

④半分しか塗られていない□は一度つまずいた証拠！　重点的に復習だ。

こんな問題は要チェック！　卒業してても復習しよう！

3　問題の横に 講義 が書いてある

問題の横に解説が書いてあるので、めくらなくてよい。さらに、問題文と解説を見比べながら、じっくり考えることもできる。電車やバスの中でも勉強しやすいのだ！　1肢ごとに何度も表を見たり裏を見たりしていると、つい、めんどーくさくなってしまう。

また、「正。」と「誤。」は赤シートで隠れるから、うっかり答えがわかってしまうことはない。一問ずつ確認することもできるし、赤シートをしおりに使えばどこまで勉強したかもスグわかる！いたれり尽くせりだ！

そして、一番大事なのは復習だ。問題を解いた後は、しっかり復習して、なぜその肢が正しいのか、誤っているのかということを究明しておくこと。

④ 肢ごとにらくらく宅建塾［基本テキスト］の参照ページが書いてある

直接問題に関係する解説だけでなく、「ここが基本だから読んでおいて欲しいところ」や「プラスαで知っておきたいところ」にもリンクさせてある。確認しながら、知識を確実にしていこう。「らくらく宅建塾［基本テキスト］」には大事なことしか書いていないゾ！

そして「らくらく宅建塾［基本テキスト］」には載っていない発展的な、タマ～にしか出ないところは、「過去問宅建塾」の解説と解説下のアドバイスで完ペキだ。

⑤ 難度が書いてある

宅建学院による試験分析の結果から、カンターン・普通・難しい・超難の4つに分けてある。勉強の目安にしよう。初めて解くのに超難問を間違ったと悩む必要はないし、3回目なのにカンターンな問題を間違うようでは理解不足だ。もう一度「らくらく宅建塾［基本テキスト］」を読むべし！

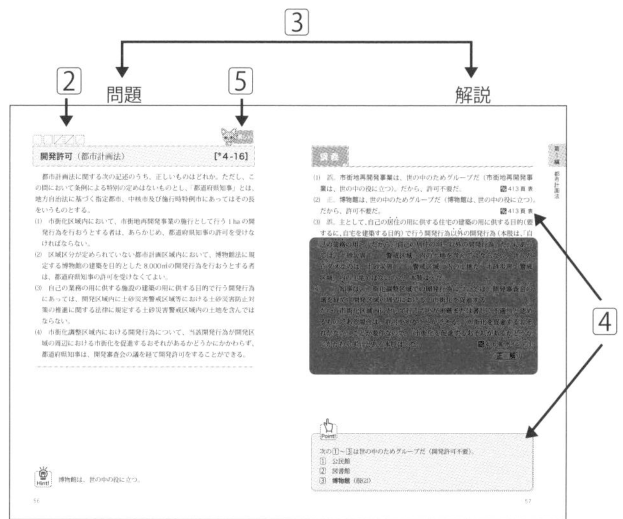

開発許可（都市計画法）　[*4-16]

都市計画法に関する次の記述のうち、正しいものはどれか。ただし、この問において条例による特別の定めはないものとし、「都道府県知事」とは、地方自治法に基づく指定都市、中核市及び施行時特例市にあってはその長をいうものとする。

(1) 市街化区域内において、市街地再開発事業の施行として行う1haの開発行為を行おうとする者は、あらかじめ、都道府県知事の許可を受けなければならない。

(2) 区域区分が定められていない都市計画区域内において、博物館法に規定する博物館の建築を目的とした8,000㎡の開発行為を行おうとする者は、都道府県知事の許可を受けなくてよい。

(3) 自己の業務の用に供する施設の建築の用に供する目的で行う開発行為にあっては、開発区域内に土砂災害警戒区域等における土砂災害防止対策の推進に関する法律に規定する土砂災害警戒区域内の土地を含んではならない。

(4) 市街化調整区域内における開発行為について、当該開発行為が開発区域の周辺における市街化を促進するおそれがあるかどうかにかかわらず、都道府県知事は、開発審査会の議を経て開発許可をすることができる。

Hint! 博物館は、世の中の役に立つ。

56

(1) 誤。市街地再開発事業は、世の中のためグループだ（市街地再開発事業は、世の中の役に立つ）。だから、許可不要だ。　413頁表

(2) 正。博物館は、世の中のためグループだ（博物館は、世の中の役に立つ）。だから、許可不要だ。　413頁表

(3) 誤。主として、自己の居住の用に供する住宅の建築の用に供する目的（要するに、自宅を建築する目的）で行う開発行為以外の開発行為（本肢は、「自

正解

Point!
次の①～③は世の中のためグループだ（開発許可不要）。
① 公民館
② 図書館
③ 博物館（肢(2)）

57

資料 1.　宅建士試験協力機関一覧表

受験申込手続き等については、住所地の協力機関に問い合わせて下さい。

宅建士試験協力機関一覧（2023 年 12 月現在）

協力機関名	電話番号	協力機関名	電話番号
(公社)北海道宅地建物取引業協会	011-642-4422	(公社)滋賀県宅地建物取引業協会	077-524-5456
(公社)青森県宅地建物取引業協会	017-722-4086	(公社)京都府宅地建物取引業協会	075-415-2140
(一財)岩手県建築住宅センター	019-623-4414	(一財)大阪府宅地建物取引士センター	06-6940-0104
(公社)宮城県宅地建物取引業協会	022-398-9397	(一社)兵庫県宅地建物取引業協会	078-367-7227
(公社)秋田県宅地建物取引業協会	018-865-1671	(公社)奈良県宅地建物取引業協会	0742-61-4528
(公社)山形県宅地建物取引業協会	023-623-7502	(公社)和歌山県宅地建物取引業協会	073-471-6000
(公社)福島県宅地建物取引業協会	024-531-3487	(公社)鳥取県宅地建物取引業協会	0857-23-3569
(公社)茨城県宅地建物取引業協会	029-225-5300	(公社)島根県宅地建物取引業協会	0852-23-6728
(公社)栃木県宅地建物取引業協会	028-634-5611	(一社)岡山県不動産サポートセンター	086-224-2004
(一社)群馬県宅地建物取引業協会	027-243-3388	(公社)広島県宅地建物取引業協会	082-243-0011
(公社)新潟県宅地建物取引業協会	025-247-1177	(一社)山口県宅地建物取引業協会	083-973-7111
(公社)山梨県宅地建物取引業協会	055-243-4300	(公社)徳島県宅地建物取引業協会	088-625-0318
(一社)長野県宅地建物取引業協会	026-226-5454	(公社)香川県宅地建物取引業協会	087-823-2300
(公社)埼玉県弘済会	048-822-7926	(公社)愛媛県宅地建物取引業協会	089-943-2184
(一社)千葉県宅地建物取引業協会	043-441-6262	(公社)高知県宅地建物取引業協会	088-823-2001
(公財)東京都防災・建築まちづくりセンター	03-5989-1734	(一財)福岡県建築住宅センター	092-737-8013
(公社)神奈川県宅地建物取引業協会	045-681-5010	(公社)佐賀県宅地建物取引業協会	0952-32-7120
(公社)富山県宅地建物取引業協会	076-425-5514	(公社)長崎県宅地建物取引業協会	095-848-3888
(公社)石川県宅地建物取引業協会	076-291-2255	(一社)熊本県宅地建物取引業協会	096-213-1355
(公社)福井県宅地建物取引業協会	0776-24-0680	(一社)大分県宅地建物取引業協会	097-536-3758
(公社)岐阜県宅地建物取引業協会	058-275-1171	(一社)宮崎県宅地建物取引業協会	0985-26-4522
(公社)静岡県宅地建物取引業協会	054-246-7150	(公社)鹿児島県宅地建物取引業協会	099-252-7111
(公社)愛知県宅地建物取引業協会	052-953-8040	(公社)沖縄県宅地建物取引業協会	098-861-3402
(公社)三重県宅地建物取引業協会	059-227-5018		

資料 2.　過去 43 年間のデータ

年　　度	申込者数	受験者数	合格者数	合格率（倍率）	合格点
1981（昭和56）年	137,864人	119,091人	22,660人	19.0%（5.3倍）	35点
1982（昭和57）年	124,239人	109,061人	22,355人	20.5%（4.9倍）	35点
1983（昭和58）年	119,919人	103,953人	13,761人	13.2%（7.6倍）	30点
1984（昭和59）年	119,703人	102,233人	16,325人	16.0%（6.3倍）	31点
1985（昭和60）年	120,943人	104,566人	16,170人	15.5%（6.5倍）	32点
1986（昭和61）年	150,432人	131,073人	21,786人	16.6%（6.0倍）	33点
1987（昭和62）年	219,036人	192,785人	36,669人	19.0%（5.3倍）	35点
1988（昭和63）年	280,660人	235,803人	39,537人	16.8%（6.0倍）	35点
1989（平成1）年	339,282人	281,701人	41,978人	14.9%（6.7倍）	33点
1990（平成2）年	422,904人	342,111人	44,149人	12.9%（7.7倍）	26点
1991（平成3）年	348,008人	280,779人	39,181人	14.0%（7.2倍）	34点
1992（平成4）年	282,806人	223,700人	35,733人	16.0%（6.3倍）	32点
1993（平成5）年	242,212人	195,577人	28,138人	14.4%（6.9倍）	33点
1994（平成6）年	248,076人	201,542人	30,500人	15.1%（6.6倍）	33点
1995（平成7）年	249,678人	202,589人	28,124人	13.9%（7.2倍）	28点
1996（平成8）年	244,915人	197,168人	29,065人	14.7%（6.8倍）	32点
1997（平成9）年	234,175人	190,135人	26,835人	14.1%（7.1倍）	34点
1998（平成10）年	224,822人	179,713人	24,930人	13.9%（7.2倍）	30点
1999（平成11）年	222,913人	178,393人	28,277人	15.9%（6.3倍）	30点
2000（平成12）年	210,466人	168,095人	25,928人	15.4%（6.5倍）	30点
2001（平成13）年	204,629人	165,119人	25,203人	15.3%（6.6倍）	34点
2002（平成14）年	209,672人	169,657人	29,423人	17.3%（5.8倍）	36点
2003（平成15）年	210,182人	169,625人	25,942人	15.3%（6.5倍）	35点
2004（平成16）年	216,830人	173,457人	27,639人	15.9%（6.3倍）	32点
2005（平成17）年	226,665人	181,880人	31,520人	17.3%（5.8倍）	33点
2006（平成18）年	240,278人	193,573人	33,191人	17.1%（5.8倍）	34点
2007（平成19）年	260,633人	209,684人	36,203人	17.3%（5.8倍）	35点
2008（平成20）年	260,591人	209,415人	33,946人	16.2%（6.2倍）	33点
2009（平成21）年	241,944人	195,515人	34,918人	17.9%（5.6倍）	33点
2010（平成22）年	228,214人	186,542人	28,311人	15.2%（6.6倍）	36点
2011（平成23）年	231,596人	188,572人	30,391人	16.1%（6.2倍）	36点
2012（平成24）年	236,350人	191,169人	32,000人	16.7%（6.0倍）	33点
2013（平成25）年	234,586人	186,304人	28,470人	15.3%（6.5倍）	33点
2014（平成26）年	238,343人	192,029人	33,670人	17.5%(5.7倍)	32点
2015（平成27）年	243,199人	194,926人	30,028人	15.4%（6.5倍）	31点
2016(平成28)年	245,742人	198,463人	30,589人	15.4%(6.5倍)	35点
2017(平成29)年	258,511人	209,354人	32,644人	15.6%(6.4倍)	35点
2018(平成30)年	265,444人	213,993人	33,360人	15.6%(6.4倍)	37点
2019(令和元)年	276,019人	220,797人	37,481人	17.0%(5.9倍)	35点
2020(令和2)年10月	204,163人	168,989人	29,728人	17.6%(5.7倍)	38点
2020(令和2)年12月	55,121人	35,261人	4,610人	13.1%(7.6倍)	36点
2021(令和3)年10月	256,704人	209,749人	37,579人	17.9%(5.6倍)	34点
2021(令和3)年12月	39,814人	24,965人	3,892人	15.6%(6.4倍)	34点
2022(令和4)年	283,856人	226,048人	38,525人	17.0%(5.9倍)	36点
2023(令和5)年	289,096人	233,276人	40,025人	17.2%(5.8倍)	36点

資料 3.　分野ごとの出題数（2009 ～ 2023 年度）

分野	出題数
1巻　権利関係 （本試験第１～14問）	14問出題
2巻　宅建業法 （本試験第26～45問）	20問出題
3巻前半　法令上の制限 （本試験第15～22問）	8問出題
3巻後半　その他の分野 （本試験第23～25問、第46～50問）	8問出題 （税　法 2問 その他 6問）

も く じ

1

第 1 編

都市計画法

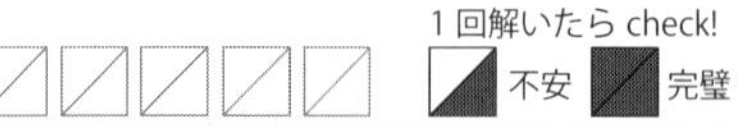

都市計画全般（都市計画法） [平14-17]

都市計画法に関する次の記述のうち、誤っているものはどれか。

⑴　都市計画区域は、一体の都市として総合的に整備し、開発し、及び保全される必要がある区域であり、2以上の都府県にまたがって指定されてもよい。

⑵　都市計画は、都市計画区域内において定められるものであるが、道路や公園などの都市施設については、特に必要があるときは当該都市計画区域外においても定めることができる。

⑶　市街化区域は、既に市街地を形成している区域であり、市街化調整区域は、おおむね10年以内に市街化を図る予定の区域及び市街化を抑制すべき区域である。

⑷　無秩序な市街化を防止し、計画的な市街化を進めるため、都市計画区域を市街化区域と市街化調整区域に区分することができるが、すべての都市計画区域において区分する必要はない。

基礎知識だけで解ける！

講義

⑴ 正。都市計画区域の定義は、本肢のとおり。そして、都市計画の必要性は世の中の実情に応じて決まるから、**行政区画とは無関係**に、2つの都府県にまたがって指定されることもある。

398頁 上から3行目

⑵ 正。都市計画区域が都市計画をやる場所なのだから、当然、都市計画は都市計画区域内に定めるのが原則。ただし、都市施設は例外的に、**都市計画区域外**にも定めることが**できる**ことになっている。道路等が都市計画区域を出た瞬間途切れてしまったら、使い物にならないからだ。

407頁 3

⑶ 誤。市街化区域は、**すでに市街地**を形成している区域、及びおおむね10年以内に市街化を図るべき区域（しっかり市街化する場所）をいう。これに対して市街化調整区域は、市街化を抑制すべき区域（市街化をおさえる場所）だ。これは基本中の基本。

399頁

⑷ 正。すべての都市計画区域を市街化区域と市街化調整区域に区分（線引き）する必要はない。線引きをしない**非線引区域**もある。

399頁

正　解 ⑶

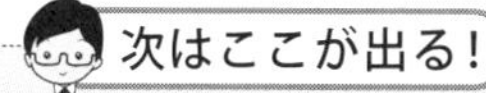

都市計画区域の指定は、
原則 ➡ **都道府県**が行う
例外 ➡ **国土交通大臣**が行う（2つ以上の都府県にまたがって指定する場合）

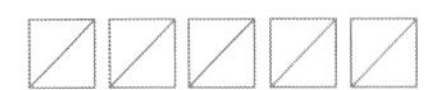

都市計画全般（都市計画法） [平22-16]

都市計画法に関する次の記述のうち、正しいものはどれか。

⑴　市街化区域については、少なくとも用途地域を定めるものとし、市街化調整区域については、原則として用途地域を定めないものとされている。

⑵　準都市計画区域は、都市計画区域外の区域のうち、新たに住居都市、工業都市その他の都市として開発し、及び保全する必要がある区域に指定するものとされている。

⑶　区域区分は、指定都市及び中核市の区域の全部又は一部を含む都市計画区域には必ず定めるものとされている。

⑷　特定用途制限地域は、用途地域内の一定の区域における当該区域の特性にふさわしい土地利用の増進、環境の保護等の特別の目的の実現を図るため当該用途地域の指定を補完して定めるものとされている。

市街化区域はしっかり市街化する場所である。

講義

⑴　正。**市街化区域**には、少なくとも（＝**必ず**）用途地域を定める。市街化区域はしっかり市街化する場所だからだ。これに対して、市街化**調整**区域は、市街化をおさえる場所だから、用途地域は**原則として**定めない。

404頁⑵

⑵　誤。新たに住居都市、工業都市その他の都市として開発し、および保全する必要がある区域において指定されるのは、**都市計画区域**だ。準都市計画区域ではない。398頁2.

⑶　誤。区域区分を必ず定めなければならないのは、1 三大都市圏の区域を含む都市計画区域と2 **指定都市**の区域を含む都市計画区域（指定都市の区域の一部を含む都市計画区域にあっては、その区域内の人口が50万人未満であるものを除く）だ。中核市の区域を含む都市計画区域には、必ず定める必要はないので誤りだ。398頁3.

⑷　誤。特定用途制限地域とは、建築物等の**特定の用途**を制限する地域のことだ。本肢は、特別用途地区についての説明なので誤りだ。

404頁2.

正　解　⑴

肢⑴のポイント

1　市街化区域はしっかり市街化する場所である ➡ だから、用途地域を**必ず**定める。

2　市街化**調整**区域は市街化をおさえる場所である ➡ だから、用途地域は**原則として**定めない。

都市計画全般（都市計画法）　[令1-15]

都市計画法に関する次の記述のうち、誤っているものはどれか。

(1)　高度地区は、用途地域内において市街地の環境を維持し、又は土地利用の増進を図るため、建築物の高さの最高限度又は最低限度を定める地区とされている。

(2)　特定街区については、都市計画に、建築物の容積率並びに建築物の高さの最高限度及び壁面の位置の制限を定めるものとされている。

(3)　準住居地域は、道路の沿道としての地域の特性にふさわしい業務の利便の増進を図りつつ、これと調和した住居の環境を保護するため定める地域とされている。

(4)　特別用途地区は、用途地域が定められていない土地の区域（市街化調整区域を除く。）内において、その良好な環境の形成又は保持のため当該地域の特性に応じて合理的な土地利用が行われるよう、制限すべき特定の建築物等の用途の概要を定める地区とされている。

特定用途制限地域。

講義

⑴ 正。高度地区は、用途地域**内**において建築物の**高さ**の最高限度または最低限度を定める地区だ。 405頁 表

⑵ 正。特定街区は、超高層ビル街等を建設するための地区だ。特定街区については、容積率・建築物の高さの**最高限度**・壁面の位置の制限を定めるものとされている。 404頁 表

⑶ 正。準住居地域は、**道路の沿道**としての地域の特性にふさわしい業務の利便の増進を図りつつ、これと調和した住居の環境を保護するため定める地域だ。 403頁 表

⑷ 誤。特別用途地区は、用途地域**内**の一定の地区における**特別の目的**の実現を図るため定める地区だ（用途地域外には、特別用途地区は定められない）。ちなみに、本肢は特定用途制限地域についての説明だ。

404頁 表、406頁 1

正　解 ⑷

特定街区には、次の 1 ～ 3 を定める（肢⑵）。

1 容積率
2 建築物の高さの**最高**限度
3 壁面の位置の制限

都市計画全般（都市計画法） [令4-15]

都市計画法に関する次の記述のうち、誤っているものはどれか。

(1) 市街化区域については、都市計画に、少なくとも用途地域を定めるものとされている。

(2) 準都市計画区域については、都市計画に、特別用途地区を定めることができる。

(3) 高度地区については、都市計画に、建築物の容積率の最高限度又は最低限度を定めるものとされている。

(4) 工業地域は、主として工業の利便を増進するため定める地域とされている。

高度地区は建物の高さを定める地区だ。

講義

⑴　正。市街化区域については、都市計画に、**少なくとも用途地域**を定めるものとされている（つまり、市街化区域には、必ず用途地域を定めるということ）。

404頁⑵

⑵　正。準都市計画区域については、都市計画に、1 **特別用途地区**、2 特定用途制限地域、3 高度地区、4 景観地区、5 風致地区を定めることができる。

406頁 注1

⑶　誤。高度地区は、用途地域内において市街地の環境を維持し、または土地利用の増進を図るため、建築物の**高さ**の最高限度または最低限度を定める地区だ。**高さ**を定める地区であって、容積率を定める地区ではないので、本肢は×だ。

405頁

⑷　正。工業地域は、**主として**工業の利便を増進するため定める地域だ。

403頁 7

正　解　⑶

準都市計画区域には次の1～5を定めることができる。

1　**特別用途地区**（肢⑵）
2　特定用途制限地域
3　高度地区
4　景観地区
5　風致地区

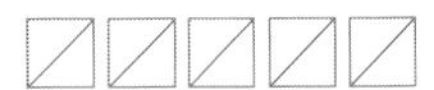

都市計画全般（都市計画法）　[令5-15]

都市計画法に関する次の記述のうち、正しいものはどれか。

(1) 市街化調整区域は、土地利用を整序し、又は環境を保全するための措置を講ずることなく放置すれば、将来における一体の都市としての整備に支障が生じるおそれがある区域とされている。

(2) 高度利用地区は、土地の合理的かつ健全な高度利用と都市機能の更新とを図るため、都市計画に、建築物の高さの最低限度を定める地区とされている。

(3) 特定用途制限地域は、用途地域が定められている土地の区域内において、都市計画に、制限すべき特定の建築物等の用途の概要を定める地域とされている。

(4) 地区計画は、用途地域が定められている土地の区域のほか、一定の場合には、用途地域が定められていない土地の区域にも定めることができる。

一定の場合には、用途地域が定められていない土地の区域にも定めることができる。

講義

⑴ 誤。市街化調整区域は、市街化を**抑制**すべき区域だ（市街化を抑える場所だ）。本肢は、準都市計画区域の説明だ。 399頁

⑵ 誤。高度利用地区は、土地の合理的かつ健全な高度利用と都市機能の更新とを図るため、「**容積率**の最高限度・最低限度」、「**建蔽率**の最高限度」、「**建築面積**の最低限度」、「**壁面の位置**の**制限**」を定める地区だ。定めるものの中に「高さの最低限度」は入っていない。 405頁 表

⑶ 誤。特定用途制限地域は、「**用途地域**内（用途地域が定められている土地の区域内）」と「**市街化調整区域**内」には定めることはできない。本肢は「用途地域が定められている土地の区域内において～定める地域」となっているから×だ。 404頁 表 ⑫

⑷ 正。地区計画は、用途地域が定められている土地の区域のほか、一定の場合には、用途地域が定められていない土地の区域にも定めることが**できる**。 410頁 2

（正 解） (4)

地区計画は、どこに定めることができるのか？

①都市計画区域	➡	用途地域が定められているなら	○（肢(4)）
	➡	用途地域が定められていないなら	△ 注意！
②準都市計画区域	➡	×	
③両区域外	➡	×	

注意！ 一定の場合だけ、定めることができる（肢(4)）。

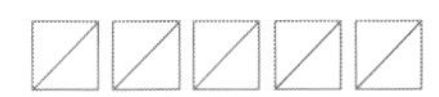

都市計画全般（都市計画法）　［平26-15］

都市計画法に関する次の記述のうち、誤っているものはどれか。

⑴　都市計画区域については、用途地域が定められていない土地の区域であっても、一定の場合には、都市計画に、地区計画を定めることができる。

⑵　高度利用地区は、市街地における土地の合理的かつ健全な高度利用と都市機能の更新とを図るため定められる地区であり、用途地域内において定めることができる。

⑶　準都市計画区域においても、用途地域が定められている土地の区域については、市街地開発事業を定めることができる。

⑷　高層住居誘導地区は、住居と住居以外の用途とを適正に配分し、利便性の高い高層住宅の建設を誘導するために定められる地区であり、近隣商業地域及び準工業地域においても定めることができる。

都市計画区域ほどガンガン都市化する場所じゃない。

講義

(1) 正。**都市計画区域**内であれば、用途地域が定められていない土地でも、一定の要件に該当する場合は、地区計画を定めることができる。

410頁 2

(2) 正。高度利用地区は、**用途地域**内において定めることができる。なお、高度利用地区は、用途地域をもっとガチガチにしばるためのものだから、用途地域外に定めることはできない。 406頁 1

(3) 誤。**準都市計画区域**は都市計画区域ほどガンガン都市化する場所じゃない。だから、準都市計画区域内において市街地開発事業を定めることはできない。 400頁 注2

(4) 正。高層住居誘導地区は、①第一種住居地域②第二種住居地域③準住居地域④**近隣商業地域**⑤**準工業地域**に定めることができる。 405頁 表

正解 (3)

市街地開発事業を定めることができるか？

1 都市計画区域 ➡ ○ 注意！
2 準都市計画区域 ➡ ✕（肢(3)）
3 両区域外 ➡ ×

注意！ ただし、都市計画区域内であっても、市街化調整区域には定めることができない。

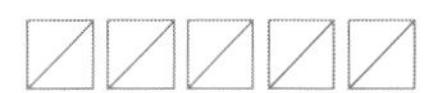

都市計画全般（都市計画法）　[平19-18]

都市計画法に関する次の記述のうち、正しいものはどれか。

(1) 高度地区は、用途地域内において市街地の環境を維持し、又は土地利用の増進を図るため、建築物の高さの最高限度又は最低限度を定める地区である。

(2) 都市計画区域については、無秩序な市街化を防止し、計画的な市街化を図るため、市街化区域と市街化調整区域との区分を必ず定めなければならない。

(3) 地区計画の区域のうち、地区整備計画が定められている区域内において、土地の区画形質の変更又は建築物の建築を行おうとする者は、当該行為に着手した後、遅滞なく、行為の種類、場所及び設計又は施行方法を市町村長に届け出なければならない。

(4) 都市計画の決定又は変更の提案をすることができるのは、当該提案に係る都市計画の素案の対象となる土地の区域について、当該土地の所有権又は建物の所有を目的とする対抗要件を備えた地上権若しくは賃借権を有する者に限られる。

「高度」と「高度利用」の違いに注意！

講義

⑴ 正。高度地区は、建物の**高さ**（最高限・最低限）を定める地区だ。また、「高度地区は、**用途地域内**に定める地区である」という点も正しい。

405頁 表

⑵ 誤。都市計画区域で必ず線引き（都市計画区域を市街化区域と市街化調整区域に分けること）が行われるわけではない。**線引きしない**ケースもある。ちなみに、この都市計画区域に指定されたのに線引きしない区域のことを非線引区域という（正式名称は「区域区分が定められていない都市計画区域」）。

398頁 3.

⑶ 誤。地区整備計画が定められている地区計画区域内で、建物を建てたり土地の造成（土地の区画形質の変更）をしたりする場合、着手の「**30日前**」までに、「市町村長」に「届出」なければならない。 410頁 4

⑷ 誤。土地の所有権者または建物所有を目的とする対抗要件を備えた地上権者・賃借権者（＝借地権者）だけではなく、**特定非営利活動法人**（**NPO法人**のこと）や都市再生機構等も都市計画の決定または変更の提案をすることができる。

402頁 4.

正解 ⑴

肢⑷の詳しい話

街づくりに口を出せる人（都市計画の決定または変更の提案をすることができる人）

① 土地の所有権者、対抗要件を備えた地上権者・賃借権者（＝借地権者）
② **特定非営利法人**（**NPO法人**）、一般社団法人・一般財団法人その他の非営利法人
③ 都市再生機構、地方住宅供給公社
④ 国土交通省令・地方公共団体の条例で定める団体

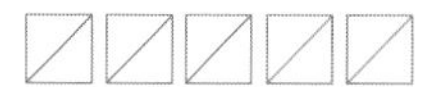

都市計画全般（都市計画法） [平24-16]

都市計画法に関する次の記述のうち、正しいものはどれか。

⑴ 市街地開発事業等予定区域に関する都市計画において定められた区域内において、非常災害のため必要な応急措置として行う建築物の建築であれば、都道府県知事（市の区域内にあっては、当該市の長）の許可を受ける必要はない。

⑵ 都市計画の決定又は変更の提案は、当該提案に係る都市計画の素案の対象となる土地について所有権又は借地権を有している者以外は行うことができない。

⑶ 市町村は、都市計画を決定しようとするときは、あらかじめ、都道府県知事に協議し、その同意を得なければならない。

⑷ 地区計画の区域のうち地区整備計画が定められている区域内において、建築物の建築等の行為を行った者は、一定の行為を除き、当該行為の完了した日から30日以内に、行為の種類、場所等を市町村長に届け出なければならない。

世の中のためになることだから……。

講義

⑴　正。原則として、市街地開発事業等予定区域内では、建築物の建築に知事等の許可が必要だ。しかし、例外として、**非常災害**の応急措置として行う建築は、許可**不要**だ。

⑵　誤。**特定非営利活動法人**（ＮＰＯ法人のことだ）・一般社団法人・一般財団法人・都市再生機構等も提案することができるので、本肢は×だ。

402頁 4.

⑶　誤。市町村は、都市計画を決定しようとするときは、あらかじめ、知事に**協議**しなければならないが、同意を得る必要はない（協議必要、同意不要）。だから「同意を得なければならない」とある本肢は×だ。

401頁 2.⑶

⑷　誤。地区整備計画が定められている地区計画区域内で建物を建てたり土地の造成をしたりする場合、着手の「**30日前**」までに、「市町村長」に「届け出」なければならない。完了した日から30日以内ではない。

410頁 4

正　解　⑴

市町村が都市計画を決定するとき（肢⑶）

1　知事に**協議**　➡　**必要**

2　知事の同意　➡　不要

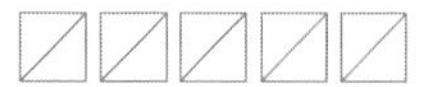

都市計画全般（都市計画法）　[平21-16]

都市計画法に関する次の記述のうち、正しいものはどれか。

⑴　市街地開発事業の施行区域内においては、非常災害のために必要な応急措置として行う建築物の建築であっても、都道府県知事等の許可を受けなければならない。

⑵　風致地区内における建築物の建築については、政令で定める基準に従い、地方公共団体の条例で、都市の風致を維持するため必要な規制をすることができる。

⑶　工作物の建設を行おうとする場合は、地区整備計画が定められている地区計画の区域であっても、行為の種類、場所等の届出が必要となることはない。

⑷　都市計画事業においては、土地収用法における事業の認定の告示をもって、都市計画事業の認可又は承認の告示とみなしている。

法律で規制するのではない！

講義

(1) 誤。市街地開発事業の施行区域内で、建築物の建築をしようとする者は、原則として、知事等（市の区域内では市長）の許可を受ける必要がある。しかし、例外として、**非常災害**の応急処置として行う建築は、**許可不要**だ。

408頁 第1段階 例外①

(2) 正。風致地区とは、都市の風致（自然美）を維持する地区のことだ。そのために、**地方公共団体の条例**で建築物の建築や木竹の伐採等を規制することができる。

405頁 表

(3) 誤。地区整備計画が定められている地区計画区域内で工作物を建てたり土地の造成をしたりする場合、着手の「30日前」までに、「市町村長」に「**届け出**」なければならない。

411頁 4

(4) 誤。「①**都市計画事業**の認可または承認の告示」をもって➡「②**土地収用法**の事業認定の告示」とみなすことになっている（都市計画事業の認可または承認の告示があれば➡土地収用法の事業認定の告示があったことになる）。本肢は、「②土地収用法の事業認定の告示」をもって➡「①都市計画事業の認可または承認の告示」とみなしている、とあるので×だ。

408頁 第2段階 注2

正解 (2)

風致地区のルール

➡ **地方公共団体の条例**で規制する（肢(2)）。

地方公共団体とは、都道府県と市町村のことだ。

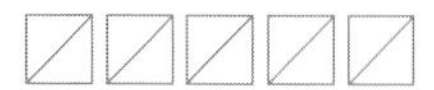

都市計画全般（都市計画法）　[平30-16]

都市計画法に関する次の記述のうち、誤っているものはどれか。

⑴　田園住居地域内の農地の区域内において、土地の形質の変更を行おうとする者は、一定の場合を除き、市町村長の許可を受けなければならない。

⑵　風致地区内における建築物の建築については、一定の基準に従い、地方公共団体の条例で、都市の風致を維持するため必要な規制をすることができる。

⑶　市街化区域については、少なくとも用途地域を定めるものとし、市街化調整区域については、原則として用途地域を定めないものとする。

⑷　準都市計画区域については、無秩序な市街化を防止し、計画的な市街化を図るため、都市計画に市街化区域と市街化調整区域との区分を定めなければならない。

準都市計画区域は、都市計画区域ほどガチガチでなくてもよい。

講義

(1)　正。田園住居地域内の農地の区域内では、1 建築物の建築、2 工作物の建設、3 土地の形質の変更、4 土石等の物件の堆積をしようとするときは、一定の場合を除き、**市町村長**の許可が必要だ。　409頁 原則

(2)　正。風致地区とは、都市の風致（自然美）を維持する地区のことだ。そのために、地方公共団体の**条例**で必要な規制（建築物の建築や宅地の造成や木竹の伐採等についての規制）をすることができる。　405頁 表

(3)　正。市街化区域には、少なくとも用途地域を定めることになっている（つまり、市街化区域には、必ず用途地域を定めるということ）。それに対して、市街化調整区域には、**原則として**、用途地域を定めないことになっている。　404頁 (2)

(4)　誤。**準**都市計画区域には、市街化区域と市街化調整区域との区分（区域区分）を定めることは**できない**（つまり、**準**都市計画区域では、線引きをすることはできないということ）。　399頁 日本は5つに分けられる

正解　(4)

区域区分を定めることができるか（線引きすることができるか）？

1　都市計画区域　➡　○

2　**準**都市計画区域　➡　×（肢(4)）

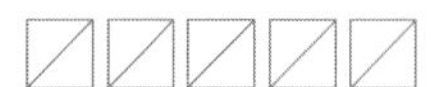

都市計画全般（都市計画法） 【平18-18】

都市計画法に関する次の記述のうち、正しいものはどれか。

(1) 地区計画は、建築物の建築形態、公共施設その他の施設の配置等からみて、一体としてそれぞれの区域の特性にふさわしい態様を備えた良好な環境の各街区を整備し、開発し、及び保全するための計画であり、用途地域が定められている土地の区域においてのみ定められる。

(2) 都市計画事業の認可の告示があった後においては、当該都市計画事業を施行する土地内において、当該事業の施行の障害となるおそれがある土地の形質の変更を行おうとする者は、都道府県知事及び当該事業の施行者の許可を受けなければならない。

(3) 都市計画事業については、土地収用法の規定による事業の認定及び当該認定の告示をもって、都市計画法の規定による事業の認可又は承認及び当該認可又は承認の告示とみなすことができる。

(4) 特別用途地区は、用途地域内の一定の地区における当該地区の特性にふさわしい土地利用の増進、環境の保護等の特別の目的の実現を図るため当該用途地域の指定を補完して定める地区である。

難しい言い回しに惑わされるな！

講義

(1)　誤。用途地域が定められていない土地であっても、都市計画区域内の一定の土地については地区計画を**定めることができる**。　410頁 2

(2)　誤。都市計画事業の認可の告示があるといよいよ工事が目前だから、事業の障害となるおそれのある土地の形質の変更を行おうとする者は、**知事等の許可**を受ける必要がある。ただし、あくまでも必要なのは知事等の許可であり、事業の施行者の許可は不要だ。　408頁 第2段階

(3)　誤。都市計画法の規定による告示をもって、土地収用法の規定による事業の認定の告示とみなすことになっている。あくまでも「①**都市計画法**の規定による告示をもって➡②**土地収用法**の規定による事業の認定の告示とみなす」のであって、本肢のように「②土地収用法の規定による事業の認定の告示をもって➡①都市計画法の規定による告示とみなす」のではない。要するに、本肢は①②が逆になっているので誤りということだ（「①➡②」が正しいのに、本肢は「②➡①」になっているので誤り）。

408頁 第2段階 注2

(4)　正。特別用途地区とは、**特別の目的**を実現するために定める地区のことだ。本肢は、特別用途地区の定義の説明として正しい。ちなみに、特別用途地区の種類は市町村が都市計画で定めることになっている。例えば、商業専用地区とか文教地区等、好きなオリジナルプランを定めるのだ。

404頁 2.

正　解　(4)

特別用途地区

①　どこに定めることができる？ ➡ 用途地域に定めることができる。

②　誰が定める？ ➡ 市町村だ。

③　どんな地区？ ➡ **特別の目的**を実現するために定める地区だ（肢(4)）。

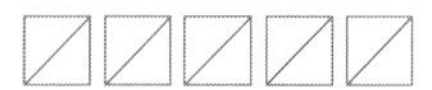

都市計画全般（都市計画法） [平20-18]

都市計画法に関する次の記述のうち、正しいものはどれか。

⑴　都市計画施設の区域又は市街地開発事業の施行区域内において建築物の建築をしようとする者は、行為の種類、場所及び設計又は施行方法を都道府県知事等に届け出なければならない。

⑵　都市計画事業の認可の告示があった後、当該認可に係る事業地内において当該事業の施行の障害となるおそれがある土地の形質の変更、建築物の建築、工作物の建設を行おうとする者は、当該事業の施行者の同意を得て、当該行為をすることができる。

⑶　都市計画事業の認可の告示があった後、当該認可に係る事業地内の土地建物等を有償で譲り渡した者は、当該譲渡の後速やかに、譲渡価格、譲渡の相手方その他の事項を当該事業の施行者に届け出なければならない。

⑷　市町村長は、地区整備計画が定められた地区計画の区域内において、地区計画に適合しない行為の届出があった場合には、届出をした者に対して、届出に係る行為に関し設計の変更その他の必要な措置をとることを勧告することができる。

命令はできない！

講義

⑴ 誤。都市計画施設（都市計画で建設が決定された都市施設）の区域内または市街地開発事業の施行区域内では、原則として、建築物の建築に**知事等**（市の区域内では市長）**の許可**が必要だ。知事等への届出ではないから、本肢は×だ。 408頁 第1段階 原則

⑵ 誤。都市計画事業の認可の告示があった後に、当該事業地内で事業の障害になる建築等をする場合には、**知事等の許可**が必要だ。

408頁 第2段階

⑶ 誤。都市計画事業の認可の告示があった旨の公告の日の翌日から起算して10日を経過した後に、事業地内の土地建物等を有償で譲り渡そうとする者は、譲渡する**前**に、予定対価の額及び譲り渡そうとする相手方等を施行者に届け出なければならない。譲渡した後に届け出るのではダメなので、本肢は×だ。

⑷ 正。届出を受けた市町村長は、地区計画に適合しない不適当な建物等なら、建築等をやめろと「**勧告**」できる。 411頁 5

正解 ⑷

勧告 ➡ ○、命令 ➡ ×

届出を受けた市町村長は、地区計画に適合しない不適当な建物等なら、建築等をやめろと「**勧告**」できる（命令はできない）（肢⑷）。

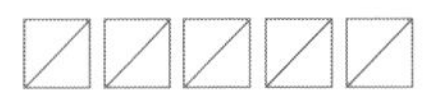

都市計画全般（都市計画法） [平29-16]

都市計画法に関する次の記述のうち、正しいものの組合せはどれか。

ア　都市計画施設の区域又は市街地開発事業の施行区域内において建築物の建築をしようとする者は、一定の場合を除き、都道府県知事（市の区域内にあっては、当該市の長）の許可を受けなければならない。

イ　地区整備計画が定められている地区計画の区域内において、建築物の建築を行おうとする者は、都道府県知事（市の区域内にあっては、当該市の長）の許可を受けなければならない。

ウ　都市計画事業の認可の告示があった後、当該認可に係る事業地内において、当該都市計画事業の施行の障害となるおそれがある土地の形質の変更を行おうとする者は、都道府県知事（市の区域内にあっては、当該市の長）の許可を受けなければならない。

エ　都市計画事業の認可の告示があった後、当該認可に係る事業地内の土地建物等を有償で譲り渡そうとする者は、当該事業の施行者の許可を受けなければならない。

(1)　ア、ウ
(2)　ア、エ
(3)　イ、ウ
(4)　イ、エ

許可が２つ、届出が２つある。

講義

ア　正。都市計画施設（都市計画で建設が決定された都市施設）の区域または市街地開発事業の施行区域内では、原則として、建築物の建築に**知事等の許可**が必要だ。 408頁 第1段階 原則 注!

イ　誤。地区整備計画が定められている地区計画の区域内で、建築物の建築、土地の区画形質の変更を行おうとする者は、着手の「30日前」までに、「**市町村長**」に「**届け出**」なければならない。 411頁 4

ウ　正。都市計画事業の認可の告示があった後は、事業の障害になる①建築物の建築、②工作物の建設、③土地の形質の変更、④重量5トン超の物件の設置・堆積を行おうとする者は、**知事等の許可**が必要だ。

408頁 第2段階

エ　誤。都市計画事業の認可の告示があった旨の公告の日の翌日から起算して10日を経過した後に、事業地内の土地建物等を有償で譲り渡そうとする者は、原則として、事前に、一定の事項を「**施行者**」に「**届け出**」なければならない。 過 平成20年 第18問(3)

以上により、正しいものはアとウなので、正解は肢(1)となる。

正　解　(1)

都市計画事業の認可の告示があった旨の公告の日の翌日から起算して10日を経過した後に、事業地内の土地建物等を有償で譲り渡そうとする者は、

➡　原則として、事前に、①予定対価、②譲り渡そうとする相手方等一定の事項を「施行者」に「**届け出**」なければならない（肢エ）。

注意！　上記の届け出があった後、30日以内に施行者が届出をした者に対し土地建物等を買い取るべき旨の通知をしたときは、施行者と届出者との間において、予定対価の額に相当する代金で、売買が成立したものとみなされる。

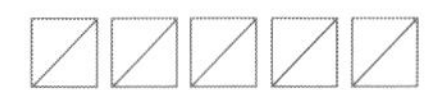

都市計画全般（都市計画法）　[平25-15]

都市計画法に関する次の記述のうち、誤っているものはどれか。

⑴　都市計画施設の区域又は市街地開発事業の施行区域内において建築物の建築をしようとする者であっても、当該建築行為が都市計画事業の施行として行う行為である場合には都道府県知事（市の区域内にあっては、当該市の長）の許可は不要である。

⑵　用途地域の一つである特定用途制限地域は、良好な環境の形成又は保持のため当該地域の特性に応じて合理的な土地利用が行われるよう、制限すべき特定の建築物等の用途の概要を定める地域とする。

⑶　都市計画事業の認可の告示があった後においては、当該事業地内において、当該都市計画事業の施行の障害となるおそれがある土地の形質の変更又は建築物の建築その他工作物の建設を行おうとする者は、都道府県知事（市の区域内にあっては、当該市の長）の許可を受けなければならない。

⑷　一定の条件に該当する土地の区域における地区計画については、劇場、店舗、飲食店その他これらに類する用途に供する大規模な建築物の整備による商業その他の業務の利便の増進を図るため、一体的かつ総合的な市街地の開発整備を実施すべき区域である開発整備促進区を都市計画に定めることができる。

用途地域とは何？

講義

⑴ 正。都市計画施設の区域または市街地開発事業の施行区域内では、原則として、建築物の建築に知事等の許可が必要だ。しかし、例外として、**都市計画事業**の施行として行う場合は、許可は**不要**だ。

408頁 第1段階 例外②

⑵ 誤。特定用途制限地域は、**用途地域ではない**。だから、「用途地域の一つである特定用途制限地域は」とある本肢は×だ。 404頁 2.

⑶ 正。都市計画事業の認可の告示があった後（＝工事が目前）は、当該事業地内において、都市計画事業の施行の障害となるおそれがある ① 建築物の建築、② 工作物の建設、③ 土地の形質の変更、④ 重量5トン超の物件の設置・堆積に知事等の許可が**必要**だ。 408頁 第2段階

⑷ 正。**一定の条件**に該当する土地であれば、地区計画において、**開発整備促進区**を定めることができる。ちなみに、開発整備促進区には、特定大規模建築物（ショッピングモール等のこと）を建てることができる。つまり、地区計画で、ショッピングモール等を建てることができる地域（開発整備促進区）を定めてOK、ということだ。 411頁 5

正解 ⑵

特定用途制限地域

➡ 建築物等の**特定の用途**を制限する地域。たとえば、畑の中にラブホテルができると環境が悪くなるから許しません、ということを**条例**で定める。

注意！ 特定用途制限地域は**用途地域ではない**（肢⑵）。
ちなみに、用途地域とは、らくらく宅建塾403頁の表の①―1 第一種低層住居専用地域～⑧工業専用地域までの13種類の地域のことだ。

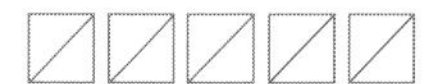

都市計画全般（都市計画法）　[令2-15]

都市計画法に関する次の記述のうち、正しいものはどれか。

⑴　地区計画については、都市計画に、地区施設及び地区整備計画を定めるよう努めるものとされている。

⑵　都市計画事業の認可の告示があった後に当該認可に係る事業地内の土地建物等を有償で譲り渡そうとする者は、施行者の許可を受けなければならない。

⑶　第二種住居地域は、中高層住宅に係る良好な住居の環境を保護するため定める地域とされている。

⑷　市街化調整区域における地区計画は、市街化区域における市街化の状況等を勘案して、地区計画の区域の周辺における市街化を促進することがない等当該都市計画区域における計画的な市街化を図る上で支障がないように定めることとされている。

市街化調整区域は市街化を抑制すべき区域だ。

講義

(1) 誤。地区計画については、都市計画に、地区施設と**地区整備計画を定めるもの**とされている。「定めるよう努めるもの」ではないので、本肢は×だ（地区施設と地区整備計画については、努める、つまり努力ではダメだ）。 409頁 1

(2) 誤。都市計画事業の認可の告示があった旨の公告の日の翌日から起算して10日を経過した後に、事業地内の土地建物等を有償で譲り渡そうとする者は、原則として、事前に、一定の事項を**施行者**に**届け出**なければならない（許可は不要、届出でよい）。 平成29年第16問エ

(3) 誤。第二種住居地域は、**主として住居**の環境を保護するため定める地域だ。ちなみに、本肢は第一種中高層住居専用地域の定義だ。

403頁 表 2−1、3−2

(4) 正。市街化調整区域においても、一定の場合は、地区計画を定めることができる。ただし、市街化調整区域は、本来は市街化を**抑制**すべき区域だ。だから、市街化調整区域における地区計画は、市街化区域における市街化の状況等を勘案して、地区計画の区域の周辺における市街化を促進することがない等、都市計画区域における計画的な市街化を図る上で支障がないように定めることとされている（市街化調整区域の性格を変えない範囲で地区計画を行って下さい、という話）。 410頁 2

正　解 (4)

1 地区計画で定めるもの
- ① 地区計画の種類、名称、位置、区域
- ② 地区施設（肢(1)）
- ③ **地区整備計画**（肢(1)）

2 地区計画で定めるよう努めるもの（努力義務）
- ① 面積
- ② 目標
- ③ 方針

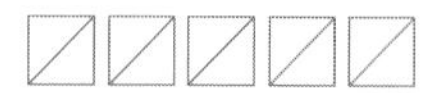

都市計画全般（都市計画法）　[令3-15]

都市計画法に関する次の記述のうち、誤っているものはどれか。

⑴　地区計画については、都市計画に、当該地区計画の目標を定めるよう努めるものとされている。

⑵　地区計画については、都市計画に、区域の面積を定めるよう努めるものとされている。

⑶　地区整備計画においては、市街化区域と市街化調整区域との区分の決定の有無を定めることができる。

⑷　地区整備計画においては、建築物の建蔽率の最高限度を定めることができる。

市街化区域と市街化調整区域との区分の決定は、大きなレベルの話だから……。

講義

(1) 正。地区計画については、都市計画に、区域の面積、地区計画の**目標**、区域の整備・開発・保全に関する方針を定めるよう**努める**ものとされている。 409頁(1)

(2) 正。地区計画については、都市計画に、区域の**面積**、地区計画の目標、区域の整備・開発・保全に関する方針を定めるよう**努める**ものとされている。 409頁(1)

(3) 誤。地区整備計画においては、区域区分（市街化区域と市街化調整区域との区分）の決定の有無を定めることは**できない**。 409頁(2)

(4) 正。地区整備計画においては、建蔽率の**最高**限度を定めることができる。ちなみに、建蔽率の最低限度を定めることはできない。 410頁 上の 2

正 解 (3)

地区計画で、定めるよう努めるものとされているもの。

1 区域の**面積**（肢(2)）
2 地区計画の**目標**（肢(1)）
3 区域の整備・開発・保全に関する**方針**

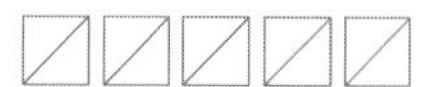

都市計画全般（都市計画法）　[平27-16]

都市計画法に関する次の記述のうち、正しいものはどれか。

⑴　第二種住居地域における地区計画については、一定の条件に該当する場合、開発整備促進区を都市計画に定めることができる。

⑵　準都市計画区域について無秩序な市街化を防止し、計画的な市街化を図るため必要があるときは、都市計画に、区域区分を定めることができる。

⑶　工業専用地域は、工業の利便を増進するため定める地域であり、風致地区に隣接してはならない。

⑷　市町村が定めた都市計画が、都道府県が定めた都市計画と抵触するときは、その限りにおいて、市町村が定めた都市計画が優先する。

消去法がいいかも。

講義

(1) 正。①**第二種住居地域**②準住居地域③工業地域④用途地域が定められていない土地（市街化調整区域を除く）における地区計画については、一定の条件に該当する場合、開発整備促進区を定めることができる。

411頁 5

(2) 誤。「市街化区域」と「市街化調整区域」に分ける作業を線引き（区域区分）という。**準都市計画区域**においては、区域区分を定めることは**できない**（準都市計画区域を「市街化区域」と「市街化調整区域」に分けることはできない、ということ）。 398頁 3.

(3) 誤。工業専用地域は、**工業の利便**を増進するために定める地域だ（前半部分は○）。しかし、工業専用地域は、風致地区に隣接してはならない、という規定はない。全くのデタラメだ（後半部分が×）。

403頁 8、405頁 表

(4) 誤。市町村が決定した都市計画が、都道府県が決定した都市計画と矛盾することもたまにはある。そういう場合には、**都道府県**が定めた都市計画が例外なく**優先**することになっている。 401頁 2.

正解 (1)

地区計画において、開発整備促進区を定めることができる区域

① **第二種住居地域**（肢(1)）
② 準住居地域
③ 工業地域
④ 用途地域が定められていない土地（市街化調整区域を除く）

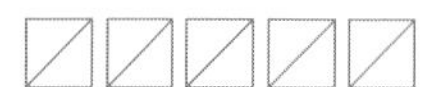

都市計画全般（都市計画法）　[平28-16]

都市計画法に関する次の記述のうち、正しいものはどれか。

(1)　市街地開発事業等予定区域に係る市街地開発事業又は都市施設に関する都市計画には、施行予定者をも定めなければならない。

(2)　準都市計画区域については、都市計画に準防火地域を定めることができる。

(3)　高度利用地区は、用途地域内において市街地の環境を維持し、又は土地利用の増進を図るため、建築物の高さの最高限度又は最低限度を定める地区である。

(4)　地区計画については、都市計画に、地区計画の種類、名称、位置、区域及び面積並びに建築物の建蔽率及び容積率の最高限度を定めなければならない。

誰が行うのかを定める必要あり。

講義

(1) 正。市街地開発事業等予定区域に係る市街地開発事業または都市施設に関する都市計画には、**施行予定者**をも定めなければならない。例えば、「この事業を行うのは（施行予定者は）A市」ということも定めなければならない、という話。

(2) 誤。防火地域・準防火地域を定めることができるのは、都市計画区域だ。**準都市計画区域には、防火地域・準防火地域を定めることができない。**

428頁 1.

(3) 誤。高度利用地区は、土地を**高度に利用**するための地区であり、そのために建蔽率（けんぺいりつ）（最高限）、容積率（最高限・最低限）、建築面積（最低限）、壁面の位置の制限を定める。建物の高さ（最高限・最低限）を定める地区ではない。ちなみに、建物の高さを定める地区は、高度地区だ。

405頁 表

(4) 誤。地区計画については、都市計画に、**種類、名称、位置、区域**を定めなければならない（定めなければならないものの中に面積と建蔽率（けんぺいりつ）・容積率は入っていない。だから、本肢は×だ）。ちなみに、面積については、定めるよう努めるものとすることになっている（面積は努力目標）。

正解 (1)

何を定める？（肢(3)）

高度利用地区	高度地区
1 建蔽率（最高限）	1 建物の高さ（最高限・最低限）
2 容積率（最高限・最低限）	
3 建築面積（最低限）	
4 壁面の位置の制限	

注意！ 同じ「高度」という語が、高度利用地区（「高度に」の意味）と高度地区（「高さ」の意味）で全く別の意味。ヒッカケ注意！

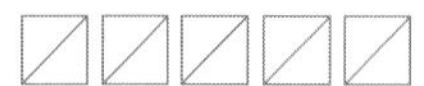

開発許可（都市計画法）　［平25-16］

都市計画法に関する次の記述のうち、正しいものはどれか。

⑴　開発行為とは、主として建築物の建築の用に供する目的で行う土地の区画形質の変更を指し、特定工作物の建設の用に供する目的で行う土地の区画形質の変更は開発行為には該当しない。

⑵　市街化調整区域において行う開発行為で、その規模が300㎡であるものについては、常に開発許可は不要である。

⑶　市街化区域において行う開発行為で、市町村が設置する医療法に規定する診療所の建築の用に供する目的で行うものであって、当該開発行為の規模が1,500㎡であるものについては、開発許可は必要である。

⑷　非常災害のため必要な応急措置として行う開発行為であっても、当該開発行為が市街化調整区域において行われるものであって、当該開発行為の規模が3,000㎡以上である場合には、開発許可が必要である。

世の中のためグループか？

講義

(1) 誤。開発行為とは、1 建築物の建築または 2 **特定工作物**の建設のために行う土地の造成等のことだ。 412頁 用語の意味

(2) 誤。市街化調整区域の場合は、**いくら小さくても**開発許可が必要だ。 413頁 表

(3) 正。市街化区域の場合は、**1,000㎡**以上のときは開発許可が必要だ。ちなみに、診療所は世の中のためグループではない。念のため。 413頁 表

(4) 誤。**非常災害**の応急措置のための開発行為は、**世の中のためグループ**なので、開発許可は不要だ。 413頁 表

正 解 (3)

解き方

世の中のためグループ（開発許可不要）

1 図書館、公民館、鉄道施設、変電所等を建てるための開発行為

2 **非常災害**の応急措置（肢(4)）・都市計画事業・土地区画整理事業等のための開発行為

注意！ 診療所は世の中のためグループではない（肢(3)）。

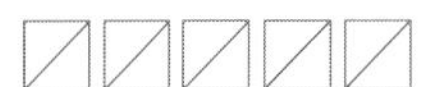

開発許可（都市計画法） [令1-16]

都市計画法に関する次の記述のうち、正しいものはどれか。ただし、許可を要する開発行為の面積については、条例による定めはないものとし、この問において「都道府県知事」とは、地方自治法に基づく指定都市、中核市及び施行時特例市にあってはその長をいうものとする。

⑴　準都市計画区域において、店舗の建築を目的とした4,000㎡の土地の区画形質の変更を行おうとする者は、あらかじめ、都道府県知事の許可を受けなければならない。

⑵　市街化区域において、農業を営む者の居住の用に供する建築物の建築を目的とした1,500㎡の土地の区画形質の変更を行おうとする者は、都道府県知事の許可を受けなくてよい。

⑶　市街化調整区域において、野球場の建設を目的とした8,000㎡の土地の区画形質の変更を行おうとする者は、あらかじめ、都道府県知事の許可を受けなければならない。

⑷　市街化調整区域において、医療法に規定する病院の建築を目的とした1,000㎡の土地の区画形質の変更を行おうとする者は、都道府県知事の許可を受けなくてよい。

市街化区域以外なら不要。

講義

(1) 正。準都市計画区域の場合は、規模が**3,000㎡**未満なら、許可は不要だ。本肢は4,000㎡なので、許可が必要だ。 413頁 表

(2) 誤。農林漁業用建築物（農林漁業者の住宅は農林漁業用建築物だ）を建てるための開発行為は、市街化区域**以外**の場合は、許可は不要だ。しかし、市街化区域の場合は、規模が1,000㎡以上なら、許可が必要だ。

413頁 表

(3) 誤。1ヘクタール（**10,000㎡**）以上の野球場なら、第二種特定工作物だ。本肢の野球場は8,000㎡なので、第二種特定工作物ではない。だから、野球場を建てるための8,000㎡の土地の区画形質の変更は、開発行為ではない。したがって、許可は不要だ。 412頁 用語の意味

(4) 誤。世の中のためグループなら、許可は不要だ。病院は世の中のためグループ**ではない**。だから、市街化調整区域において、病院を建てるための開発行為は、許可が必要だ。 413頁 表

正 解 (1)

農林漁業用建築物を建てるための開発行為

1 市街化区域 ➡ **1,000㎡**未満なら許可不要（肢(1)）

2 市街化区域**以外** ➡ 許可**不要**

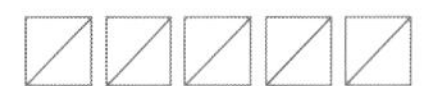

開発許可（都市計画法） [平24-17]

次の記述のうち、都市計画法による許可を受ける必要のある開発行為の組合せとして、正しいものはどれか。ただし、許可を要する開発行為の面積については、条例による定めはないものとする。

ア　市街化調整区域において、図書館法に規定する図書館の建築の用に供する目的で行われる 3,000㎡の開発行為

イ　準都市計画区域において、医療法に規定する病院の建築の用に供する目的で行われる 4,000㎡の開発行為

ウ　市街化区域内において、農業を営む者の居住の用に供する建築物の建築の用に供する目的で行われる 1,500㎡の開発行為

⑴　ア、イ

⑵　ア、ウ

⑶　イ、ウ

⑷　ア、イ、ウ

世の中のためグループは許可不要。

講義

ア　許可不要。図書館は、**世の中のためグループ**だ。だから、開発許可を受ける**必要はない**。

イ　許可必要。**医療施設**は世の中のためグループでは**ない**。だから、準都市計画区域において、3,000㎡以上の開発行為を行う場合は、許可を受ける必要がある。

ウ　許可必要。農林漁業用建築物を建てるための開発行為は、市街化区域**以外**の場合は、開発許可を受ける**必要はない**。しかし、市街化区域の場合は、1,000㎡以上なら、許可を受ける必要がある。

以上により、許可を受ける必要があるものはイとウなので、正解は肢(3)となる。

以上全体につき、413頁 表

正 解 (3)

A　小学校、中学校、高校、大学、医療施設、社会福祉施設は、世の中のためグループではない。➡ 開発許可が必要（肢イ）

B　農林漁業用建築物を建てるための開発行為は、
 1　市街化区域の場合 ➡ **1,000㎡**未満なら許可不要
 2　1 以外（市街化区域以外）の場合 ➡ **許可不要**

注意！　農林漁業用建築物とは、サイロ、温室、**農林漁業者の住宅**等のことだ（肢ウ）。

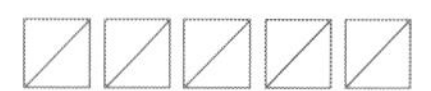

開発許可（都市計画法） [平26-16]

次のアからウまでの記述のうち、都市計画法による開発許可を受ける必要のある、又は同法第 34 条の 2 の規定に基づき協議する必要のある開発行為の組合せとして、正しいものはどれか。ただし、開発許可を受ける必要のある、又は協議する必要のある開発行為の面積については、条例による定めはないものとする。

ア　市街化調整区域において、国が設置する医療法に規定する病院の用に供する施設である建築物の建築の用に供する目的で行われる 1,500㎡の開発行為

イ　市街化区域において、農林漁業を営む者の居住の用に供する建築物の建築の用に供する目的で行われる 1,200㎡の開発行為

ウ　区域区分が定められていない都市計画区域において、社会教育法に規定する公民館の用に供する施設である建築物の建築の用に供する目的で行われる 4,000㎡の開発行為

⑴　ア、イ
⑵　ア、ウ
⑶　イ、ウ
⑷　ア、イ、ウ

世の中のためグループ。

講義

ア　協議する必要がある。医療施設は、世の中のためグループではないから、開発許可が必要だ。ただし、国・都道府県等が開発行為を行う場合は、国・都道府県等と**知事の協議**が成立すれば、開発許可があったものとみなされる。本肢の開発行為を行う者は、国なので、知事と協議する必要がある。 413頁表 注1

イ　許可を受ける必要がある。農林漁業用建築物（農林漁業者の住宅は農林漁業用建築物だ）を建てるための開発行為は、市街化区域**以外**の場合は、開発許可を受ける必要はない。しかし、市街化区域の場合は、1,000㎡以上であれば、許可を受ける必要がある。 413頁表

ウ　許可を受ける必要はない。公民館は、**世の中のためグループ**だ。だから、開発許可を受ける必要はない。 413頁表 1

以上により、許可または協議が必要なものはアとイなので、正解は肢(1)となる。

正解 (1)

世の中のためグループか？

1 **公民館** ➡ ○（肢ウ）
2 図書館 ➡ ○
3 博物館 ➡ ○

コメント　**館**（**公民館**・**図書館**・**博物館**）は世の中のためグループ、と覚えれば OK。

開発許可（都市計画法） [平21-17]

都市計画法に関する次の記述のうち、誤っているものはどれか。なお、この問における都道府県知事とは、地方自治法に基づく指定都市、中核市及び施行時特例市にあってはその長をいうものとする。

⑴　区域区分の定められていない都市計画区域内の土地において、10,000㎡のゴルフコースの建設を目的とする土地の区画形質の変更を行おうとする者は、あらかじめ、都道府県知事の許可を受けなければならない。

⑵　市街化区域内の土地において、700㎡の開発行為を行おうとする場合に、都道府県知事の許可が必要となる場合がある。

⑶　開発許可を受けた開発行為又は開発行為に関する工事により、公共施設が設置されたときは、その公共施設は、協議により他の法律に基づく管理者が管理することとした場合を除き、開発許可を受けた者が管理することとされている。

⑷　用途地域等の定めがない土地のうち開発許可を受けた開発区域内においては、開発行為に関する工事完了の公告があった後は、都道府県知事の許可を受ければ、当該開発許可に係る予定建築物以外の建築物を新築することができる。

管理するのは市町村！

講義

⑴　正。区域区分の定められていない都市計画区域（**非線引区域**のこと）で、**3,000㎡以上**の開発行為を行う場合は、許可が必要だ。　413頁 表

⑵　正。市街化区域では、原則として、1,000㎡未満の開発行為を行う場合は、許可が不要だ。しかし、例外として、三大都市圏の一定の市街化区域では、**500㎡以上**の開発行為を行う場合は、許可が必要になる。だから、700㎡の開発行為でも許可が必要になることがある。

⑶　誤。開発行為によって設置された公共施設は、原則として、**市町村が管理**することになっている。開発許可を受けた者が管理するのではない。

419頁 開発行為後は？

⑷　正。用途地域等が定められていない土地で開発許可を受けた開発区域内では、工事完了公告後は、原則として、予定建築物以外は建築できない。しかし、例外として、**知事の許可**があれば、予定建築物以外を建築してOKだ。

421頁 表 B 1

正解 ⑶

開発行為後の話

工事完了公告の翌日から、

1　開発行為によって設置された公共施設は、原則として**市町村**が「**管理**」し（肢⑶）、

2　開発行為によって設置された公共施設の敷地の所有権は、原則として**市町村**に「**帰属**」する。

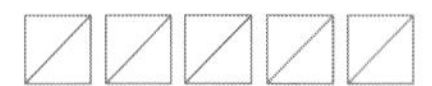

開発許可（都市計画法） ［平18-20］

都市計画法に関する次の記述のうち、正しいものはどれか。

⑴　開発行為に関する設計に係る設計図書は、開発許可を受けようとする者が作成したものでなければならない。

⑵　開発許可を受けようとする者が都道府県知事に提出する申請書には、開発区域内において予定される建築物の用途を記載しなければならない。

⑶　開発許可を受けた者は、開発行為に関する工事を廃止したときは、その旨を都道府県知事に報告し、その同意を得なければならない。

⑷　開発許可を受けた開発区域内の土地においては、開発行為に関する工事完了の公告があるまでの間であっても、都道府県知事の承認を受けて、工事用の仮設建築物を建築することができる。

用途について知事のチェックは必要か？

講義

(1) 誤。設計図書は、国土交通省令で定める**資格を有する者**の作成したものでなければならない。作成者は「資格を有する者」であって、「開発許可を受けようとする者」ではないので、本肢は×だ。 415頁 3.

(2) 正。開発許可の申請書には、**予定建築物の用途**を書かなければならない。ちなみに、予定建築物の高さ・構造・設備・建築価額については書く必要はない。 415頁 ポイント 3

(3) 誤。開発許可を受けた者は、開発行為に関する工事を**廃止**したら（やめたら）、知事に「**届け出**」なければならないが、同意を得る必要はない。 418頁 2

(4) 誤。工事完了公告前（造成工事中）であっても、**工事用の仮設建築物**ならば、知事の許可や承認なしで**建築して OK** だ。だから、「知事の承認を受けて、工事用の仮設建築物を建築することができる（＝工事用の仮設建築物を建築するには知事の承認が必要）」と述べている本肢は×だ。 421頁 A 2

正解 (2)

開発許可の申請書に書かなければならないこと（申請書の記載事項）

① 開発区域
② **予定建築物の用途**（肢(2)）
③ 設計
④ 工事施行者

注意 ➡ 予定建築物の高さ・構造・設備・建築価額は記載事項ではない。

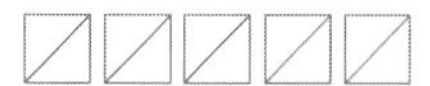

開発許可（都市計画法）　[平30-17]

都市計画法に関する次の記述のうち、誤っているものはどれか。ただし、許可を要する開発行為の面積については、条例による定めはないものとし、この問において「都道府県知事」とは、地方自治法に基づく指定都市、中核市及び施行時特例市にあってはその長をいうものとする。

⑴　非常災害のため必要な応急措置として開発行為をしようとする者は、当該開発行為が市街化調整区域内において行われるものであっても都道府県知事の許可を受けなくてよい。

⑵　用途地域等の定めがない土地のうち開発許可を受けた開発区域内においては、開発行為に関する工事完了の公告があった後は、都道府県知事の許可を受けなければ、当該開発許可に係る予定建築物以外の建築物を新築することができない。

⑶　都市計画区域及び準都市計画区域外の区域内において、8,000㎡の開発行為をしようとする者は、都道府県知事の許可を受けなくてよい。

⑷　準都市計画区域内において、農業を営む者の居住の用に供する建築物の建築を目的とした1,000㎡の土地の区画形質の変更を行おうとする者は、あらかじめ、都道府県知事の許可を受けなければならない。

準都市計画区域　➡　つまり、市街化区域以外の話だ。

講義

(1) 正。非常災害の応急措置は**世の中のためグループ**だ。だから、許可は不要だ。 413頁 表 2

(2) 正。工事完了公告後は、原則として予定建築物以外は×だ。例外として○なのは、1 **知事の許可**がある場合、2 用途地域等が定められている場合だ（用途規制に反しない限り○）。本肢は用途地域等が定められていない場面での話だ（つまり、2 の話は関係がない）。だから、知事の許可を受けなければ予定建築物以外の建築物を新築することはできない。

421頁 表 B

(3) 正。両区域外（都市計画区域と準都市計画区域外）の場合は、規模が**1ヘクタール（10,000㎡）**未満なら、許可は不要だ。 413頁 表

(4) 誤。市街化区域**以外**なら、農林漁業用建築物を建てるための開発行為は、許可は不要だ（規模不問）。ちなみに、市街化区域なら、1,000㎡以上の農林漁業用建築物を建てるための開発行為は、許可が必要だ。

413頁 表

正解 (4)

農林漁業用建築物を建てるための開発行為

1 市街化区域 ➡ **1,000㎡**以上なら許可必要

2 市街化区域**以外** ➡ 許可不要（肢(4)）

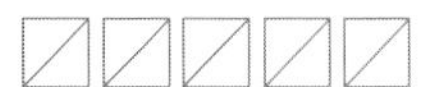

開発許可（都市計画法）　[平28-17]

都市計画法に関する次の記述のうち、正しいものはどれか。なお、この問において「都道府県知事」とは、地方自治法に基づく指定都市、中核市及び施行時特例市にあってはその長をいうものとする。

⑴　開発許可を受けた者は、開発行為に関する工事を廃止するときは、都道府県知事の許可を受けなければならない。

⑵　二以上の都府県にまたがる開発行為は、国土交通大臣の許可を受けなければならない。

⑶　開発許可を受けた者から当該開発区域内の土地の所有権を取得した者は、都道府県知事の承認を受けることなく、当該開発許可を受けた者が有していた当該開発許可に基づく地位を承継することができる。

⑷　都道府県知事は、用途地域の定められていない土地の区域における開発行為について開発許可をする場合において必要があると認めるときは、当該開発区域内の土地について、建築物の敷地、構造及び設備に関する制限を定めることができる。

用途地域外なら制限できる。

講義

(1) 誤。開発許可を受けた者は、開発行為に関する工事を廃止したら、遅滞なく知事に**届け出**なければならない（届け出でOK。許可を受ける必要はない）。

418頁 2

(2) 誤。開発行為の許可権者は、**知事**だ。たとえ、二以上の都府県にまたがる開発行為であっても、大臣が許可権者になるわけではない。

411頁 1.

(3) 誤。開発許可を受けた者から土地の所有権を取得した者は、知事の**承認**を受けて、開発許可に基づく地位を承継することができる（開発許可を受けたAが、その土地をBに売った場合、Bは、知事の承認を受ければ開発行為をやることができる、という話）。

418頁 3

(4) 正。知事は、**用**途地域**外**での開発行為を許可するときは、建蔽率（けんぺいりつ）、建築物の高さ・敷地・構造・設備・壁面の位置を制限できる。

416頁 ポイント 2

正解 (4)

開発許可を受けた者から土地の所有権を取得した者は、
➡ 知事の**承認**を受けて、開発許可に基づく地位を承継することができる（肢(3)）。

注意！ 知事の承認が**不要**なのは（手続きが不要なのは）、一般承継（**相続・**合併）の場合だ。

開発許可（都市計画法） [平29-17]

都市計画法に関する次の記述のうち、正しいものはどれか。ただし、許可を要する開発行為の面積について、条例による定めはないものとし、この問において「都道府県知事」とは、地方自治法に基づく指定都市、中核市及び施行時特例市にあってはその長をいうものとする。

⑴ 準都市計画区域内において、工場の建築の用に供する目的で1,000㎡の土地の区画形質の変更を行おうとする者は、あらかじめ、都道府県知事の許可を受けなければならない。

⑵ 市街化区域内において、農業を営む者の居住の用に供する建築物の建築の用に供する目的で1,000㎡の土地の区画形質の変更を行おうとする者は、あらかじめ、都道府県知事の許可を受けなければならない。

⑶ 都市計画区域及び準都市計画区域外の区域内において、変電所の建築の用に供する目的で1,000㎡の土地の区画形質の変更を行おうとする者は、あらかじめ、都道府県知事の許可を受けなければならない。

⑷ 区域区分の定めのない都市計画区域内において、遊園地の建設の用に供する目的で3,000㎡の土地の区画形質の変更を行おうとする者は、あらかじめ、都道府県知事の許可を受けなければならない。

市街化区域は農業のための区域ではない。

講義

⑴ 誤。準都市計画区域の場合は、規模が**3,000㎡未満**なら、許可は不要だ。

413頁 表

⑵ 正。農林漁業用建築物（農林漁業者の住宅は農林漁業用建築物だ）を建てるための開発行為は、市街化区域外の場合は、許可は不要だ。しかし、市街化区域の場合は、規模が1,000㎡以上なら、許可が必要だ。

413頁 表

⑶ 誤。変電所は、**世の中のためグループ**だ。だから、許可は不要だ。ちなみに、都市計画区域及び準都市計画区域外（両区域外）の場合は、世の中のためグループでなくても、規模が1ヘクタール（10,000㎡）未満なら、許可は不要だ。 413頁 表 1

⑷ 誤。**1ヘクタール**（**10,000㎡**）以上の遊園地なら、第二種特定工作物だ。しかし、本肢の遊園地は3,000㎡なので、第二種特定工作物ではない。だから、3,000㎡の遊園地のために行う土地の造成は、**開発行為ではない**。したがって、許可は不要だ。 412頁 用語の意味

正解 ⑵

野球場・庭球場（テニスコートのこと）・陸上競技場・**遊園地**・動物園・墓園 ➡ **1ヘクタール**（**10,000㎡**）以上なら第二種特定工作物となる。

注意！ だから、上記の施設のために行う土地の造成は、1ヘクタール未満なら、そもそも**開発行為ではない**ので、どの区域においても、許可は不要だ（肢⑷）。

開発許可（都市計画法） ［令4-16］

都市計画法に関する次の記述のうち、正しいものはどれか。ただし、この問において条例による特別の定めはないものとし、「都道府県知事」とは、地方自治法に基づく指定都市、中核市及び施行時特例市にあってはその長をいうものとする。

⑴ 市街化区域内において、市街地再開発事業の施行として行う1haの開発行為を行おうとする者は、あらかじめ、都道府県知事の許可を受けなければならない。

⑵ 区域区分が定められていない都市計画区域内において、博物館法に規定する博物館の建築を目的とした8,000㎡の開発行為を行おうとする者は、都道府県知事の許可を受けなくてよい。

⑶ 自己の業務の用に供する施設の建築の用に供する目的で行う開発行為にあっては、開発区域内に土砂災害警戒区域等における土砂災害防止対策の推進に関する法律に規定する土砂災害警戒区域内の土地を含んではならない。

⑷ 市街化調整区域内における開発行為について、当該開発行為が開発区域の周辺における市街化を促進するおそれがあるかどうかにかかわらず、都道府県知事は、開発審査会の議を経て開発許可をすることができる。

博物館は、世の中の役に立つ。

講義

(1) 誤。**市街地再開発事業**は、世の中のためグループだ（**市街地再開発事業**は、世の中の役に立つ）。だから、許可不要だ。 413頁 表

(2) 正。**博物館**は、世の中のためグループだ（**博物館**は、世の中の役に立つ）。だから、許可不要だ。 413頁 表

(3) 誤。主として、自己の居住の用に供する住宅の建築の用に供する目的（要するに、自宅を建築する目的）で行う開発行為以外の開発行為（本肢は、「自己の業務の用～」だから、「自己の居住の用～以外の開発行為」だ）にあっては、土砂災害「特別警戒区域」内の土地を含んではならない。含んだらダメなのは、土砂災害「特別警戒区域」内の土地だ。土砂災害「警戒区域」内の土地ではないので、本肢は×だ。

(4) 誤。知事は、市街化調整区域での開発行為については、開発審査会の議を経て、開発区域の周辺における「市街化を促進する**おそれがなく**」、かつ、市街化区域内において行うことが困難または著しく不適当と認めるものである場合は、許可をすることができる。「市街化を促進するおそれがない」ことが要件なので、「市街化を促進するおそれがあるかどうかにかかわらず」とある本肢は×だ。 416頁 ポイント1

正解 (2)

次の1～3は世の中のためグループだ（開発許可不要）。

1 公民館
2 図書館
3 **博物館**（肢(2)）

開発許可（都市計画法）　[平27-15]

都市計画法に関する次の記述のうち、正しいものはどれか。なお、この問において「都道府県知事」とは、地方自治法に基づく指定都市、中核市及び施行時特例市にあってはその長をいうものとする。

⑴　市街化区域内において開発許可を受けた者が、開発区域の規模を100㎡に縮小しようとする場合においては、都道府県知事の許可を受けなければならない。

⑵　開発許可を受けた開発区域内の土地において、当該開発許可に係る予定建築物を建築しようとする者は、当該建築行為に着手する日の30日前までに、一定の事項を都道府県知事に届け出なければならない。

⑶　開発許可を受けた開発区域内において、開発行為に関する工事の完了の公告があるまでの間に、当該開発区域内に土地所有権を有する者のうち、当該開発行為に関して同意をしていない者がその権利の行使として建築物を建築する場合については、都道府県知事が支障がないと認めたときでなければ、当該建築物を建築することはできない。

⑷　何人も、市街化調整区域のうち開発許可を受けた開発区域以外の区域内において、都道府県知事の許可を受けることなく、仮設建築物を新築することができる。

同意してないのだから……。

講義

⑴ 誤。開発区域の規模を、許可不要のモノに縮小する場合（つまり、**市街化区域においては➡ 1,000㎡未満に縮小する場合**、非線引区域と準都市計画区域においては➡ 3,000㎡未満に縮小する場合、両区域外においては➡ 1ヘクタール未満に縮小する場合）は、許可不要だ。本肢は、市街化区域で、100㎡に縮小するのだから、許可不要だ。 413頁 表

⑵ 誤。**予定建築物**を建築しようとしているのだから、何の問題もない。トーゼン、届出不要だ。 421頁 表 B

⑶ 誤。工事完了公告前（造成工事中）は、原則として、建築できない。しかし、例外として、開発行為に**同意していない**土地所有者等は建築できる。 421頁 表 A 3

⑷ 正。市街化調整区域のうち開発許可を受けた開発区域以外の区域内（要するに、タダの市街化調整区域のこと）は、原則として、建築できない。しかし、例外として、**仮設建築物**は建築できる。 421頁 表 D 3

正 解 ⑷

工事完了公告前（造成工事中）は、
➡ 原則として×（建築できない）
例外として、次の1～3は○（建築できる）

1 知事が支障がないと認めた場合
2 工事用仮設建築物
3 開発行為に**同意していない**土地所有者等が建築する場合（肢⑶）

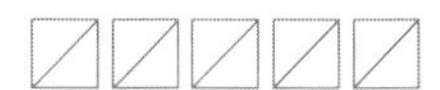

開発許可（都市計画法）　[平22-17]

都市計画法に関する次の記述のうち、誤っているものはどれか。なお、この問における都道府県知事とは、地方自治法に基づく指定都市、中核市及び施行時特例市にあってはその長をいうものとする。また、各選択肢に掲げる行為は、都市計画事業、土地区画整理事業、市街地再開発事業、住宅街区整備事業及び防災街区整備事業の施行として行うもの、公有水面埋立法第2条第1項の免許を受けた埋立地で行うもの並びに非常災害のため必要な応急措置として行うものを含まない。

⑴　区域区分が定められていない都市計画区域内において、20戸の分譲住宅の新築を目的として5,000㎡の土地の区画形質の変更を行おうとする場合は、都道府県知事の許可を受けなければならない。

⑵　市街化調整区域のうち開発許可を受けた開発区域以外の区域内において、土地の区画形質の変更を伴わずに、床面積が150㎡の住宅の全部を改築し、飲食店としようとする場合には、都道府県知事の許可を受けなければならない。

⑶　開発許可を受けた開発区域内において、当該区域内の土地の所有権を有し、かつ、都市計画法第33条第1項第14号に規定する同意をしていない者は、開発行為に関する工事が完了した旨の公告があるまでの間は、その権利の行使として建築物を新築することができる。

⑷　開発許可申請者以外の者は、開発許可を受けた開発区域内のうち、用途地域等の定められていない土地の区域においては、開発行為に関する工事が完了した旨の公告があった後は、都道府県知事の許可を受けなくとも、当該開発許可に係る予定建築物以外の建築物を新築することができる。

知事は神様。

講義

⑴ 正。区域区分が定められていない都市計画区域（非線引区域のこと）での開発行為は、**3,000㎡以上**の場合は許可が必要になる。 413頁 表

⑵ 正。タダの市街化調整区域内において、知事の許可なしで、建築物の建築等をやってOKなのは、**農林漁業**用建築物と**世の中のためグループ**だ。飲食店は、農林漁業用建築物でも世の中のためグループでもないから、知事の許可が必要だ。 421頁 D

⑶ 正。開発区域の中には、開発行為に同意をしていない人もいる。その同意をしていない人は、自分の所有している土地を自由に使用してOKだ。だから、**同意をしていない**人は、建築物を新築することができる。

421頁 表 A 3

⑷ 誤。工事完了公告後は、1 用途地域が定められている場合と、2 **知事の許可**がある場合は、予定建築物以外の建築物の建築等ができる。だから、用途地域が定められていない場合は、知事の許可がないと、予定建築物以外の建築物を新築することはできない。 421頁 B

正解 (4)

開発区域内において、工事完了公告後は、

1 用途地域が定められている場合と、

2 **知事の許可**がある場合は、

➡ 予定建築物以外の建築物の建築等をして**OK**。

（用途地域が定められていなくても、知事の許可があればOKということ（肢⑷））。

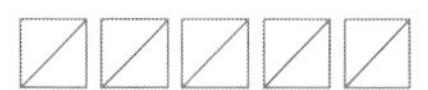

開発許可（都市計画法） [平19-20]

土地の区画形質の変更に関する次の記述のうち、都市計画法による開発許可を受ける必要のないものの組合せとして、正しいものはどれか。

ア　市街化調整区域内における庭球場の建設の用に供する目的で行う5,000㎡の土地の区画形質の変更

イ　市街化調整区域内における図書館の建築の用に供する目的で行う3,000㎡の土地の区画形質の変更

ウ　市街化区域内における農業を営む者の居住の用に供する建築物の建築の用に供する目的で行う1,500㎡の土地の区画形質の変更

(1)　ア、イ

(2)　ア、ウ

(3)　イ、ウ

(4)　ア、イ、ウ

市街化区域以外なら許可不要だが……。

講義

ア　許可不要。**1ヘクタール（10,000㎡）以上**の庭球場（テニスコートのこと）ならば、第二種特定工作物になる。しかし、本肢の庭球場は、5,000㎡しかないので、第二種特定工作物ではないから、開発許可を受ける必要はない。

412頁 用語の意味

イ　許可不要。図書館は、**世の中のためグループ**だ。だから、開発許可を受ける必要はない。

413頁 表 1

ウ　許可必要。市街化区域以外なら、農林漁業用施設（サイロ、温室等の他、**農林漁業者の住宅**を含む）を建てるための開発行為は、許可を受ける必要はない。しかし、**市街化区域内**においては、1,000㎡以上の農林漁業用施設を建てるための開発行為の場合は、許可を受ける必要がある。

413頁 表

以上により、開発許可を受ける必要がないものはアとイなので、肢(1)が正解となる。

正　解　(1)

農林漁業用施設（サイロ、温室等の他、**農林漁業者の住宅**を含む）を建てるための開発行為は、

市街化区域 1,000㎡未満なら許可不要（肢ア）

非線引区域
準都市計画区域
市街化調整区域
両区域外
} 許可不要

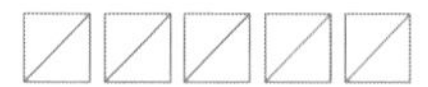

開発許可（都市計画法） [平16-18]

都市計画法の開発許可に関する次の記述のうち、正しいものはどれか。なお、この問における都道府県知事とは、地方自治法に基づく指定都市、中核市及び施行時特例市にあってはその長をいうものとする。

⑴ 都道府県知事は、開発許可の申請があったときは、申請があった日から 21 日以内に、許可又は不許可の処分をしなければならない。

⑵ 開発行為とは、主として建築物の建築の用に供する目的で行う土地の区画形質の変更をいい、建築物以外の工作物の建設の用に供する目的で行う土地の区画形質の変更は開発行為には該当しない。

⑶ 開発許可を受けた者は、開発行為に関する工事を廃止したときは、遅滞なく、その旨を都道府県知事に届け出なければならない。

⑷ 開発行為を行おうとする者は、開発許可を受けてから開発行為に着手するまでの間に、開発行為に関係がある公共施設の管理者と協議し、その同意を得なければならない。

いつまでに届け出る？

講義

(1) 誤。知事は、開発許可の申請があったときは、**遅滞なく**、許可または不許可の処分をしなければならない。「遅滞なく」しなければならないのであって、「21日以内」ではない。 416頁

(2) 誤。開発行為とは、①建築物の建設または②**特定工作物**の建設のために行う土地の区画形質の変更（土地の造成等）のことだ。だから、建築物以外の工作物の建設の用に供する目的で行う土地の区画形質の変更の場合であっても、その工作物が特定工作物に該当するときは開発行為になる。 412頁 用語の意味

(3) 正。開発許可を受けた者が、開発行為に関する工事を廃止したときは(やめたら)、**遅滞なく**、その旨を知事に**届け出**なければならない。

418頁 2

(4) 誤。開発行為をする者は、**事前に**、開発行為に関係のある、公共施設の管理者（市町村等）と**協議**して**同意**を得なければならない。「事前（つまり開発行為を申請する前）に協議して同意を得なければならないのであって、「開発許可を受けてから開発行為に着手するまでの間に」ではない。 419頁 開発行為前は？

正解 (3)

2つの「遅滞なく」

① 知事は、開発許可の申請があったときは、**遅滞なく**、許可または不許可の処分をしなければならない（肢(1)）。

② 開発許可を受けた者が、開発行為に関する工事を廃止したときは（やめたら）、**遅滞なく**、その旨を知事に**届け出**なければならない（肢(3)）。

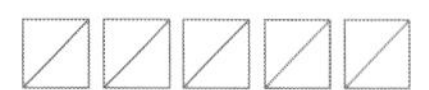

開発許可（都市計画法）　[令5-16]

都市計画法に関する次の記述のうち、正しいものはどれか。ただし、この問において条例による特別の定めはないものとし、「都道府県知事」とは、地方自治法に基づく指定都市、中核市及び施行時特例市にあってはその長をいうものとする。

⑴　開発許可を申請しようとする者は、あらかじめ、開発行為に関係がある公共施設の管理者と協議し、その同意を得なければならない。

⑵　開発許可を受けた者は、当該許可を受ける際に申請書に記載した事項を変更しようとする場合においては、都道府県知事に届け出なければならないが、当該変更が国土交通省令で定める軽微な変更に当たるときは、届け出なくてよい。

⑶　開発許可を受けた者は、当該開発行為に関する工事が完了し、都道府県知事から検査済証を交付されたときは、遅滞なく、当該工事が完了した旨を公告しなければならない。

⑷　市街化調整区域のうち開発許可を受けた開発区域以外の区域内において、自己の居住用の住宅を新築しようとする全ての者は、当該建築が開発行為を伴わない場合であれば、都道府県知事の許可を受けなくてよい。

協議と同意の両方が必要だ。

講義

⑴　正。開発許可を申請しようとする者は、あらかじめ（事前に）、開発行為に関係がある公共施設（今ある公共施設）の管理者と**協議**し、その**同意**を得なければならない。 419頁 開発行為前は？

⑵　誤。開発許可を受けた者は、軽微な変更をしたときは、遅滞なく、その旨を知事に**届け出**なければならない。本肢は「届け出なくてよい」とあるから×だ。ちなみに、通常の変更（軽微でない変更）をするには許可が必要だ。 418頁 1

⑶　誤。完了した旨の公告をしなければならないのは**知事**だ。開発許可を受けた者が公告をするのではない。 417頁 工事完了公告

⑷　誤。市街化調整区域のうち開発許可を受けた開発区域以外の区域内（要するにタダの市街化調整区域）で建物の新築等をしようとする者は、原則として、知事の**許可**を受けなければならない。 421頁 表 D

正　解　⑴

計画の変更

1　通常の変更　➡　知事の**許可**が必要

2　軽微な変更　➡　知事への**届出**が必要（肢⑵）

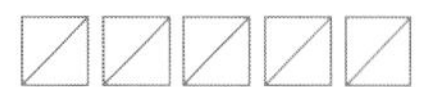

開発許可（都市計画法）　[令3-16]

都市計画法に関する次の記述のうち、正しいものはどれか。ただし、許可を要する開発行為の面積については、条例による定めはないものとし、この問において「都道府県知事」とは、地方自治法に基づく指定都市、中核市及び施行時特例市にあってはその長をいうものとする。

⑴　市街化区域において、都市公園法に規定する公園施設である建築物の建築を目的とした5,000㎡の土地の区画形質の変更を行おうとする者は、あらかじめ、都道府県知事の許可を受けなければならない。

⑵　首都圏整備法に規定する既成市街地内にある市街化区域において、住宅の建築を目的とした800㎡の土地の区画形質の変更を行おうとする者は、あらかじめ、都道府県知事の許可を受けなければならない。

⑶　準都市計画区域において、商業施設の建築を目的とした2,000㎡の土地の区画形質の変更を行おうとする者は、あらかじめ、都道府県知事の許可を受けなければならない。

⑷　区域区分が定められていない都市計画区域において、土地区画整理事業の施行として行う8,000㎡の土地の区画形質の変更を行おうとする者は、あらかじめ、都道府県知事の許可を受けなければならない。

既成市街地内にある市街化区域は、規制が厳しい。

講義

⑴ 誤。都市公園法に規定する**公園**は、世の中のためグループだ（公園は、世の中の役に立つ）。だから、許可は不要だ。

⑵ 正。**既成市街地**内にある市街化区域の場合は、規模が**500㎡**以上なら、許可が必要だ。本肢は、800㎡だから許可が必要だ。

⑶ 誤。準都市計画区域の場合は、規模が**3,000㎡**以上なら、許可が必要だ。本肢は、2,000㎡だから許可は不要だ。

⑷ 誤。**土地区画整理事業**は、世の中のためグループだ（土地区画整理事業は、世の中の役に立つ）。だから、許可は不要だ。

以上全体につき、413頁 表

正解 ⑵

1 タダの市街化区域 ➡ 1,000㎡以上なら、許可必要。
2 **既成市街地**内にある市街化区域 ➡ **500㎡**以上なら、許可必要（肢⑵）。

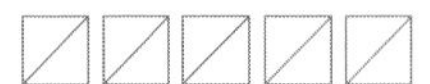

開発許可（都市計画法） [令2-16]

都市計画法に関する次の記述のうち、誤っているものはどれか。なお、この問において「都道府県知事」とは、地方自治法に基づく指定都市、中核市及び施行時特例市にあってはその長をいうものとする。

⑴ 開発許可を申請しようとする者は、あらかじめ、開発行為又は開発行為に関する工事により設置される公共施設を管理することとなる者と協議しなければならない。

⑵ 都市計画事業の施行として行う建築物の新築であっても、市街化調整区域のうち開発許可を受けた開発区域以外の区域内においては、都道府県知事の許可を受けなければ、建築物の新築をすることができない。

⑶ 開発許可を受けた開発行為により公共施設が設置されたときは、その公共施設は、工事完了の公告の日の翌日において、原則としてその公共施設の存する市町村の管理に属するものとされている。

⑷ 開発許可を受けた者から当該開発区域内の土地の所有権を取得した者は、都道府県知事の承認を受けて、当該開発許可を受けた者が有していた当該開発許可に基づく地位を承継することができる。

原則として勝手に建物を建てられないが、世の中のためグループなら建ててOK。

講義

⑴ 正。開発許可を申請しようとする者は、あらかじめ（事前に）、開発行為または開発行為に関する工事により設置される公共施設の管理者と**協議**しなければならない。 419頁 開発行為前は？2

⑵ 誤。市街化調整区域のうち開発許可を受けた開発区域以外の区域内（要するに、タダの市街化調整区域のこと）は、原則として建築できない。しかし、例外として**都市計画事業**の施行として行う場合は建築できる。 421頁 D 3 イ

⑶ 正。開発行為によって設置された公共施設は、原則としてその公共施設が存在する**市町村**が管理する。 419頁 開発行為後は？1

⑷ 正。開発許可を受けた者から土地の所有権を取得した者は、知事の**承認**を受けて、開発許可に基づく地位を承継できる（開発許可を受けたAから土地を買ったBは、知事の**承認**を受ければ開発行為をやることができる、という話）。 418頁 3

正解 ⑵

開発行為によって設置された公共施設

原則 **市町村**が管理する（肢⑶）。

例外 1 他の法律に別の管理者が定められているとき、2 事前の協議によって別の管理者が定められたときは、それらの者が管理する。

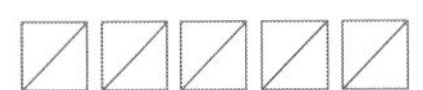

開発許可（都市計画法）　[平23-17]

都市計画法に関する次の記述のうち、正しいものはどれか。なお、この問における都道府県知事とは、地方自治法に基づく指定都市、中核市及び施行時特例市にあってはその長をいうものとする。

⑴　開発許可を申請しようとする者は、あらかじめ、開発行為に関係がある公共施設の管理者と協議しなければならないが、常にその同意を得ることを求められるものではない。

⑵　市街化調整区域内において生産される農産物の貯蔵に必要な建築物の建築を目的とする当該市街化調整区域内における土地の区画形質の変更は、都道府県知事の許可を受けなくてよい。

⑶　都市計画法第 33 条に規定する開発許可の基準のうち、排水施設の構造及び能力についての基準は、主として自己の居住の用に供する住宅の建築の用に供する目的で行う開発行為に対しては適用されない。

⑷　非常災害のため必要な応急措置として行う開発行為は、当該開発行為が市街化調整区域内において行われるものであっても都道府県知事の許可を受けなくてよい。

世の中のためグループは許可不要。

講義

⑴ 誤。開発許可を申請する者は、事前に、開発行為に関係のある、今ある公共施設の管理者（市町村等）と「**協議**」して「**同意**」を得なければならない。だから、常に同意を得る必要があるので、本肢は×だ。

419頁 開発行為前は？1

⑵ 誤。市街化調整区域内において、**農林漁業用建築物**を建てるための開発行為は許可不要だ。しかし、農作物の貯蔵に必要な建築物は、農林漁業用建築物には該当しないので、許可を受ける必要がある。

⑶ 誤。**排水施設**の構造及び能力についての基準は、自己の居住の用に供する住宅の建築の用に供する目的で行う開発行為にも適用される。要するに、自宅を建てるために開発行為をしようとする場合において、「排水施設がキチンとしていないときは、許可されない」ということ。

⑷ 正。**非常災害**の応急措置は、**世の中のためグループ**だから、許可を受ける必要はない。

413頁 表2

正解 ⑷

世の中のためグループ（開発許可が不要）

1 図書館、公民館、鉄道施設、変電所等を建てるための開発行為

2 **非常災害**の応急措置、都市計画事業、土地区画整理事業等のための開発行為（肢⑷）

第１編　弱点表

項　目	番　号	難　度	正　解	自己採点
都市計画全般（都市計画法）	平 14-17	カンターン	(3)	
都市計画全般（都市計画法）	平 22-16	普通	(1)	
都市計画全般（都市計画法）	令 1-15	カンターン	(4)	
都市計画全般（都市計画法）	令 4-15	カンターン	(3)	
都市計画全般（都市計画法）	令 5-15	普通	(4)	
都市計画全般（都市計画法）	平 26-15	普通	(3)	
都市計画全般（都市計画法）	平 19-18	カンターン	(1)	
都市計画全般（都市計画法）	平 24-16	カンターン	(1)	
都市計画全般（都市計画法）	平 21-16	普通	(2)	
都市計画全般（都市計画法）	平 30-16	カンターン	(4)	
都市計画全般（都市計画法）	平 18-18	普通	(4)	
都市計画全般（都市計画法）	平 20-18	カンターン	(4)	
都市計画全般（都市計画法）	平 29-16	普通	(1)	
都市計画全般（都市計画法）	平 25-15	難しい	(2)	
都市計画全般（都市計画法）	令 2-15	難しい	(4)	
都市計画全般（都市計画法）	令 3-15	難しい	(3)	
都市計画全般（都市計画法）	平 27-16	普通	(1)	
都市計画全般（都市計画法）	平 28-16	難しい	(1)	
開発許可（都市計画法）	平 25-16	カンターン	(3)	
開発許可（都市計画法）	令 1-16	カンターン	(1)	
開発許可（都市計画法）	平 24-17	普通	(3)	
開発許可（都市計画法）	平 26-16	普通	(1)	

開発許可（都市計画法）	平 21-17	カンターン	⑶	
開発許可（都市計画法）	平 18-20	普通	⑵	
開発許可（都市計画法）	平 30-17	カンターン	⑷	
開発許可（都市計画法）	平 28-17	普通	⑷	
開発許可（都市計画法）	平 29-17	普通	⑵	
開発許可（都市計画法）	令 4-16	難しい	⑵	
開発許可（都市計画法）	平 27-15	難しい	⑷	
開発許可（都市計画法）	平 22-17	難しい	⑷	
開発許可（都市計画法）	平 19-20	普通	⑴	
開発許可（都市計画法）	平 16-18	普通	⑶	
開発許可（都市計画法）	令 5-16	普通	⑴	
開発許可（都市計画法）	令 3-16	難しい	⑵	
開発許可（都市計画法）	令 2-16	普通	⑵	
開発許可（都市計画法）	平 23-17	普通	⑷	

2

第2編

建築基準法

用途規制（建築基準法） [平14-20]

建築基準法第 48 条に規定する用途規制に関する次の記述のうち、誤っているものはどれか。ただし、特定行政庁の許可は考慮しないものとする。

⑴　第一種低層住居専用地域内では、小学校は建築できるが、中学校は建築できない。

⑵　第一種住居地域内では、ホテル（床面積計 3,000㎡以下）は建築できるが、映画館は建築できない。

⑶　近隣商業地域内では、カラオケボックスは建築できるが、料理店は建築できない。

⑷　工業地域内では、住宅は建築できるが、病院は建築できない。

ハナ子は小学生。

講義

⑴ 誤。**幼稚園、小学校、中学校、高校**は、全部同じ扱いがされている（いずれも工業地域と工業専用地域だけ×）。だから、第一種低層住居専用地域には、小学校だけでなく、中学校も建築できる。

⑵ 正。**ホテル**を建築できないのは、第一種・第二種低層住居専用地域と田園住居地域と第一種・第二種中高層住居専用地域と工業地域と工業専用地域だけ。だから、第一種住居地域にホテルはOK。**映画館**は、小規模（200㎡未満）なら準住居地域、近隣商業地域、商業地域、準工業地域に建築できる。大規模なら近隣商業地域、商業地域、準工業地域に建築できる。いずれにせよ、第一種住居地域に映画館は建築できない。

⑶ 正。**カラオケボックス**は、第二種住居地域から工業専用地域まで建築できるので、近隣商業地域はOK。**料理店**は、商業地域と準工業地域にしか建築できないので、近隣商業地域には建築できない。

⑷ 正。**住宅**は、工業専用地域以外はどこでも建築できる。**病院**は、第一種・第二種低層住居専用地域、田園住居地域、工業地域、工業専用地域には建築できない。

以上全体につき、図 424頁、425頁 表

正 解 ⑴

次はここが出る!

同じ学校でも、大学や専門学校は、第一種・第二種低層住居専用地域と田園住居地域に**建築できない**点が異なる（工業地域、工業専用地域に建築できないのは、小学校等と同じ）。

用途規制（建築基準法）　［平22-19］

建築物の用途規制に関する次の記述のうち、建築基準法の規定によれば、誤っているものはどれか。ただし、用途地域以外の地域地区等の指定及び特定行政庁の許可は考慮しないものとする。

⑴　建築物の敷地が工業地域と工業専用地域にわたる場合において、当該敷地の過半が工業地域内であるときは、共同住宅を建築することができる。

⑵　準住居地域内においては、原動機を使用する自動車修理工場で作業場の床面積の合計が150㎡を超えないものを建築することができる。

⑶　近隣商業地域内において映画館を建築する場合は、客席の部分の床面積の合計が200㎡未満となるようにしなければならない。

⑷　第一種低層住居専用地域内においては、高等学校を建築することはできるが、高等専門学校を建築することはできない。

200㎡以上の映画館は、３つの地域でOK。

講義

(1) 正。敷地が２つの用途地域にまたがっている場合は、**過半を占める**（つまり、広い）地域の用途規制が適用される（例えば、100㎡の敷地のうち60㎡が工業地域内で、40㎡が工業専用地域内だったら、100㎡全体に工業地域の用途規制が適用されることになる）。そして、工業地域には共同住宅を建てることができるので、○だ。

(2) 正。小規模（150㎡以下）の自動車修理工場を建てることができないのは、1－１（第一種低層住居専用地域）から3－２（第二種住居地域）までだ。準住居地域には、建てることができる。楽勝ゴロ合せは「**小規模工場ミニ工場**」。

(3) 誤。200㎡以上の劇場・映画館、ナイトクラブは、4**近隣商業地域**と5商業地域と6準工業地域の３つの地域に建てることができることになっている。だから、近隣商業地域に200㎡以上の映画館を建てることができる（200㎡未満にする必要はない）ので、×だ。この場で覚えよ。

(4) 正。幼稚園・小学校・中学校・**高校**は、第一種低層住居専用地域に建てることができるが、大学・**高等専門学校**は、第一種低層住居専用地域に建てることはできない。

以上全体につき、423頁 注!、424頁、425頁 表

正　解 (3)

劇場・映画館、ナイトクラブ（肢(3)）

	200㎡未満の劇場・映画館、ナイトクラブ	200㎡以上の劇場・映画館、ナイトクラブ
準住居地域	○	×（←違いはココ）
近隣商業地域	○	○
商業地域	○	○
準工業地域	○	○

○ ➡ 自由に建ててよい。
× ➡ 特定行政庁の許可がない限り、建てられない。

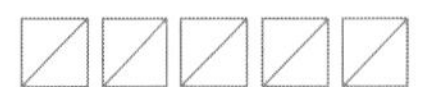

用途規制その他（建築基準法）　[平16-20]

建築基準法に関する次の記述のうち、誤っているものはどれか。

⑴　建築物の敷地が第一種住居地域と近隣商業地域にわたる場合、当該敷地の過半が近隣商業地域であるときは、その用途について特定行政庁の許可を受けなくとも、カラオケボックスを建築することができる。

⑵　建築物が第二種低層住居専用地域と第一種住居地域にわたる場合、当該建築物の敷地の過半が第一種住居地域であるときは、北側斜線制限が適用されることはない。

⑶　建築物の敷地が、都市計画により定められた建築物の容積率の限度が異なる地域にまたがる場合、建築物が一方の地域内のみに建築される場合であっても、その容積率の限度は、それぞれの地域に属する敷地の部分の割合に応じて按分計算により算出された数値となる。

⑷　建築物が防火地域及び準防火地域にわたる場合、建築物が防火地域外で防火壁により区画されているときは、その防火壁外の部分については、準防火地域の規制に適合させればよい。

「過半が～～地域である」という点に注意せよ！

講義

(1) 正。敷地が２以上の用途地域にわたる場合は、その敷地の**過半を占める**用途地域の**用途規制の適用を受ける**（要するに、広い方の敷地である近隣商業地域で考えればOKということだ）。本肢の場合、過半が近隣商業地域にあるのだから、近隣商業地域の用途規制で考えればよい。カラオケボックスは、3－２の第二種住居地域から8の工業専用地域まで、建築することができるので、近隣商業地域に建築することができる。

423頁 注!、424頁、425頁 表

(2) 誤。建物の敷地が２以上の用途地域にわたる場合は、**各地域**の斜線制限が適用される（たとえば、第二種低層住居専用地域と第一種住居地域にわたる場合は、第二種低層住居専用地域にある建物の部分には第二種低層住居専用地域の斜線制限が適用され、第一種住居地域にある建物の部分には第一種住居地域の斜線制限が適用される）。だから、第二種低層住居専用地域にある建物の部分には、北側斜線制限が適用されるので、本肢は×だ。

447頁 表 1 注!

(3) 正。敷地が容積率の限度が異なる地域にまたがる場合、その容積率の限度は、それぞれの地域の属する敷地の部分の**割合に応じて**按分計算により算出された数値となる。

439頁 3.

(4) 正。建築物が防火地域と準防火地域にわたる場合は、**厳しい方**の規制である防火地域の規制が適用されるのが原則だが、例外として、防火壁により区画されているときは、その防火壁外の部分については、準防火地域の規制に適合させればOKだ。

430頁 2.

正解 (2)

２つの地域にまたがる場合

① 用途規制 ➡ **過半を占める**（つまり、広い方の）地域で考える（肢(1)）。
② 斜線制限 ➡ 別々に考える（肢(2)）。
③ 建蔽率・容積率 ➡ **割合に応じて**按分計算する（肢(3)）。
④ 防火地域・準防火地域 ➡ 原則として、**厳しい方**の規制が適用される(肢(4))。

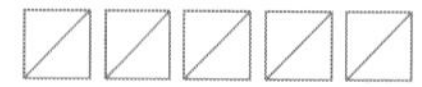

用途規制その他（建築基準法） [平20-21]

建築基準法（以下この問において「法」という。）に関する次の記述のうち、正しいものはどれか。ただし、用途地域以外の地域地区等の指定及び特定行政庁の許可は考慮しないものとする。

⑴ 店舗の用途に供する建築物で当該用途に供する部分の床面積の合計が20,000㎡であるものは、準工業地域においては建築することができるが、工業地域においては建築することができない。

⑵ 第一種住居地域において、カラオケボックスで当該用途に供する部分の床面積の合計が500㎡であるものは建築することができる。

⑶ 建築物が第一種中高層住居専用地域と第二種住居地域にわたる場合で、当該建築物の敷地の過半が第二種住居地域内に存するときは、当該建築物に対して法第56条第1項第3号の規定による北側高さ制限は適用されない。

⑷ 第一種中高層住居専用地域において、火葬場を新築しようとする場合には、都市計画により敷地の位置が決定されていれば新築することができる。

特定大規模建築物を建築することができる地域は3つだけ。

講義

(1) 正。**10,000㎡を超える**店舗、飲食店等（特定大規模建築物）は、⑥（準工業地域）には建築することができるが、⑦（工業地域）には建築することができない。楽勝ゴロ合せは、「**特定の汚れはムシ**」。 424頁 注1

(2) 誤。カラオケボックスは、①－1（第一種低層住居専用地域）から③－1（第一種住居地域）まで建築することができない。楽勝ゴロ合せは、「**ミーは、カラオケ好きザンス**」。 424頁、425頁 表

(3) 誤。**第一種中高層住居専用地域内**には、北側斜線制限が適用される。そして、本肢のように、建築物の一部分が第一種中高層住居専用地域内にある場合は、その一部分について北側斜線制限が適用されることになる。

447頁 表 注!

(4) 誤。火葬場は、**敷地の位置**が決定していれば、新築することができる。ただし、第一種・第二種低層住居専用地域、田園住居地域、**第一種中高層住居専用地域**では、新築することができない（なお、特定行政庁の**許可**があれば新築することができる）。つまり、第一種・第二種低層住居専用地域、田園住居地域、第一種中高層住居専用地域で火葬場を新築するためには、①**敷地の位置**の決定と②特定行政庁の**許可**が必要なのだ（①と②の両方が必要）。だから、「敷地の位置が決定されていれば新築することができる（①だけでOK）」とある本肢は×だ。ちなみに、「第一種・第二種低層住居専用地域、田園住居地域、第一種中高層住居専用地域」以外の用途地域では、敷地の位置が決定されていれば、新築することができる（こちらは、①だけでOK）。

正解 (1)

10,000㎡を超える店舗、飲食店等（特定大規模建築物）を建築することができる地域（肢(1)）。

① 近隣商業地域
② 商業地域
③ 準工業地域

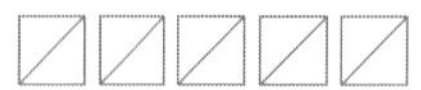

用途規制（建築基準法） [平26-18]

建築基準法（以下この問において「法」という。）に関する次の記述のうち、誤っているものはどれか。

⑴　店舗の用途に供する建築物で当該用途に供する部分の床面積の合計が10,000㎡を超えるものは、原則として工業地域内では建築することができない。

⑵　学校を新築しようとする場合には、法第48条の規定による用途制限に適合するとともに、都市計画により敷地の位置が決定されていなければ新築することができない。

⑶　特別用途地区内においては、地方公共団体は、国土交通大臣の承認を得て、条例で、法第48条の規定による建築物の用途制限を緩和することができる。

⑷　都市計画において定められた建蔽率の限度が10分の8とされている地域外で、かつ、防火地域内にある耐火建築物の建蔽率については、都市計画において定められた建蔽率の数値に10分の1を加えた数値が限度となる。

住民に迷惑な施設かどうか？

講義

(1) 正。特定大規模建築物（**10,000㎡を超える**店舗、飲食店等）は、4近隣商業地域、5商業地域、6準工業地域にだけ建てることができる。7工業地域には建てることはできないので、本肢は○だ。楽勝ゴロ合せは、「**特定のヨゴれはムシ**」。

424頁 注1

(2) 誤。都市計画により敷地の位置が決定していなければ、新築することができないのは、**火葬場**、卸売市場、と畜場、汚物処理場、ごみ焼却場等（学校は含まれていない）だ。

(3) 正。特別用途地区内においては、地方公共団体は、**大臣の承認**を得て、**条例で**、用途制限を**緩和**することができる。

(4) 正。建蔽率（けんぺいりつ）の限度が $\frac{8}{10}$ とされている地域なら、その土地が、防火地域内にあり、耐火建築物等を建てる場合は、建蔽率は $\frac{10}{10}$ になる（無制限になる）。しかし、本肢は、建蔽率の限度が「$\frac{8}{10}$ とされている**地域外**」についての話だ（$\frac{8}{10}$ **ではない**ということ）。$\frac{8}{10}$ ではない地域の場合、その土地が防火地域内にあり、耐火建築物等を建てるときは、建蔽率は、＋ $\frac{1}{10}$ となるので、本肢は○だ。

433頁 表 例外②

正解 (2)

都市計画により敷地の位置が決定していなければ、新築・増築することができない建築物（用途規制（制限）に適合していることも必要）
➡ **火葬場**、卸売市場、と畜場、汚物処理場、ごみ焼却場等

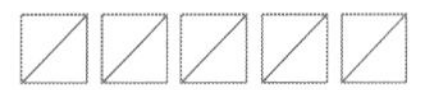

道路規制（建築基準法） [平18-21]

建築基準法（以下この問において「法」という。）に関する次の記述のうち、正しいものはどれか。

⑴　法第3章の規定が適用されるに至った際、現に建築物が立ち並んでいる幅員4m未満の道路法による道路は、特定行政庁の指定がなくとも法上の道路とみなされる。

⑵　法第42条第2項の規定により道路の境界線とみなされる線と道との間の部分の敷地が私有地である場合は、敷地面積に算入される。

⑶　法第42条第2項の規定により道路とみなされた道は、実際は幅員が4m未満であるが、建築物が当該道路に接道している場合には、法第52条第2項の規定による前面道路の幅員による容積率の制限を受ける。

⑷　敷地が法第42条に規定する道路に2m以上接道していなくても、特定行政庁が交通上、安全上、防火上及び衛生上支障がないと認めて利害関係者の同意を得て許可した場合には、建築物を建築してもよい。

道路とみなされるのだから……。

講義

(1) 誤。幅員（道幅）が 4m 未満であっても、法の規定が適用されるに至った際に①すでに建物が立ち並んでいて、かつ、②**特定行政庁から指定**されたものは、道路とみなされる。本肢のように特定行政庁の指定がないものは、道路とみなされない。

426 頁 (2)

(2) 誤。道路の境界線とみなされる線と道との間は、道路とみなされるので建物を建てることができない場所だ。そして、建物を建てることができない場所なのだから、トーゼン**敷地面積には算入されない**。

426 頁 (2) 注！

(3) 正。幅員が 4m 未満であっても道路とみなされているのだから、トーゼン前面道路の幅員による**容積率の制限を受ける**ことになる。ちなみに、前面道路の幅員による容積率の制限とは、らくらく宅建塾の 437 頁の表のことだ。

426 頁 (2)、437 頁の表

(4) 誤。敷地の周囲に広い空地を有する建物で、特定行政庁が交通上、安全上、防火上及び衛生上支障がないと認めて**建築審査会**の同意を得て許可したものについては、道路に 2 m以上接していなくてもよい。

427 頁 (2) 2

正 解 (3)

「特定行政庁が**建築審査会**の同意を得て許可」すれば、OK になるモノ 2 つ

① 原則として、敷地が道路に 2m 以上接していない土地には建物を建ててはならない。
　➡ 例外として「特定行政庁が**建築審査会**の同意を得て許可」すれば、道路に 2m 以上接していない土地にも建物を建てて OK だ（肢(4)）。

② 原則として、道路内には建物を建ててはならない。
　➡ 例外として「特定行政庁が**建築審査会**の同意を得て許可」すれば、道路内に交番等の建物を建てて OK だ。

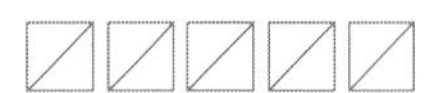

防火地域・準防火地域（建築基準法）　［平23-18］

建築基準法に関する次の記述のうち、正しいものはどれか。

⑴　建築物が防火地域及び準防火地域にわたる場合、原則として、当該建築物の全部について防火地域内の建築物に関する規定が適用される。

⑵　防火地域内においては、3階建て、延べ面積が200㎡の住宅は耐火建築物又は準耐火建築物としなければならない。

⑶　防火地域内において建築物の屋上に看板を設ける場合には、その主要な部分を難燃材料で造り、又はおおわなければならない。

⑷　防火地域にある建築物は、外壁が耐火構造であっても、その外壁を隣地境界線に接して設けることはできない。

厳しい方の規制を適用した方が安全だ。

講義

(1) 正。建物が2つの地域にまたがって建っている場合には、原則として、2つのうちの「**厳しい方**」の規制が建物全体に適用される。だから、本肢の場合、防火地域の規制が適用されることになる。 430頁 パターン[1]

(2) 誤。防火地域の場合、[1] **3**階以上（地階を含む）または[2]延面積**100㎡**超の建物は、耐火建築物または耐火建築物と同等以上の延焼防止性能を有する建築物にしなければならない。だから、本肢の住宅は、耐火建築物または耐火建築物と同等以上の延焼防止性能を有する建築物にしなければならない。準耐火建築物ではダメなので、本肢は×だ。

429頁 上の表

(3) 誤。防火地域において、**屋上**にある看板・広告塔等や高さ3mを超える看板・広告塔等には、**不燃**材料を用いなければならない。難燃材料ではないので、本肢は×だ。 431頁 表[1]

(4) 誤。防火地域または準防火地域において、外壁が耐火構造の建物は、外壁を**隣地境界線に接して**建ててよい。 431頁 表[4]

正解 (1)

建物が2つの地域にまたがって建っている場合は ➡ 原則として、2つのうちの「**厳しい方**」の規制が建物全体に適用される（肢(1)）。
パターン[1] 防火地域 対 準防火地域なら ➡ 防火地域の規制を適用
パターン[2] 防火地域 対 無指定地域なら ➡ 防火地域の規制を適用
パターン[3] 準防火地域 対 無指定地域なら ➡ 準防火地域の規制を適用

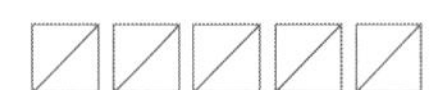

防火地域・準防火地域（建築基準法）　[平15-20]

防火地域内において、地階を除く階数が5（高さ25 m）、延べ面積が800㎡で共同住宅の用途に供する鉄筋コンクリート造の建築物で、その外壁が耐火構造であるものを建築しようとする場合に関する次の記述のうち、建築基準法の規定によれば、正しいものはどれか。

⑴　当該建築物は、防火上有効な構造の防火壁又は防火床によって有効に区画しなければならない。

⑵　当該建築物について確認をする場合は、建築主事は、建築物の工事施工地又は所在地を管轄する消防長又は消防署長へ通知しなければならない。

⑶　当該建築物には、安全上支障がない場合を除き、非常用の昇降機を設けなければならない。

⑷　当該建築物は、外壁を隣地境界線に接して設けることができる。

建築物の高さ・延面積・構造に注目せよ！

講義

⑴ 誤。延面積が **1,000㎡を超える**建物には、原則として、内部を防火壁または防火床で区切り、各スペースが1,000㎡以下になるようにしなければならないが、本問の建物の延面積は800㎡なので、防火壁または防火床で区切る必要はない。 450頁⑹

⑵ 誤。建築主事が建築確認をするときは、消防長または消防署長の**同意**を得なければならない。通知ではダメだ。

⑶ 誤。高さが **31 mを超える**建物には、原則として、非常用の昇降機（エレベーターのこと）をつけなければならないが、本問の建物の高さは25 mなので、非常用の昇降機をつける必要はない。 449頁⑶

⑷ 正。**防火地域**または**準防火地域**内にある建物で、外壁が**耐火構造**のものは、その外壁を隣地境界線に接して設けることができる。本問の建物は、防火地域内にあり、かつ外壁が耐火構造であるので、その外壁を隣地境界線に接してOKだ。 431頁表4

正解 ⑷

Point!

	防火地域 準防火地域	防火地域 準防火地域 } 以外
延面積 **1,000㎡を超える**建物には、原則として、内部を防火壁または防火床で区切り、各スペースが1,000㎡以下になるようにしなければならない。（肢⑴）	○	○
高さが **31mを超える**建物には、原則として、非常用昇降機（エレベーターのこと）をつけなければならない。（肢⑶）	○	○
外壁が**耐火構造**の場合は、外壁を隣地境界線に接して建ててよい。（肢⑷）	○	×

○ ➡ 適用あり
× ➡ 適用なし

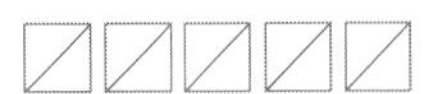

防火地域・準防火地域その他（建築基準法）　[平28-18]

建築基準法に関する次の記述のうち、正しいものはどれか。

(1) 防火地域にある建築物で、外壁が耐火構造のものについては、その外壁を隣地境界線に接して設けることができる。

(2) 高さ 30 mの建築物には、原則として非常用の昇降機を設けなければならない。

(3) 準防火地域内においては、延べ面積が 2,000㎡の共同住宅は準耐火建築物としなければならない。

(4) 延べ面積が 1,000㎡を超える耐火建築物は、防火上有効な構造の防火壁又は防火床によって有効に区画し、かつ、各区画の床面積の合計をそれぞれ 1,000㎡以内としなければならない。

防火・準防火地域＋外壁が耐火構造 ➡ ドーなる？

講義

(1) 正。防火地域または準防火地域にある建物で、外壁が耐火構造のものについては、外壁を**隣地境界線に接して**建ててよい。 431頁 表④

(2) 誤。高さが**31m**を超える建物には、原則として、エレベーター（非常用昇降機）をつけなければならない。 449頁 (3)

(3) 誤。準防火地域においては、延面積が1,500㎡を超える建物は**耐火建築物**または耐火建築物と同等以上の延焼防止性能を有する建築物にしなければならない。準耐火建築物ではダメ。 429頁 下の表

(4) 誤。「耐火・準耐火建築物」等**以外**の建物で、延面積が1,000㎡を超える場合は、原則として、内部を防火壁で区切り、各スペースが1,000㎡以下になるようにしなければならない。本肢の建物は耐火建築物なので、その必要はない。 450頁 (6)

正 解 (1)

防火地域・準防火地域にある建物で、外壁が耐火構造のもの
➡ 外壁を**隣地境界線に接して**建ててよい（肢(1)）。

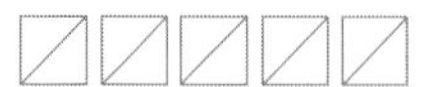

高さ制限その他（建築基準法） [平19-22]

第二種低層住居専用地域に指定されている区域内の土地（以下この問において「区域内の土地」という。）に関する次の記述のうち、建築基準法の規定によれば、正しいものはどれか。ただし、特定行政庁の許可については考慮しないものとする。

⑴　区域内の土地においては、美容院の用途に供する部分の床面積の合計が100㎡である2階建ての美容院を建築することができない。

⑵　区域内の土地においては、都市計画において建築物の外壁又はこれに代わる柱の面から敷地境界線までの距離の限度を2m又は1.5mとして定めることができる。

⑶　区域内の土地においては、高さが9mを超える建築物を建築することはできない。

⑷　区域内の土地においては、建築物を建築しようとする際、当該建築物に対する建築基準法第56条第1項第2号のいわゆる隣地斜線制限の適用はない。

北・隣・道は、2・1・0。

講義

(1) 誤。小規模（150㎡以下）の飲食店・店舗は、1－2（第二種低層住居専用地域）から7（工業地域）まで建築できる。ダメなのは1－1（第一種低層住居専用地域）と8（工業専用地域）だ。楽勝ゴロ合せは「**飲食店では、まず『ビール』**」(頭と尻が×)。 424、425頁 表

(2) 誤。第一種・第二種低層住居専用地域と田園住居地域では、都市計画において外壁の後退距離の限度を「**1.5m または 1m**」として定めることができる。「2m または 1.5m」として定めることができるのではない。

442頁 1. 注!

(3) 誤。第一種・第二種低層住居専用地域と田園住居地域では、建物の高さは、**10m** または **12m**（どちらにするかは都市計画で定める）を超えてはならない。だから、第二種低層住居専用地域において、高さが 9m を超える建物を建築することはできる（ただし、10m または 12m 以下である必要あり）。 442頁 1.

(4) 正。第一種・第二種低層住居専用地域と田園住居地域では、隣地斜線制限は適用されない。楽勝ゴロ合せ「**北・隣・道は、2・1・0**」を覚えていれば、カンタンに解ける問題だ。 447頁 表、448頁 楽勝ゴロ合せ

正　解 (4)

北(ほく)・隣(りん)・道(どう)は、2(に)・1(いち)・0(ゼロ)

北側斜線制限が適用されるのは 1（低層住専・田園住居）と 2（中高層住専）の**2**つだけ
隣地斜線制限が適用されないのは1（低層住専・田園住居）の **1** つだけ（肢(4)）
道路斜線制限が適用されないのは**ゼロ**

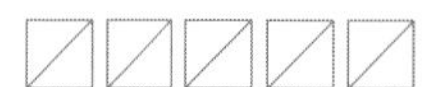

建蔽率・容積率（建築基準法） [平20-20]

建築物の建築面積の敷地面積に対する割合（以下この問において「建蔽率」という。）及び建築物の延べ面積の敷地面積に対する割合（以下この問において「容積率」という。）に関する次の記述のうち、建築基準法の規定によれば、誤っているものはどれか。

⑴ 建蔽率の限度が80％とされている防火地域内にある耐火建築物については、建蔽率による制限は適用されない。

⑵ 建築物の敷地が、幅員15 m以上の道路（以下「特定道路」という。）に接続する幅員6 m以上12 m未満の前面道路のうち、当該特定道路からの延長が70 m以内の部分において接する場合における当該敷地の容積率の限度の算定に当たっては、当該敷地の前面道路の幅員は、当該延長及び前面道路の幅員を基に一定の計算により算定した数値だけ広いものとみなす。

⑶ 容積率を算定する上では、共同住宅の共用の廊下及び階段部分は、当該共同住宅の延べ面積の3分の1を限度として、当該共同住宅の延べ面積に算入しない。

⑷ 隣地境界線から後退して壁面線の指定がある場合において、当該壁面線を越えない建築物で、特定行政庁が安全上、防火上及び衛生上支障がないと認めて許可したものの建蔽率は、当該許可の範囲内において建蔽率による制限が緩和される。

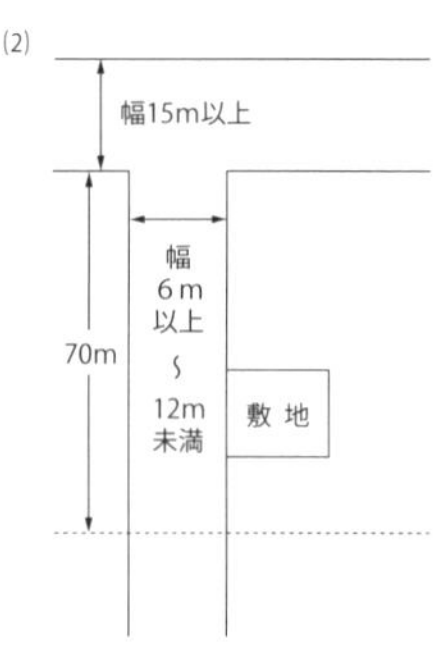

地下室なら……。

講義

(1) 正。防火地域内にある耐火建築物については、指定建蔽率（けんぺいりつ）が $\frac{1}{10}$ プラスされる。ただし、指定建蔽率が $\frac{8}{10}$ の場合は、建蔽率が $\frac{2}{10}$ プラスされて $\frac{10}{10}$（無制限）になる。

433頁 表 例外② 3～6

(2) 正。幅が**15 m以上の道路**（特定道路）に接続する、幅が6 m以上12 m未満の前面道路のうち、当該特定道路から70 m以内の部分に接する敷地の容積率を計算する場合においては、その敷地の前面道路の幅員は、一定の計算により算定した数値だけ広いものとみなすことになっている。文章の解説だけだと、複雑に思えてしまうので、問題文の下にある図を参考にしよう。

(3) 誤。共同住宅や老人ホーム等の共用の廊下及び階段部分は、その**全部**の面積がノーカウントになる。$\frac{1}{3}$ だけノーカウントになるのではない。

436頁 ノーカウント2

(4) 正。隣地境界線から後退して壁面線の指定がある場合において、その壁面線を越えない建築物で、**特定行政庁**が安全等に問題がないとして許可したときは、建蔽率の制限が緩和される。

正解 (3)

容積率を計算する場合の基礎となる延べ面積

① 住宅用や老人ホーム等の地下室
➡ 住宅用や老人ホーム等の地上部分との合計面積の $\frac{1}{3}$ までノーカウントになる。

② 共同住宅や老人ホーム等の廊下及び階段部分
➡ **全部**の面積がノーカウントになる（肢(3)）。

③ 住宅や老人ホーム等の機械室その他これに類する建築物（一定の給湯設備）の部分で特定行政庁が認めるもの
➡ **全部**の面積がノーカウントになる。

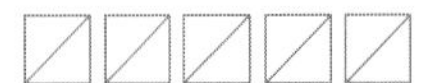

容積率（建築基準法）　[平17-22]

建築基準法に関する次の記述のうち、正しいものはどれか。

(1)　建築物の容積率の制限は、都市計画において定められた数値によるものと、建築物の前面道路の幅員に一定の数値を乗じて得た数値によるものがあるが、前面道路の幅員が 12 m未満である場合には、当該建築物の容積率は、都市計画において定められた容積率以下でなければならない。

(2)　建築物の前面道路の幅員に一定の数値を乗じて得た数値による容積率の制限について、前面道路が二つ以上ある場合には、それぞれの前面道路の幅員に応じて容積率を算定し、そのうち最も低い数値とする。

(3)　建築物の敷地が都市計画に定められた計画道路（建築基準法第 42 条第 1 項第 4 号に該当するものを除く。）に接する場合において、特定行政庁が交通上、安全上、防火上及び衛生上支障がないと認めて許可した建築物については、当該計画道路を前面道路とみなして容積率を算定する。

(4)　用途地域の指定のない区域内に存する建築物の容積率は、特定行政庁が土地利用の状況等を考慮し、都市計画において定められた数値以下でなければならない。

特定行政庁は神様！

講義

(1) 誤。前面道路の幅が**12m未満**の場合は、Ⓐ都市計画で指定された指定容積率とⒷ前面道路の幅のメートル数に一定の数値を掛けて（乗じて）得た数値を比較して、ⒶとⒷの小さい方がその土地の容積率になる。

437頁 表

(2) 誤。二つ以上の道路に接している場合、**最も幅員の広い道路**に一定の数値を掛ける（乗じる）ことになっている。最も低い数値となる（つまり、最も幅員の狭い道路を基準とする）のではない。 437頁 表

(3) 正。**特定行政庁**が交通上、安全上、防火上、及び衛生上支障がないと認めて**許可**した建築物については、計画道路を前面道路とみなして容積率を算定することになっている。

(4) 誤。用途地域の指定のない区域内に存する建築物の容積率は、**特定行政庁**が土地利用の状況等を考慮し、当該区域を区分して都道府県都市計画審議会の議を経て**定める**ことになっている。つまり、特定行政庁が一定の手続きのもとに数値を定めるのであり、都市計画において定められた数値ではない。

437頁 表

正 解 (3)

特定行政庁と容積率

- 敷地内か敷地の周囲に空地がある場合 ➡ **特定行政庁の許可**を得て容積率を緩和してもらう（もっと大きな数値にしてもらう）ことができる。 注意! なお、特定行政庁は建築審査会の同意を得て許可をする。
- **特定行政庁**が交通上、安全上、防火上、及び衛生上支障がないと認めて**許可**した建築物 ➡ 計画道路を前面道路とみなして容積率を算定する（肢(3)）。
- 用途地域の指定のない区域内に存する建築物の容積率 ➡ **特定行政庁**が都市計画審議会の議を経て**定める**（肢(4)）。

単体規定（建築基準法）　[平25-17]

建築基準法に関する次の記述のうち、誤っているものはいくつあるか。

ア　一室の居室で天井の高さが異なる部分がある場合、室の床面から天井の一番低い部分までの高さが 2.1 m以上でなければならない。

イ　3階建ての共同住宅の各階のバルコニーには、安全上必要な高さが 1.1 m以上の手すり壁、さく又は金網を設けなければならない。

ウ　石綿以外の物質で居室内において衛生上の支障を生ずるおそれがあるものとして政令で定める物質は、ホルムアルデヒドのみである。

エ　高さが 20 mを超える建築物には原則として非常用の昇降機を設けなければならない。

⑴　一つ

⑵　二つ

⑶　三つ

⑷　四つ

数字も要チェック。

講義

ア　誤。一室の居室で天井の高さが異なる部分がある場合、その**平均**の高さが 2.1 m以上でなければならない（平均の高さが 2.1 m以上であればOK。一番低い部分までの高さで測るのではない）。 449 頁 (4)

イ　誤。**2階以上**の階にあるバルコニーには、1.1 m以上の手すり壁等を設けなければならない。1階にあるバルコニーには設けなくてOKなので、「各階のバルコニーに（つまり、1階にあるバルコニーにも）設けなければならない」とある本肢は×だ。

ウ　誤。石綿以外の物質で居室内において衛生上支障が生じるおそれがあるものとして政令で定める物質はホルムアルデヒドと**クロルピリホス**の2つだ（2つともシックハウス症候群の原因となる物質だ）。クロルピリホスもダメなので、本肢は×だ。 450 頁 (5) 注!

エ　誤。高さが **31 m**を超える建物には、原則として、エレベーター（非常用昇降機）を付けなければならない。 449 頁 (3)

以上により、誤っているものはアとイとウとエなので（全部が誤っているので）、正解は肢(4)となる。

正　解　(4)

単体規定をもうひと押し！

(1)　高さ **20 m**超えたら避雷針

高さが 20 mを超える建物には、原則として、避雷針（試験では「避雷設備」と表現される）をつけなければならない。

(2)　木造等で **3,000㎡**を超えると……

延べ床面積が 3,000㎡を超える建物の主要構造部に木材やプラスチック等を用いる場合には、一定の基準に適合するものとしなければならない。

(3)　高さ **31 m**超えたらエレベーター

高さが 31 mを超える建物には、原則として、エレベーター（試験では「非常用昇降機」と表現される）をつけなければならない（肢(4)）。

ニ　ヒ　ル　なキ　ミ　とミーは
20m　避雷針　木造　3,000㎡　31m

エレベーターに乗りたいザンス
そのまんま

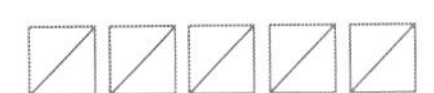

単体規定その他（建築基準法）　[平26-17]

建築基準法に関する次の記述のうち、正しいものはどれか。

(1)　住宅の地上階における居住のための居室には、採光のための窓その他の開口部を設け、その採光に有効な部分の面積は、一定の場合を除きその居室の床面積に対して7分の1以上としなければならない。

(2)　建築確認の対象となり得る工事は、建築物の建築、大規模の修繕及び大規模の模様替であり、建築物の移転は対象外である。

(3)　高さ15ｍの建築物には、周囲の状況によって安全上支障がない場合を除き、有効に避雷設備を設けなければならない。

(4)　準防火地域内において建築物の屋上に看板を設ける場合は、その主要な部分を不燃材料で造り、又は覆わなければならない。

数字に注意。

講義

⑴ 正。住宅の地上階における居室には、**採光**のため窓などを設けなければならない。そして、採光に有効な部分の面積は、原則として、床面積の 1/7 以上としなければならない。 450 頁 ⑺ ①

⑵ 誤。新築だけが建築なのではない。増改築や移転も建築なのだ。だから、**移転**も建築確認の対象となる。 452 頁 表

⑶ 誤。高さが **20 m**を超える建物には、避雷針（試験では「避雷設備」と表現される）をつけなければならない。 449 頁 ⑴

⑷ 誤。**防火地域**内において、屋上に看板を設ける場合は、不燃材料を用いなければならない。しかし、準防火地域内では、不燃材料を用いなくても OK なので、本肢は×だ。 431 頁 ①

正 解 ⑴

住宅の居室－採光と換気

① 採光に有効な部分の面積 ➡ 原則として、床面積の **1/7** 以上（肢⑴）
② 換気に有効な部分の面積 ➡ 原則として、床面積の 1/20 以上

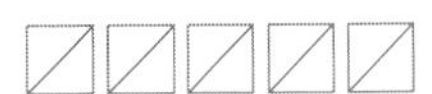

建築確認（建築基準法） [平27-17]

建築基準法に関する次の記述のうち、誤っているものはどれか。

⑴ 防火地域及び準防火地域外において建築物を改築する場合で、その改築に係る部分の床面積の合計が10㎡以内であるときは、建築確認は不要である。

⑵ 都市計画区域外において高さ12m、階数が3階の木造建築物を新築する場合、建築確認が必要である。

⑶ 事務所の用途に供する建築物をホテル（その用途に供する部分の床面積の合計が500㎡）に用途変更する場合、建築確認は不要である。

⑷ 映画館の用途に供する建築物で、その用途に供する部分の床面積の合計が300㎡であるものの改築をしようとする場合、建築確認が必要である。

ホテル・映画館 ➡ 特殊建築物。

講義

(1) 正。防火・準防火地域**外**において、増改築・移転をしようとする場合、その床面積が 10㎡以内であるときは、建築確認は不要だ。

452頁 表B2

(2) 正。**木造**で1 **3階以上**（地階含む）、2または、500㎡超、3または、高さ 13m 超、4または、軒高 9m 超の建築物を新築する場合は、建築確認が必要だ。 452頁 表 Aイ(1)

(3) 誤。**200㎡を超える**特殊建築物（ホテルは、特殊建築物だ）に用途変更する場合は、建築確認が必要だ。 452頁 表 Aア4

(4) 正。**200㎡を超える**特殊建築物（映画館は、特殊建築物だ）において、10㎡を超える増改築・移転をする場合は、建築確認が必要だ。

452頁 表 Aア2

正解 (3)

特殊建築物とは、共同住宅、旅館、下宿、寄宿舎、コンビニ、バー、車庫、倉庫、飲食店、映画館、ホテル等（肢(3)(4)）。

「もしそこで火災が起きたら多くの死傷者がでるだろう」と思われる場所は、大体特殊建築物に含まれる。

注意！ 事務所は、特殊建築物ではない。

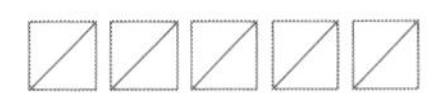

建築確認（建築基準法） [平19-21]

建築基準法に関する次の記述のうち、正しいものはどれか。

(1) 建築主は、共同住宅の用途に供する建築物で、その用途に供する部分の床面積の合計が280㎡であるものの大規模の修繕をしようとする場合、当該工事に着手する前に、当該計画について建築主事の確認を受けなければならない。

(2) 居室を有する建築物の建築に際し、飛散又は発散のおそれがある石綿を添加した建築材料を使用するときは、その居室内における衛生上の支障がないようにするため、当該建築物の換気設備を政令で定める技術的基準に適合するものとしなければならない。

(3) 防火地域又は準防火地域において、延べ面積が1,000㎡を超える建築物は、すべて耐火建築物又は耐火建築物と同等以上の延焼防止性能を有する建築物としなければならない。

(4) 防火地域又は準防火地域において、延べ面積が1,000㎡を超える耐火建築物は、防火上有効な構造の防火壁又は防火床で有効に区画し、かつ、各区画の床面積の合計をそれぞれ1,000㎡以内としなければならない。

ど(と)っひゃー！

講義

⑴ 正。共同住宅は、特殊建築物だ。そして、延べ面積が200㎡を超える特殊建築物の**大規模な修繕・模様替**をする場合は、建築確認が必要だ。

452頁 表 Ⓐ ㋐ ③

⑵ 誤。**石綿**（アスベスト）等をあらかじめ添加した建築材料を使用してはダメ（大臣が定めたもの等を除く）。使用すること自体が禁止されているので、本肢は×だ。 450頁 ⑸ ②

⑶ 誤。防火地域では、①3階以上（地階含む）または、②延べ面積が100㎡超の建築物は、耐火建築物等（注意！耐火建築物等とは、耐火建築物または耐火建築物と同等以上の延焼防止性能を有する建築物のこと）にしなければならない。また、**準防火地域**においては、①4階以上（地階除く）または、②延べ面積が**1,500㎡**超の建築物は、耐火建築物等にしなければならない。だから、準防火地域においては、延べ面積が1,000㎡を超える建築物であっても、1,500㎡以下で3階以下であれば、耐火建築物等にしなくてもOK。「延べ面積が1,000㎡を超える建築物は、すべて耐火建築物等としなければならない」とある本肢は×だ。 429頁 表

⑷ 誤。耐火・準耐火建築物等**以外**の建築物の場合は、延べ面積が1,000㎡を超えるときは、内部を防火壁または防火床で区切り、各スペースが1,000㎡以下になるようにしなければならない。だから、耐火建築物の場合は、延べ面積が1,000㎡を超えるときであっても、内部を防火壁または防火床で区切り、各スペースが1,000㎡以下になるようにしなくてもOKなので、本肢は×だ。

450頁 ⑹

正 解 ⑴

特殊建築物とは？

「もしそこで火災が起きたら多くの死傷者が出るだろう」と思われる場所は、大体特殊建築物に含まれる。たとえば、共同住宅（肢⑴）、旅館、下宿、寄宿舎、コンビニ、バー、車庫、倉庫、飲食店、映画館、ホテル等が特殊建築物だ。

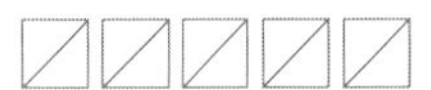

建築確認（建築基準法） [平22-18]

3階建て、延べ面積600㎡、高さ10 mの建築物に関する次の記述のうち、建築基準法の規定によれば、正しいものはどれか。

⑴　当該建築物が木造であり、都市計画区域外に建築する場合は、確認済証の交付を受けなくとも、その建築工事に着手することができる。

⑵　用途が事務所である当該建築物の用途を変更して共同住宅にする場合は、確認を受ける必要はない。

⑶　当該建築物には、有効に避雷設備を設けなければならない。

⑷　用途が共同住宅である当該建築物の工事を行う場合において、2階の床及びこれを支持するはりに鉄筋を配置する工事を終えたときは、中間検査を受ける必要がある。

消去法で解ける。正解肢以外はカンターンだ。

講義

(1) 誤。**木造で**①**3階以上**（地階含む）、②または、**500㎡超**、③または、高さ13m超、④または、軒高9m超の建築物の新築をする場合は、全国どこでも、建築確認が必要だ。本肢の建物は、木造3階建てで、600㎡なので、建築確認が必要であり、確認済証の交付を受けた後でなければ、工事に着手することはできない。 452頁 表 Ⓐ ㋑ ①

(2) 誤。**200㎡を超える**特殊建築物に用途変更をする場合は、全国どこでも、建築確認が必要だ。本肢の建物は、600㎡なので、特殊建築物である共同住宅に用途変更する場合は、建築確認が必要だ。 452頁 表 Ⓐ ㋐ ④

(3) 誤。高さが**20mを超える**建物には、原則として、避雷設備をつけなければならない。本肢の建物は、高さ10mなので、避雷設備をつけなくてOKだ。 449頁 (1)

(4) 正。**3階以上の共同住宅**の床およびはりに鉄筋を配置する工事の工程を終えたら、**中間検査**を受ける必要がある。本肢の建物は、3階建ての共同住宅なので、中間検査を受ける必要がある。 454頁 (4)

正解 (4)

中間検査

3階以上の共同住宅の床およびはりに鉄筋を配置する工事の工程を終えたら、➡ **中間検査**を受ける必要がある（肢(4)）。

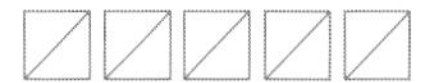

総合問題（建築基準法） ［平23-19］

建築基準法（以下この問において「法」という。）に関する次の記述のうち、正しいものはどれか。ただし、他の地域地区等の指定及び特定行政庁の許可については考慮しないものとする。

⑴　第二種住居地域内において、工場に併設した倉庫であれば倉庫業を営む倉庫の用途に供してもよい。

⑵　法が施行された時点で現に建築物が立ち並んでいる幅員 4 m未満の道路は、特定行政庁の指定がなくとも法上の道路となる。

⑶　容積率の制限は、都市計画において定められた数値によるが、建築物の前面道路（前面道路が二以上あるときは、その幅員の最大のもの。）の幅員が 12 m未満である場合には、当該前面道路の幅員のメートルの数値に法第 52 条第 2 項各号に定められた数値を乗じたもの以下でなければならない。

⑷　建蔽率の限度が 10 分の 8 とされている地域内で、かつ、防火地域内にある耐火建築物については建蔽率の限度が 10 分の 9 に緩和される。

難しい言い回しに惑わされないこと。

講義

(1)　誤。倉庫業倉庫は[1]－1（第一種低層住居専用地域）から[3]－2（第二種住居地域）まで建築することはできない。楽勝ゴロ合せは、「**小規模工場ミニ工場**」。　424、425頁 表

(2)　誤。建築基準法の規定が適用されるに至った際に、すでに建物が立ち並んでいて、かつ、**特定行政庁**から**指定**を受けたものは、幅が4m未満の道でも、建築基準法上の道路とみなされる。　426頁(2)

(3)　正。前面道路の幅員（道幅）が**12m未満**の建築物の場合、容積率は、その前面道路の幅員のメートル数に一定の数値（①住居系用途地域※1の場合は**0.4**、②その他の地域※2の場合は**0.6**）を掛けたもの以下でなければならない。　437頁 表

(4)　誤。土地が防火地域内にあり、耐火建築物等を建てる場合、建蔽率（けんぺいりつ）が$\frac{1}{10}$プラスされる。ただし、もともとの建蔽率が$\frac{8}{10}$のときは、$\frac{2}{10}$がプラスされて、建蔽率は$\frac{10}{10}$（無制限）となる。　433頁 例外②

正解 (3)

※1　住居系用途地域

第一種・第二種低層住居専用地域、田園住居地域、第一種・第二種中高層住居専用地域、第一種・第二種住居地域、準住居地域（437頁 表 [1]～[3]）

※2　その他の地域

近隣商業地域、商業地域、準工業地域、工業地域、工業専用地域、用途地域外（ただし、都市計画区域内と準都市計画区域内）

（437頁 表 [4]～[8]、用途地域外（ただし、両区域内））

肢(3)の法52条第2項各号に定められた数値というのは、0.4（住居系用途地域）または0.6（その他の地域）。要するに、楽勝ゴロ合せ「**寿司太郎**」（438頁）のことだ。難しい言い回しに惑わされないこと。内容はカンタンだ。

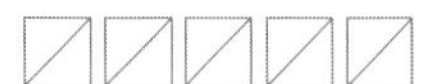

総合問題（建築基準法）　[平29-19]

建築基準法（以下この問において「法」という。）に関する次の記述のうち、正しいものはどれか。

(1)　都市計画区域又は準都市計画区域内における用途地域の指定のない区域内の建築物の建蔽率の上限値は、原則として、法で定めた数値のうち、特定行政庁が土地利用の状況等を考慮し当該区域を区分して都道府県都市計画審議会の議を経て定めるものとなる。

(2)　第二種中高層住居専用地域内では、原則として、ホテル又は旅館を建築することができる。

(3)　幅員４m以上であり、法が施行された時点又は都市計画区域若しくは準都市計画区域に入った時点で現に存在する道は、特定行政庁の指定がない限り、法上の道路とはならない。

(4)　建築物の前面道路の幅員により制限される容積率について、前面道路が２つ以上ある場合には、これらの前面道路の幅員の最小の数値（12m未満の場合に限る。）を用いて算定する。

---

(4)

(例)前面道路が2つ(4mと6mの道路)

道路　4m

敷地

6m

道路

決めるのは誰？

講義

(1) 正。用途地域外（ただし、両区域内）の建蔽率（けんぺいりつ）は、法で定めた数値（$\frac{3}{10}$、$\frac{4}{10}$、$\frac{5}{10}$、$\frac{6}{10}$、$\frac{7}{10}$）の中から**特定行政庁**が都道府県都市計画審議会の議を経て決める。 433頁 表

(2) 誤。ホテル・旅館は、1第一種・第二種低層住居専用地域、田園住居地域、2第一種・**第二種中高層住居専用地域**、7工業地域、8工業専用地域には、原則として、建てることができない。楽勝ゴロ合せは、「**ホテルでダブルデート**（両端が２つずつ×）」。 424頁、425頁 表

(3) 誤。建築基準法が施行された際、または両区域（都市計画区域・準都市計画区域）の指定の際に、現存する幅員４m以上の道は、自動的に建築基準法上の道路となる。特定行政庁の指定は**不要**だから、本肢は×だ。 426頁(1)3

(4) 誤。前面道路（前面道路が二つ以上ある場合は**広い方**の道）の幅が12m未満の場合、道幅に一定の数値（0.4または0.6）を掛けて容積率を算出する。**広い方**（最大）の道幅を用いて算出するのであって、狭い方（最小）を用いて算出するのではない。 437頁 表Ⓑ

正解 (1)

用途地域**外**（ただし、両区域内）の建蔽率は、
➡ 原則として、3/10、4/10、5/10、6/10、7/10の中から特定行政庁が都道府県都市計画審議会の議を経て決める（肢(1)）。

よそでみんなが泣いている。
（よそ＝用外、みんなが泣＝3〜7）

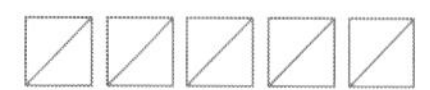

総合問題（建築基準法）　[平28-19]

建築基準法に関する次の記述のうち、誤っているものはどれか。

(1)　特定行政庁が許可した場合、第一種低層住居専用地域内においても飲食店を建築することができる。

(2)　前面道路の幅員による容積率制限は、前面道路の幅員が 12 m以上ある場合は適用されない。

(3)　公園内にある建築物で特定行政庁が安全上、防火上及び衛生上支障がないと認めて許可したものについては、建蔽率の制限は適用されない。

(4)　第一種住居地域内における建築物の外壁又はこれに代わる柱の面から敷地境界線までの距離は、当該地域に関する都市計画においてその限度が定められた場合には、当該限度以上でなければならない。

低層と田園に限る。

講義

(1) 正。第一種低層住居専用地域には、原則として、飲食店を建てることはできない。ただし、**特定行政庁の許可**があれば建てることができる。

424頁 表の左上

(2) 正。前面道路の幅が**12m未満**の場合、道幅に一定の数値(0.4または0.6)を掛けて容積率を算出する。「この計算で算出された容積率(道幅×0.4または道幅×0.6)」と「都市計画で指定された容積率(指定容積率)」を比較して小さい方がその土地の容積率となる。このルールが「前面道路の幅員による容積率制限」だ。そして、このルールが適用されるのは、前面道路の幅が12m未満の場合だ。だから、12m以上ある場合は適用されない。

437頁 表Ⓑ

(3) 正。公園内等の建物で**特定行政庁**が安全等に問題がないと認めて、建築審査会の同意を得て**許可**したものについては、建蔽率(けんぺいりつ)の制限は適用されない。

436頁 2

(4) 誤。第一種・第二種**低層**住居専用地域と田園住居地域では、外壁の後退距離の限度を1.5mまたは1mとして定めることができる。このルールを定めることができるのは、第一種・第二種**低層**住居専用地域と田園住居地域だ。第一種住居地域においては定めることができないから、本肢は×だ。

442頁 1. 注!

正解 (4)

Point!

1 ○○超 ➡ ○○ジャストは含まない。
2 ○○以上 ➡ ○○ジャストを含む(肢(2))。
3 ○○以下 ➡ ○○ジャストを含む。
4 ○○未満 ➡ ○○ジャストは含まない(肢(2))。

コメント 例えば、6歳の花子さんを動物園に連れて行ったとしよう。動物園の入園料が「6歳以上は有料」であったら、この場合は6歳ジャストを含むから、花子さんは有料だ。「6歳を超える場合は有料」であったら、この場合、6歳ジャストは含まないから、花子さんは無料だ。「**以**が付くもの(以上・以下)➡ **ジャストを含む**」と覚えておこう。

総合問題（建築基準法） [平21-19]

建築基準法（以下この問において「法」という。）に関する次の記述のうち、誤っているものはどれか。

⑴ 高度地区内においては、建築物の高さは、高度地区に関する地方公共団体の条例において定められた内容に適合するものでなければならない。

⑵ 認可の公告のあった建築協定は、その公告のあった日以後に協定の目的となっている土地の所有権を取得した者に対しても、効力がある。

⑶ 商業地域内にある建築物については、法第 56 条の 2 第 1 項の規定による日影規制は、適用されない。ただし、冬至日において日影規制の対象区域内の土地に日影を生じさせる、高さ 10 mを超える建築物については、この限りでない。

⑷ 特別用途地区内においては、地方公共団体は、その地区の指定の目的のために必要と認める場合においては、国土交通大臣の承認を得て、条例で、法第 48 条の規定による建築物の用途制限を緩和することができる。

都市計画で定める！

講義

(1) 誤。高度地区内においては、建築物の高さは、**都市計画**で定めることになっている。地方公共団体の条例で定めるのではない。

(2) 正。いったん建築協定ができると、その後に（正確には認可公告日以後に）、①土地所有権、②借地権、③建物賃借権を取得した者にも、建築協定の**効力が及ぶ**。後から引っ越してきた人に対して効力が及ばないとしたら、建築協定を作った意味がないからだ。 455頁 1.

(3) 正。日影規制の対象区域外の建物でも、①高さが **10 m**を超えていて、②冬至の日に対象区域に日影を生じさせる建物は、対象区域内の建物とみなして日影規制が適用される。 445頁 例外②

(4) 正。特別用途地区内においては、地方公共団体は、**大臣の承認**を得て、**条例**で、用途制限を**緩和**することができる。 404頁 表

正　解 (1)

肢(4)の詳しい話

特別用途地区内においては、地方公共団体は、

➡ 1**大臣の承認**を得て（注意 知事は×、許可は×。大臣の承認が必要）、2条例で、3用途制限を**緩和**することができる（注意 付加は×）。

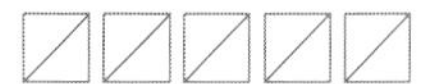

総合問題（建築基準法）　[平27-18]

建築基準法に関する次の記述のうち、誤っているものはどれか。

(1)　建築物の容積率の算定の基礎となる延べ面積には、エレベーターの昇降路の部分又は共同住宅の共用の廊下若しくは階段の用に供する部分の床面積は、一定の場合を除き、算入しない。

(2)　建築物の敷地が建蔽率に関する制限を受ける地域又は区域の２以上にわたる場合においては、当該建築物の建蔽率は、当該各地域又は区域内の建築物の建蔽率の限度の合計の２分の１以下でなければならない。

(3)　地盤面下に設ける建築物については、道路内に建築することができる。

(4)　建築協定の目的となっている建築物に関する基準が建築物の借主の権限に係る場合においては、その建築協定については、当該建築物の借主は、土地の所有者等とみなす。

足し算だけではない。

講義

(1) 正。容積率を計算する場合、①**エレベーターの昇降路**（シャフトのこと）の部分と②共同住宅や老人ホーム等の共用の廊下・階段等の部分と③住宅や老人ホーム等の機械室その他これに類する建築物（一定の給湯設備）の部分で特定行政庁が認めるものについては**ノーカウント**だ（容積率を計算する場合の基礎となる延べ面積には、算入しない）。

436頁 ノーカウント ①、②

(2) 誤。敷地が、建蔽率（けんぺいりつ）の異なる地域にまたがっている土地の場合、建蔽率は、各部分の面積の敷地面積に対する**割合**を乗じて得たものの合計以下でなければならない（要するに、らくらく宅建塾の435頁のような計算をする必要がある、ということ）。「合計の2分の1」以下ではないので、本肢は×だ。 435頁 3.

(3) 正。道路内には、原則として、建築物を建ててはならない。しかし、例外として、**地盤面下**に設ける建築物は建ててOKだ。

428頁 3. ② 例外

(4) 正。建築協定の目的となっている建築物に関する基準が建築物の借主の権限に係る場合においては、その建築協定については、当該**建築物の借主**は、土地の所有者等とみなすことになっている。要するに、建築物の借主に建築協定の効力が及びますよ、という話だ（土地の所有者等には、建築協定の効力が及ぶ➡そして、建築物の借主は、土地の所有者等とみなされる➡だから、建築物の借主に建築協定の効力が及ぶ、という話）。 455頁 1.

正解 (2)

道路内には、原則として、建築物を建ててはならない。
例外として、次の①②の場合は建ててOKだ。

① **地盤面下**に設ける建築物（肢(3)）
② 公衆便所・交番（巡査派出所）等の公益上必要な建築物で**特定行政庁**が建築審査会の同意を得て**許可**したもの

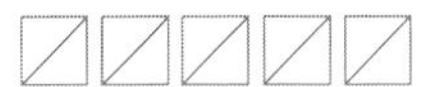

総合問題（建築基準法）　[令2-18]

建築基準法に関する次の記述のうち、正しいものはどれか。

⑴　公衆便所及び巡査派出所については、特定行政庁の許可を得ないで、道路に突き出して建築することができる。

⑵　近隣商業地域内において、客席の部分の床面積の合計が200㎡以上の映画館は建築することができない。

⑶　建築物の容積率の算定の基礎となる延べ面積には、老人ホームの共用の廊下又は階段の用に供する部分の床面積は、算入しないものとされている。

⑷　日影による中高層の建築物の高さの制限に係る日影時間の測定は、夏至日の真太陽時の午前８時から午後４時までの間について行われる。

全部がノーカウントだ。

講義

(1) 誤。公衆便所や交番（巡査派出所）等、公益上必要な建築物で**特定行政庁**が通行上支障がないと認めて建築審査会の同意を得て**許可**したものについては、道路に突き出して建築できる。特定行政庁の許可が必要なので「特定行政庁の許可を得ないで、建築できる」とある本肢は×だ。

428頁 3. 2

(2) 誤。大規模（200㎡以上）の映画館は、4 **近隣商業地域**と 5 商業地域と 6 準工業地域に建築できる。楽勝ゴロ合せは「**大きなシアターは無事故で営業**」。 424、425頁 表

(3) 正。容積率を計算する場合、1 エレベーターの昇降路（シャフトのこと）の部分と 2 共同住宅や老人ホーム等の共用の廊下・階段等の部分と3住宅や老人ホーム等の機械室その他これに類する建築物（一定の給湯設備）の部分で特定行政庁が認めるものについては**ノーカウント**だ（容積率の算定の基礎となる延べ面積には、算入しない）。

436頁 ノーカウント 1 2

(4) 誤。日影による中高層の建築物の高さの制限（日影規制のこと）に係る日影時間の測定は、**冬至日**の真太陽時の午前8時から午後4時までの間について行われる（日影規制とは日影となる部分を一定の時間内、一定の範囲内におさめなさいという規制だ。その測定が**冬至日**に行われるということ）。夏至日ではないので本肢は×だ。 442頁 2.

正解 (3)

日影規制
日影時間の測定は ➡ **冬至日**に行われる（肢(4)）。

総合問題（建築基準法）　[令5-18]

次の記述のうち、建築基準法（以下この問において「法」という。）の規定によれば、正しいものはどれか。

(1)　法第53条第1項及び第2項の建蔽率制限に係る規定の適用については、準防火地域内にある準耐火建築物であり、かつ、街区の角にある敷地又はこれに準ずる敷地で特定行政庁が指定するものの内にある建築物にあっては同条第1項各号に定める数値に10分の2を加えたものをもって当該各号に定める数値とする。

(2)　建築物又は敷地を造成するための擁壁は、道路内に、又は道路に突き出して建築し、又は築造してはならず、地盤面下に設ける建築物においても同様である。

(3)　地方公共団体は、その敷地が袋路状道路にのみ接する建築物であって、延べ面積が150㎡を超えるものについては、一戸建ての住宅であっても、条例で、その敷地が接しなければならない道路の幅員、その敷地が道路に接する部分の長さその他その敷地又は建築物と道路との関係に関して必要な制限を付加することができる。

(4)　冬至日において、法第56条の2第1項の規定による日影規制の対象区域内の土地に日影を生じさせるものであっても、対象区域外にある建築物であれば一律に、同項の規定は適用されない。

「10分の1プラス」が2つ。

講義

⑴ 正。本肢は、①準防火地域内にある準耐火建築物だから、建蔽率が 10 分の 1 プラスされる。そして、②**特定行政庁**が指定する**角地**だから、さらに建蔽率が 10 分の 1 プラスされる。結局、①と②を合わせて 10 分の 2 プラスされる。 433 頁 例外① 例外②

⑵ 誤。建築物または敷地を造成するための擁壁は、道路内に、または道路に突き出して建築し、または築造してはならない。ただし、地盤面下（要するに地下）に設ける建築物については、建築して OK だ。 428 頁 3. 2

⑶ 誤。袋路状道路とは、一端（片側）のみが他の道路に接続している道路のことだ。地方公共団体は、その敷地が袋路状道路にのみ接する建築物で、延べ面積が 150㎡を超えるものについては、条例で、その敷地が接しなければならない道路の幅員（接道義務のこと）等を**付加**することができる。ただし、**一戸建ての住宅**の場合は、150㎡を超えるものであっても、付加することはできない（一戸建ての住宅は、人の出入りが少ないから付加するまでもないということ）。

⑷ 誤。対象区域外の建築物でも 1 高さが **10 m**を超えていて、2 冬至日に対象区域内に日影を生じさせる建築物は、対象区域内にある建築物とみなして、日影規制が適用**される**。 445 頁 例外②

正 解 ⑴

敷地が袋路状道路にのみ接する建築物で、延べ面積が **150㎡**を超えるものについては、

原 則 地方公共団体は、条例で、接道義務等を付加することができる。

例 外 ただし、**一戸建ての住宅**の場合は、150㎡を超えるものであっても、付加することはできない（肢⑶）。

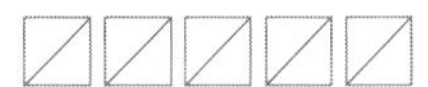

総合問題（建築基準法）　［平25-18］

建築基準法（以下この問において「法」という。）に関する次の記述のうち、誤っているものはどれか。

(1)　地方公共団体は、延べ面積が 1,000㎡を超える建築物の敷地が接しなければならない道路の幅員について、条例で、避難又は通行の安全の目的を達するために必要な制限を付加することができる。

(2)　建蔽率の限度が 10 分の 8 とされている地域内で、かつ、防火地域内にある耐火建築物については、建蔽率の制限は適用されない。

(3)　建築物が第二種中高層住居専用地域及び近隣商業地域にわたって存する場合で、当該建築物の過半が近隣商業地域に存する場合には、当該建築物に対して法第 56 条第 1 項第 3 号の規定（北側斜線制限）は適用されない。

(4)　建築物の敷地が第一種低層住居専用地域及び準住居地域にわたる場合で、当該敷地の過半が準住居地域に存する場合には、作業場の床面積の合計が 100㎡の自動車修理工場は建築可能である。

肢(3)と(4)でルールが違う。

講義

(1) 正。地方公共団体は、一定の建築物（特殊建築物や1,000㎡を超える建築物等）について、条例で、接道義務を「**付加**」（2ｍより厳しくすること）できる。 427頁(3)

(2) 正。その土地が**防火地域内**にあり、**耐火建築物**等を建てる場合、もともとの建蔽率（けんぺいりつ）が$\frac{8}{10}$のときは、$\frac{2}{10}$プラスされて、建蔽率は$\frac{10}{10}$（無制限）となる。 433頁 例外②

(3) 誤。中高層住居専用地域には、**北側斜線制限**が適用される。したがって、第二種中高層住居専用地域内にある建物（の部分）には、北側斜線制限が適用されるので、本肢は×だ。 447頁 表

(4) 正。用途制限の場合、２つの用途地域にわたるときは、敷地の**過半を占める**（つまり、広い方の）地域の用途地域の規制が適用される。だから、本肢の場合、準住居地域の規制が適用されることになる。準住居地域には、小規模（150㎡以下）の自動車修理工場を建てることができるので、本肢は○だ。楽勝ゴロ合せは「**小規模工場ミニ工場**」。

423頁 注!、424頁、425頁 表

正解 (3)

甲土地（Ａ用途地域）と乙土地（Ｂ用途地域）の２つの地域にまたがる建物の場合

1 斜線制限 ➡ 甲土地にある建物の部分については、Ａ用途地域の斜線制限のルールが、乙土地にある建物の部分については、Ｂ用途地域の斜線制限のルールが適用される（肢(3)）。

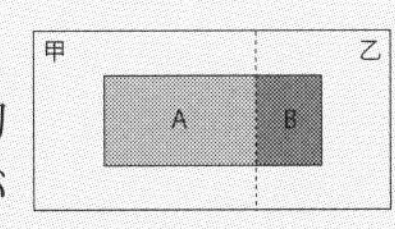

2 用途制限 ➡ 敷地の**過半を占める**（つまり、広い方の）地域の用途地域のルールが適用される。たとえば、甲土地の方が広い場合は、建物全部についてＡ用途地域のルールが適用される（肢(4)）。

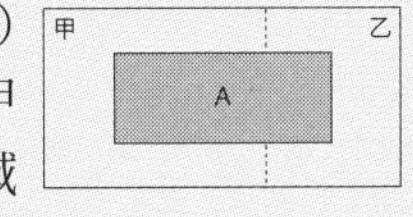

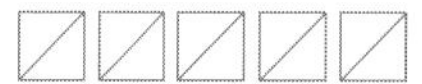

総合問題（建築基準法） [平30-19]

建築基準法（以下この問において「法」という。）に関する次の記述のうち、誤っているものはどれか。

⑴ 田園住居地域内においては、建築物の高さは、一定の場合を除き、10m又は12mのうち当該地域に関する都市計画において定められた建築物の高さの限度を超えてはならない。

⑵ 一の敷地で、その敷地面積の40%が第二種低層住居専用地域に、60%が第一種中高層住居専用地域にある場合は、原則として、当該敷地内には大学を建築することができない。

⑶ 都市計画区域の変更等によって法第３章の規定が適用されるに至った際現に建築物が立ち並んでいる幅員２mの道で、特定行政庁の指定したものは、同章の規定における道路とみなされる。

⑷ 容積率規制を適用するに当たっては、前面道路の境界線又はその反対側の境界線からそれぞれ後退して壁面線の指定がある場合において、特定行政庁が一定の基準に適合すると認めて許可した建築物については、当該前面道路の境界線又はその反対側の境界線は、それぞれ当該壁面線にあるものとみなす。

広い方の地域の用途規制が敷地全体に適用される。

講義

(1) 正。第一種・第二種低層住居専用地域と田園住居地域内では、建築物の高さは、**10 m**または**12 m**（どちらにするかは都市計画で定める）を超えてはならない。 442頁 1. 原則

(2) 誤。建物の敷地が２つの用途地域にまたがっている場合、**過半を占める**（つまり、広い方の）地域の用途規制が敷地全体に適用される。だから、本肢の場合、第一種中高層住居専用地域の規制が適用されることになる。第一種中高層住居専用地域には大学を建てることができるので、本肢は×だ。楽勝ゴロ合せは「**イヤナ大学病院**」。

423頁 注!、424頁、425頁 表

(3) 正。両区域（都市計画区域・準都市計画区域）の指定・変更等の際に、すでに建物が立ち並んでいる幅員４ｍ未満の道で、**特定行政庁**から**指定**を受けたものは、道路とみなされる。 426頁 (2)

(4) 正。建物は、壁面線を越えて建ててはダメということになっている（自分の土地であっても建てることができないのだ）。だから、壁面線が指定されると、その分、利用できる土地が減ることになる。それでは、かわいそうなので**特定行政庁**が一定の基準に適合すると認めて**許可**した建物については、容積率についてオマケしてあげる（前面道路の境界線またはその反対側の境界線は、それぞれ当該壁面線にあるものとみなしてあげる）という話。

正解 (2)

両区域（都市計画区域・準都市計画区域）の指定・変更等の際に、現存する道は、

1. 幅４ｍ以上の場合 ➡ 道路（こちらは特定行政庁の指定は不要）。
2. 幅４ｍ未満の場合 ➡ すでに建物が立ち並んでいて、かつ、**特定行政庁**から**指定**を受けたものは、道路（こちらは特定行政庁の指定が必要）（肢(3)）。

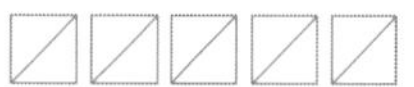

総合問題（建築基準法）　[令2-17]

建築基準法に関する次の記述のうち、正しいものはどれか。

⑴　階数が２で延べ面積が200㎡の鉄骨造の共同住宅の大規模の修繕をしようとする場合、建築主は、当該工事に着手する前に、確認済証の交付を受けなければならない。

⑵　居室の天井の高さは、一室で天井の高さの異なる部分がある場合、室の床面から天井の最も低い部分までの高さを2.1 m以上としなければならない。

⑶　延べ面積が1,000㎡を超える準耐火建築物は、防火上有効な構造の防火壁又は防火床によって有効に区画し、かつ、各区画の床面積の合計をそれぞれ1,000㎡以内としなければならない。

⑷　高さ30 mの建築物には、非常用の昇降機を設けなければならない。

鉄骨（つまり木造以外）で２階だから大規模建築物だ。

講義

(1) 正。木造以外で1 **2階以上**（地階含む）、2または、200㎡超の建築物の大規模な修繕をする場合は、工事に着手する前に、確認済証の交付を受けなければならない（建築確認が必要ということ）。 452頁 表 Ⓐ ㋑ (2)

(2) 誤。居室の天井の高さは、2.1 m以上でなければならない。なお、一室で天井の高さの異なる部分がある場合は、その**平均**の高さが 2.1 m以上であればよい。 449頁 (4)

(3) 誤。延面積が 1,000㎡を超える建築物は、原則として、内部を防火壁または防火床で区切り、各スペース（各区画）をそれぞれ 1,000㎡以内としなければならない。ただし、例外として、耐火建築物・**準耐火建築物**ならその必要はない。 450頁 (6)

(4) 誤。高さが **31 m**を超える建築物には、原則として、エレベーター（非常用昇降機）をつけなければならない。 449頁 (3)

正解 (1)

居室の天井の高さは

➡ **2.1 m**以上でなければならない。

注意！ 一室で天井の高さの異なる部分がある場合は、その**平均**の高さが 2.1 m以上であればよい（肢(2)）。

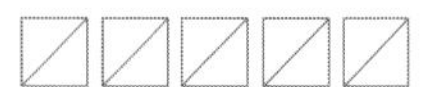

総合問題（建築基準法）　［令4-18］

次の記述のうち、建築基準法（以下この問において「法」という。）の規定によれば、正しいものはどれか。

⑴　第一種低層住居専用地域内においては、神社、寺院、教会を建築することはできない。

⑵　その敷地内に一定の空地を有し、かつ、その敷地面積が一定規模以上である建築物で、特定行政庁が交通上、安全上、防火上及び衛生上支障がなく、かつ、その建蔽率、容積率及び各部分の高さについて総合的な配慮がなされていることにより市街地の環境の整備改善に資すると認めて許可したものの建蔽率、容積率又は各部分の高さは、その許可の範囲内において、関係規定による限度を超えるものとすることができる。

⑶　法第３章の規定が適用されるに至った際、現に建築物が立ち並んでいる幅員 1.8 m未満の道で、あらかじめ、建築審査会の同意を得て特定行政庁が指定したものは、同章の規定における道路とみなされる。

⑷　第一種住居地域内においては、建築物の高さは、10 m又は 12 mのうち当該地域に関する都市計画において定められた建築物の高さの限度を超えてはならない。

1.8 m未満の場合は、建築審査会の同意が必要だ。

講義

(1) 誤。**宗教**関係（神社、寺院、教会）は、すべての用途地域で建築することができる。 424頁、425頁 表

(2) 誤。その敷地内に一定の空地を有し、かつ、その敷地面積が一定規模以上である建築物で、特定行政庁が交通上、安全上、防火上及び衛生上支障がなく、かつ、その建蔽率、容積率及び各部分の高さについて総合的な配慮がなされていることにより市街地の環境の整備改善に資すると認めて許可したものの「**容積率**または各部分の**高さ**」は、その許可の範囲内において、関係規定による限度を超えるものとすることができる。限度を超えるものとすることができるのは「**容積率**または各部分の**高さ**」だ。「建蔽率」は限度を超えるものとすることができないので、本肢は×だ。

(3) 正。第3章の規定（集団規定のことだ）が適用されるに至った際に、現に建築物が立ち並んでいる幅員**1.8 m**未満の道で、あらかじめ、建築審査会の同意を得て特定行政庁が指定したものは、道路とみなされる。

426頁(2)

(4) 誤。第一種・第二種**低層**住居専用地域、**田園**住居地域内では、建築物の高さは、10 mまたは12 m（どちらにするかは都市計画で定める）を超えてはならない。10 mまたは12 mを超えてはならないのは、「第一種・第二種**低層**住居専用地域、**田園**住居地域内」だ。「第一種住居地域内」にはこの規定（10 mまたは12 mを超えてはならないという規定）は適用されない。 442頁 原則

正解 (3)

第3章の規定（集団規定のことだ）が適用されるに至った際に、

1 建築物が立ち並んでいる幅員4 m未満の道で、特定行政庁の指定したものは、道路とみなされる。

2 建築物が立ち並んでいる幅員**1.8 m**未満の道で、あらかじめ、**建築審査会**の同意を得て特定行政庁が指定したものは、道路とみなされる（つまり、1.8 m未満の場合は、建築審査会の同意も必要だということ）（肢(3)）。

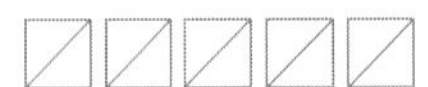

総合問題（建築基準法）　[令5-17]

建築基準法に関する次の記述のうち、誤っているものはどれか。

⑴　地方公共団体は、条例で、津波、高潮、出水等による危険の著しい区域を災害危険区域として指定し、当該区域内における住居の用に供する建築物の建築を禁止することができる。

⑵　3階建て以上の建築物の避難階以外の階を、床面積の合計が1,500㎡を超える物品販売業の店舗の売場とする場合には、当該階から避難階又は地上に通ずる2以上の直通階段を設けなければならない。

⑶　建築物が防火地域及び準防火地域にわたる場合、その全部について準防火地域内の建築物に関する規定を適用する。

⑷　石綿等をあらかじめ添加した建築材料は、石綿等を飛散又は発散させるおそれがないものとして国土交通大臣が定めたもの又は国土交通大臣の認定を受けたものを除き、使用してはならない。

厳しい方のルールが建築物全体に適用される。

講義

(1) 正。地方公共団体は、**条例**で、津波、高潮、出水等による危険の著しい区域を**災害危険区域**として指定し、当該区域内における住居の用に供する建築物の建築を禁止することができる。

(2) 正。避難階以外の階を、床面積の合計が**1,500㎡**を超える**物品販売業**の店舗の売場とする場合には、当該階から避難階または地上に通ずる２つ以上の直通階段を設けなければならない。災害に備えて２つ以上設けなさいということだ（１つしかなかったら、災害の際にその階段が使用できなくなったら、避難できなくなってしまう。２つ以上あれば、災害の際に１つ使用できなくなっても、他にもあるから安心だ）。

(3) 誤。建築物が防火地域及び準防火地域にわたる場合（またがっている場合）、その全部について**厳しい方**の「防火地域」内の建築物に関する規定が適用される。

430頁 パターン1

(4) 正。石綿等をあらかじめ添加した建築材料を使用してはダメだ。例外として、石綿等を飛散又は発散させるおそれがないものとして**国土交通大臣**が定めたもの又は**国土交通大臣**の認定を受けたものであれば、使用することができる。

450頁 (5) 2

正解 (3)

災害危険区域（肢(1)）

1 地方公共団体は、**条例**で、津波、高潮、出水等による危険の著しい区域を**災害危険区域**として指定することができる。

2 災害危険区域内における住居の用に供する建築物の建築の禁止その他建築物の建築に関する制限で災害防止上必要なものは、1の**条例**で定める。

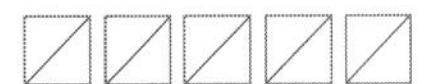

総合問題（建築基準法）　[令1-18]

建築基準法に関する次の記述のうち、正しいものはどれか。

⑴　第一種低層住居専用地域内においては、延べ面積の合計が60㎡であって、居住の用に供する延べ面積が40㎡、クリーニング取次店の用に供する延べ面積が20㎡である兼用住宅は、建築してはならない。

⑵　工業地域内においては、幼保連携型認定こども園を建築することができる。

⑶　都市計画において定められた建蔽率の限度が10分の8とされている地域外で、かつ、防火地域内にある準耐火建築物の建蔽率については、都市計画において定められた建蔽率の数値に10分の1を加えた数値が限度となる。

⑷　地方公共団体は、その敷地が袋路状道路にのみ接する一戸建ての住宅について、条例で、その敷地が接しなければならない道路の幅員に関して必要な制限を付加することができる。

幼保連携型認定こども園の用途規制は、保育所と同じ。

講義

⑴ 誤。クリーニング店兼用住宅は、延べ面積の **1/2** 以上が居住用で、かつ、店の部分の床面積が **50㎡**以内であるならば、第一種低層住居専用地域内に建てることができる。本肢のクリーニング店兼用住宅は、延べ面積の 2/3 が居住用（60㎡中 40㎡が居住用）で、店の部分の床面積が 20㎡なので、建てることができる。

⑵ 正。幼保連携型認定こども園は、**すべて**の用途地域で建てることができる。 424 頁、425 頁 表

⑶ 誤。建蔽率の限度が 8/10 とされている地域外（つまり、8/10 ではない地域ということ）で、かつ、防火地域内にある耐火建築物等については、建蔽率が 1/10 プラスされる。建蔽率が 1/10 プラスされるのは、「防火地域内にある耐火建築物等」の場合だ。本肢は「防火地域内にある準耐火建築物」なので、1/10 プラスされない。 433 頁 表 例外②

⑷ 誤。袋路状道路とは、一端のみが他の道路に接続した道路のことだ。地方公共団体は、原則として、敷地が袋路状道路にのみ接する建築物で、延べ面積が 150㎡を超えるものについて、条例で、接道義務を付加することができる（２ｍより厳しくすることができる）。しかし、例外として、**一戸建て**の**住宅**の場合は、敷地が袋路状道路にのみ接する建築物で、延べ面積が 150㎡を超えるものであっても付加することはできない（一戸建ての住宅は、人の出入りが少ないから、付加するまでもないということ）。 427 頁 ⑶

（正　解） ⑵

すべての用途地域に建てることができるか？

1 保育所 ➡ ○
2 幼保連携型認定こども園 ➡ ○（肢⑵）
3 幼稚園 ➡ ×（工業地域と工業専用地域に建てることができない）

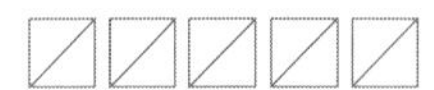

総合問題（建築基準法）　［平24-19］

建築基準法に関する次の記述のうち、正しいものはどれか。

⑴　街区の角にある敷地又はこれに準ずる敷地内にある建築物の建蔽率については、特定行政庁の指定がなくとも都市計画において定められた建蔽率の数値に10分の1を加えた数値が限度となる。

⑵　第一種低層住居専用地域、第二種低層住居専用地域又は田園住居地域内においては、建築物の高さは、12m又は15mのうち、当該地域に関する都市計画において定められた建築物の高さの限度を超えてはならない。

⑶　用途地域に関する都市計画において建築物の敷地面積の最低限度を定める場合においては、その最低限度は200㎡を超えてはならない。

⑷　建築協定区域内の土地の所有者等は、特定行政庁から認可を受けた建築協定を変更又は廃止しようとする場合においては、土地所有者等の過半数の合意をもってその旨を定め、特定行政庁の認可を受けなければならない。

細切れ防止。

講義

(1) 誤。土地が**特定行政庁の指定**する**角地**なら、建蔽率(けんぺいりつ)が$\frac{1}{10}$プラスされる。建蔽率が$\frac{1}{10}$プラスされるためには、特定行政庁のお墨付き（特定行政庁の指定）が必要なので、本肢は×だ。 433頁 例外①

(2) 誤。第一種・第二種低層住居専用地域と田園住居地域内では、建築物の高さは、**10 m**または**12 m**（どちらにするかは都市計画で定める）を超えてはならない。 442頁 1.

(3) 正。用途地域に関する都市計画において建築物の敷地面積の最低限度を定める場合は、その最低限度は**200㎡**を超えてはならない。

(4) 誤。建築協定の締結と**変更**の場合は、**全員の合意**が必要だ。ちなみに、**廃止**する場合には、新しい制限が生じるわけではないので、**過半数**の合意があればよい。 456頁 具体例

正　解 (3)

例えば、「A地域の建築物の敷地面積の最低限度は100㎡ですよ」と定められたら、A地域においては、100㎡未満の敷地には建築物を建てることはできない。これが、建築物の敷地面積の最低限度の制度だ。

用途地域に関する都市計画において建築物の敷地面積の最低限度を定める場合は、➡ その最低限度は**200㎡**を超えてはならない（肢(3)）。

例1　敷地面積の最低限度は150㎡と定めること ➡ 200㎡を超えてないからOK。

例2　敷地面積の最低限度は300㎡と定めること ➡ 200㎡を超えているからダメ。

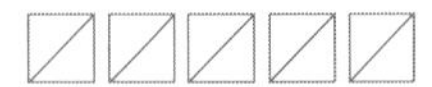

総合問題（建築基準法） [平29-18]

建築基準法に関する次の記述のうち、誤っているものはどれか。

⑴　鉄筋コンクリート造であって、階数が２の住宅を新築する場合において、特定行政庁が、安全上、防火上及び避難上支障がないと認めたときは、検査済証の交付を受ける前においても、仮に、当該建築物を使用することができる。

⑵　長屋の各戸の界壁は、小屋裏又は天井裏に達するものとしなければならない。

⑶　下水道法に規定する処理区域内においては、便所は、汚水管が公共下水道に連結された水洗便所としなければならない。

⑷　ホテルの用途に供する建築物を共同住宅（その用途に供する部分の床面積の合計が 300㎡）に用途変更する場合、建築確認は不要である。

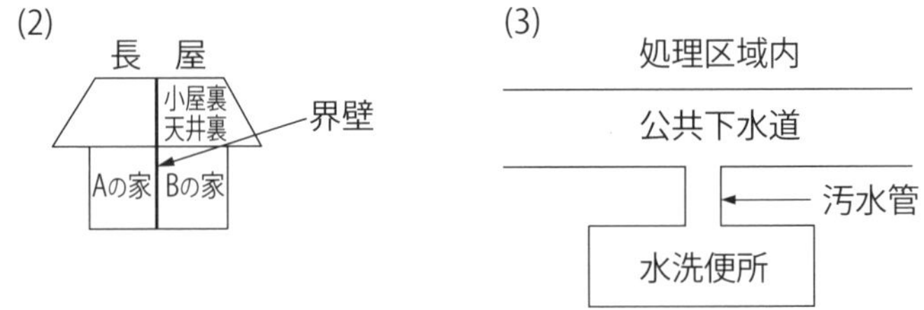

類似の用途なら、確認不要。

講義

(1) 正。木造以外で①2階以上（地階含む）②または、200㎡超の建築物の場合、原則として、検査済証の交付を受けなければ使用できない（本肢は鉄筋コンクリートなので、木造以外だ）。しかし、例外として、**特定行政庁**が、安全上・防火上・避難上支障がないと**認めた**ときは、検査済証の交付前でも使用OK。

454頁 (3) ①

(2) 正。長屋（テラスハウス等のこと）または共同住宅の各戸の界壁（各住戸の間を区切っている壁のこと）は、**小屋裏**または**天井裏**に達するものとしなければならない。

(3) 正。下水道法に規定する**処理区域内**においては、便所は、汚水管が公共下水道に連結された**水洗便所**としなければならない。

(4) 誤。同じような使い道（**類似の用途**）の建築物に用途変更する場合は、建築確認が**不要**だ。だから、例えば、ホテルを旅館に用途変更する場合は、建築確認が不要だ。しかし、ホテルと共同住宅は、類似しているとは言えない。だから、300㎡のホテルを共同住宅に用途変更する場合は、建築確認が必要だ。

452頁 表 Ⓐ ④

正解 (4)

類似の建築物に用途変更する場合は、

➡ 建築確認は不要。

注意！ 類似の建築物とは、次の①～④等だ。

① ホテルと旅館（肢(4)）

② 下宿と寄宿舎

③ 公会堂と集会場

④ 劇場と映画館と演芸場

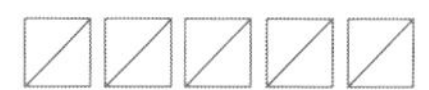

総合問題（建築基準法）　[令3-17]

建築基準法に関する次の記述のうち、正しいものはどれか。

⑴　居室の内装の仕上げには、ホルムアルデヒドを発散させる建築材料を使用することが認められていない。

⑵　４階建ての共同住宅の敷地内には、避難階に設けた屋外への出口から道又は公園、広場その他の空地に通ずる幅員が２m以上の通路を設けなければならない。

⑶　防火地域又は準防火地域内にある建築物で、外壁が防火構造であるものについては、その外壁を隣地境界線に接して設けることができる。

⑷　建築主は、３階建ての木造の共同住宅を新築する場合において、特定行政庁が、安全上、防火上及び避難上支障がないと認めたときは、検査済証の交付を受ける前においても、仮に、当該共同住宅を使用することができる。

検査済証の交付前でも使用 OK となる場合がある。

講義

(1) 誤。ホルムアルデヒドはシックハウス症候群の原因となる化学物質だ。だから、居室を有する建築物においては、ホルムアルデヒドを発散させる建築材料の使用が**制限**されている。しかし、全面的に禁止されているわけではない（第１種ホルムアルデヒド発散建築材料は使用が禁止されているが、第２種・第３種ホルムアルデヒド発散建築材料は使用できる面積が制限されているだけだ）。だから、「使用することが認められていない」とある本肢は×だ。

450頁(5) 注！

(2) 誤。一定の特殊建築物、３階以上の建築物の敷地内には、避難階に設けた屋外への出口から道・公園・広場その他の空地に通ずる幅員が**1.5 m**（３階以下で延べ面積が200㎡未満の建築物の敷地内にあっては、90㎝）以上の通路を設けなければならない。「２m以上」ではないので、本肢は×だ。

(3) 誤。防火地域または準防火地域内にある建築物で、外壁が耐火構造のものについては、その外壁を隣地境界線に接して設けることができる。「防火構造」ではダメなので、本肢は×だ。

431頁 表 4

(4) 正。木造で1 **3**階以上、または、2 500㎡超、または、3高さ13m超、または、4軒高９m超の建築物の場合、原則として、検査済証の交付を受けた後でないと使用できない。しかし、例外として、**特定行政庁**が、安全上・防火上・避難上支障がないと認めたときには、検査済証の交付を受ける前でも使用できる。

454頁(3) 1

正 解 (4)

敷地内の避難上必要な通路

一定の特殊建築物、３階以上の建築物の敷地内には、

➡ 避難階に設けた屋外への出口から道・公園・広場その他の空地に通ずる幅員が**1.5 m**以上の通路を設けなければならない（肢(2)）。

注意！ ３階以下で、かつ、延べ面積が200㎡未満の建築物の敷地内にあっては、幅員が90㎝以上の通路でOK。

総合問題（建築基準法）　[令4-17]

建築基準法（以下この問において「法」という。）に関する次の記述のうち、正しいものはどれか。

⑴　法の改正により、現に存する建築物が改正後の法の規定に適合しなくなった場合には、当該建築物は違反建築物となり、速やかに改正後の法の規定に適合させなければならない。

⑵　延べ面積が500㎡を超える建築物について、大規模な修繕をしようとする場合、都市計画区域外であれば建築確認を受ける必要はない。

⑶　地方公共団体は、条例で、建築物の敷地、構造又は建築設備に関して安全上、防火上又は衛生上必要な制限を附加することができる。

⑷　地方公共団体が、条例で、津波、高潮、出水等による危険の著しい区域を災害危険区域として指定した場合には、災害危険区域内における住居の用に供する建築物の建築は一律に禁止されることとなる。

附加すること（厳しくすること）ができる。

講義

(1) 誤。建築基準法の改正により、現に存する建築物が改正後の法の規定に適合しなくなった場合、建築基準法の規定は適用**されない**。だから、改正後の法の規定に適合させる必要はない（つまり、建築物はそのままでOKということ。建替え等は不要だ）。

(2) 誤。大規模建築物の大規模な修繕をしようとする場合、全国どこでも、建築確認が必要だ。本肢の建築物は、木造なのか木造以外なのか不明だ。しかし、木造であっても、木造以外であっても、延べ面積が500㎡を超えるならば、大規模建築物だ（木造は**500㎡**超なら大規模建築物、木造以外は**200㎡超**なら大規模建築物）。だから、建築確認が必要だ。

452頁 Ⓐ ㋑ ③

(3) 正。地方公共団体は、一定の場合、条例で、建築物の敷地、構造または建築設備に関して安全上、防火上または衛生上必要な制限を**附加**すること（厳しくすること）ができる。

(4) 誤。地方公共団体は、条例で、津波、高潮、出水等による危険の著しい区域を**災害危険区域**として指定することができる。そして、災害危険区域内における住居の用に供する建築物の建築の禁止その他建築物の建築に関する制限で災害防止上必要なものは、**条例**で定める。必要なものを「条例で定める」のだから、「一律に禁止される」わけではない。

正解 (3)

災害危険区域

1 地方公共団体は、条例で、津波、高潮、出水等による危険の著しい区域を**災害危険区域**として指定することができる。

2 災害危険区域内における住居の用に供する建築物の建築の禁止その他建築物の建築に関する制限で災害防止上必要なものは、1 の**条例**で定める（肢(4)）。

総合問題（建築基準法）　[令3-18]

次の記述のうち、建築基準法の規定によれば、誤っているものはどれか。

⑴　都市計画により建蔽率の限度が10分の6と定められている近隣商業地域において、準防火地域内にある耐火建築物で、街区の角にある敷地又はこれに準ずる敷地で特定行政庁が指定するものの内にある建築物については、建蔽率の限度が10分の8となる。

⑵　市町村は、集落地区計画の区域において、用途地域における用途の制限を補完し、当該区域の特性にふさわしい土地利用の増進等の目的を達成するため必要と認める場合においては、国土交通大臣の承認を得て、当該区域における用途制限を緩和することができる。

⑶　居住環境向上用途誘導地区内においては、公益上必要な一定の建築物を除き、建築物の建蔽率は、居住環境向上用途誘導地区に関する都市計画において建築物の建蔽率の最高限度が定められたときは、当該最高限度以下でなければならない。

⑷　都市計画区域内のごみ焼却場の用途に供する建築物について、特定行政庁が建築基準法第51条に規定する都市計画審議会の議を経てその敷地の位置が都市計画上支障がないと認めて許可した場合においては、都市計画においてその敷地の位置が決定しているものでなくても、新築することができる。

集落地区計画だけ仲間外れ。

講義

(1) 正。①準防火地域内にある耐火建築物なので、建蔽率が $\frac{1}{10}$ プラスされる。また、②**特定行政庁**が指定する角地なので、建蔽率が $\frac{1}{10}$ プラスされる（つまり、①＋②で $\frac{2}{10}$ プラスされることになる）。本肢のもともとの建蔽率は $\frac{6}{10}$ であり、そこに $\frac{2}{10}$ がプラスされ、$\frac{8}{10}$ となる。

433頁 表 例外① 例外②

(2) 誤。市町村は、地区計画等（集落地区計画を除く）の区域の特性にふさわしい土地利用の増進等の目的を達成するため必要と認める場合においては、国土交通大臣の承認を得て、条例で、用途制限を緩和することができる。「集落地区計画を除く」なので、集落地区計画においては、用途制限を緩和することは**できない**（つまり、用途制限を緩和することができるのは、集落地区計画以外の地区計画等だ）。

(3) 正。居住環境向上用途誘導地区とは、居住環境向上施設（たとえば、地域住民を対象とした比較的小規模な病院・診療所等の医療施設、日用品を扱う比較的小規模なスーパーマーケット等の店舗）を誘導するための地区だ。居住環境向上用途誘導地区内においては、公益上必要な一定の建築物を除き、建蔽率は、居住環境向上用途誘導地区に関する都市計画において建蔽率の**最高限度**が定められたときは、当該最高限度以下でなければならない。

(4) 正。都市計画区域内においては、卸売市場・火葬場・と畜場・汚物処理場・**ごみ焼却場**等の建築物は、原則として、都市計画においてその敷地の位置が決定しているものでなければ、新築することができない。しかし、例外として、**特定行政庁**が都市計画審議会の議を経てその敷地の位置が都市計画上支障がないと認めて**許可**した場合は、都市計画においてその敷地の位置が決定しているものでなくても、新築することができる。

正 解 (2)

市町村は、国土交通大臣の承認を得て、条例で、用途制限を緩和することができるか？

1 集落地区計画以外の地区計画等 ➡ できる。注意！
2 集落地区計画 ➡ **できない**（肢(2)）。

注意！ 無理して覚える必要はないが、集落地区計画以外の地区計画等とは、①地区計画（単なる地区計画）②防災街区整備地区計画③歴史的風致維持向上地区計画④沿道地区計画のことだ。

第２編　弱点表

項　目	番　号	難　度	正　解	自己採点
用途規制（建築基準法）	平 14-20	カンターン	(1)	
用途規制（建築基準法）	平 22-19	普通	(3)	
用途規制その他（建築基準法）	平 16-20	難しい	(2)	
用途規制その他（建築基準法）	平 20-21	難しい	(1)	
用途規制（建築基準法）	平 26-18	普通	(2)	
道路規制（建築基準法）	平 18-21	普通	(3)	
防火地域・準防火地域（建築基準法）	平 23-18	カンターン	(1)	
防火地域・準防火地域（建築基準法）	平 15-20	普通	(4)	
防火地域・準防火地域その他（建築基準法）	平 28-18	カンターン	(1)	
高さ制限その他（建築基準法）	平 19-22	普通	(4)	
建蔽率・容積率（建築基準法）	平 20-20	難しい	(3)	
容積率（建築基準法）	平 17-22	普通	(3)	
単体規定（建築基準法）	平 25-17	難しい	(4)	
単体規定その他（建築基準法）	平 26-17	難しい	(1)	
建築確認（建築基準法）	平 27-17	カンターン	(3)	
建築確認（建築基準法）	平 19-21	普通	(1)	
建築確認（建築基準法）	平 22-18	普通	(4)	
総合問題（建築基準法）	平 23-19	普通	(3)	
総合問題（建築基準法）	平 29-19	難しい	(1)	
総合問題（建築基準法）	平 28-19	難しい	(4)	
総合問題（建築基準法）	平 21-19	普通	(1)	
総合問題（建築基準法）	平 27-18	普通	(2)	

総合問題（建築基準法）	令　2-18	カンターン	(3)	
総合問題（建築基準法）	令　5-18	難しい	(1)	
総合問題（建築基準法）	平 25-18	普通	(3)	
総合問題（建築基準法）	平 30-19	普通	(2)	
総合問題（建築基準法）	令　2-17	普通	(1)	
総合問題（建築基準法）	令　4-18	難しい	(3)	
総合問題（建築基準法）	令　5-17	カンターン	(3)	
総合問題（建築基準法）	令　1-18	難しい	(2)	
総合問題（建築基準法）	平 24-19	難しい	(3)	
総合問題（建築基準法）	平 29-18	普通	(4)	
総合問題（建築基準法）	令　3-17	難しい	(4)	
総合問題（建築基準法）	令　4-17	普通	(3)	
総合問題（建築基準法）	令　3-18	難しい	(2)	

3

第３編

国土利用計画法

盛土規制法

農　地　法

土地区画整理法

その他の法令

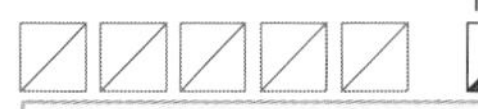

国土利用計画法 [平19-17]

国土利用計画法第23条の届出（以下この問において「事後届出」という。）に関する次の記述のうち、正しいものはどれか。

(1) 宅地建物取引業者であるAとBが、市街化調整区域内の6,000㎡の土地について、Bを権利取得者とする売買契約を締結した場合には、Bは事後届出を行う必要はない。

(2) 宅地建物取引業者であるCとDが、都市計画区域外の2haの土地について、Dを権利取得者とする売買契約を締結した場合には、Dは事後届出を行わなければならない。

(3) 事後届出が必要な土地売買等の契約により権利取得者となった者が事後届出を行わなかった場合には、都道府県知事から当該届出を行うよう勧告されるが、罰則の適用はない。

(4) 事後届出が必要な土地売買等の契約により権利取得者となった者は、その契約の締結後、1週間以内であれば市町村長を経由して、1週間を超えた場合には直接、都道府県知事に事後届出を行わなければならない。

1ha ＝ 10,000㎡。

講義

⑴　誤。市街化調整区域の場合、**5,000㎡**以上の土地の取引をしたときは、権利取得者が事後届出をする必要がある。Bは、Aから市街化調整区域内の6,000㎡の土地を買ったのだから、事後届出をする必要がある。

460頁3.

⑵　正。都市計画区域外の場合、**10,000㎡**（＝**1ha**）以上の土地の取引をしたときは、権利取得者が事後届出をする必要がある。Dは、Cから都市計画区域外の20,000㎡（＝2ha）の土地を買ったのだから、事後届出をする必要がある。 460頁3.

⑶　誤。事後届出が必要であるにもかかわらず、契約後2週間以内に届け出ないと、**懲役または罰金**だ。ちなみに、事後届出をしなくても、契約は有効だし、知事から勧告を受けることもない。 459頁 ポイント 5

⑷　誤。権利取得者は、契約後2週間以内に**市町村長を経由**して知事に届け出なければならない。契約後1週間を超えた場合においても市町村長を経由して知事に届け出なければならないので、本肢は×だ。

458頁 ポイント 2、3

（正　解）⑵

届出が必要な面積

①　市街化区域 ➡ **2,000㎡**以上
②　市街化区域以外の都市計画区域 ➡ **5,000㎡**以上（肢⑴）
③　都市計画区域外 ➡ **10,000㎡**以上（肢⑵）
ちなみに　1ha＝10,000㎡だ（肢⑵）。

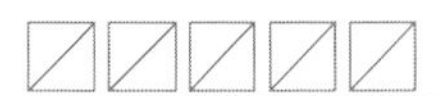

国土利用計画法 [令2-22]

国土利用計画法第23条の届出（以下この問において「事後届出」という。）に関する次の記述のうち、正しいものはどれか。

(1) Aが所有する市街化区域内の1,500㎡の土地をBが購入した場合には、Bは事後届出を行う必要はないが、Cが所有する市街化調整区域内の6,000㎡の土地についてDと売買に係る予約契約を締結した場合には、Dは事後届出を行う必要がある。

(2) Eが所有する市街化区域内の2,000㎡の土地をFが購入した場合、Fは当該土地の所有権移転登記を完了した日から起算して2週間以内に事後届出を行う必要がある。

(3) Gが所有する都市計画区域外の15,000㎡の土地をHに贈与した場合、Hは事後届出を行う必要がある。

(4) Iが所有する都市計画区域外の10,000㎡の土地とJが所有する市街化調整区域内の10,000㎡の土地を交換した場合、I及びJは事後届出を行う必要はない。

市街化区域に住みたいな。それ以外はごめんだよ。もっと外ならとんでもない。

講 義

(1) 正。市街化区域の場合、**2,000㎡以上**の土地の取引をしたときは、届出を行う必要がある。だから、市街化区域の1,500㎡の土地を購入したBは届出を行う必要はない（前半は○）。市街化調整区域の場合、**5,000㎡以上**の土地の取引をしたときは、届出を行う必要がある。だから、市街化調整区域の6,000㎡の土地について売買予約契約を締結したDは届出を行う必要がある（後半も○）。 460頁 3.、462頁 4

(2) 誤。届出義務者は、**契約後**（契約を締結した日から起算して）**2週間**以内に届け出なければならない。「移転登記を完了した日から」ではないので、本肢は×だ。 458頁 ポイント2

(3) 誤。タダで土地をあげるのが贈与だ。贈与は**対価**がないから届出を行う必要はない。 463頁 8

(4) 誤。市街化調整区域の場合、**5,000㎡以上**の土地の取引をしたときは、届出を行う必要がある。だから、市街化調整区域の10,000㎡の土地を交換によって取得したIは届出を行う必要がある。都市計画区域外の場合、**10,000㎡以上**の土地の取引をしたときは、届出を行う必要がある。だから、都市計画区域外の10,000㎡の土地を交換によって取得したJは届出を行う必要がある。 460頁 3.、462頁 2

正 解 (1)

いつまでに事後届出をするのか？

届出義務者は、**契約後**（契約を締結した日から起算して）**2週間**以内に届け出なければならない（肢(2)）。

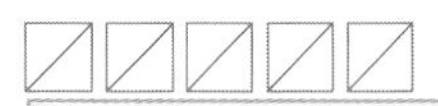

国土利用計画法 [平28-15]

国土利用計画法第23条に規定する届出（以下この問において「事後届出」という。）に関する次の記述のうち、正しいものはどれか。

(1) 市街化区域内の土地（面積2,500㎡）を購入する契約を締結した者は、その契約を締結した日から起算して3週間以内に事後届出を行わなければならない。

(2) Aが所有する監視区域内の土地（面積10,000㎡）をBが購入する契約を締結した場合、A及びBは事後届出を行わなければならない。

(3) 都市計画区域外に所在し、一団の土地である甲土地（面積6,000㎡）と乙土地（面積5,000㎡）を購入する契約を締結した者は、事後届出を行わなければならない。

(4) 市街化区域内の甲土地（面積3,000㎡）を購入する契約を締結した者が、その契約締結の1月後に甲土地と一団の土地である乙土地（面積4,000㎡）を購入することとしている場合においては、甲土地の事後届出は、乙土地の契約締結後に乙土地の事後届出と併せて行うことができる。

都市計画区域外の場合、合計面積が10,000㎡であるなら届出必要。

講義

⑴ 誤。届出義務者は、契約後（契約を締結した日から起算して）2週間以内に届け出なければならない。 458頁 ポイント②

⑵ 誤。注視区域と**監視区域**の場合は、**事前**に届け出（契約を締結する前に届け出）をすることが必要だ。ちなみに、注視区域と監視区域の場合は、届出義務者は**両**当事者なので、「A及びBが届出義務者である」という点は正しい。 464頁 ⑵

⑶ 正。 都市計画区域外で2つの土地を購入した場合は、**合計面積**が**10,000㎡**以上なら、事後届出が必要だ。本肢の場合は、合計面積が11,000㎡（甲土地6,000㎡＋乙土地5,000㎡＝11,000㎡）だから、事後届出が必要だ。 460頁 ②

⑷ 誤。市街化区域で**2,000㎡**以上の土地を購入した場合は、事後届出が必要だ。甲土地は3,000㎡だから、甲土地を購入した者は、契約後**2週間**以内に届け出なければならない。乙土地を購入するのは、甲土地の契約の1月後だ。だから、甲土地の事後届出を乙土地の事後届出と併せて行うと、この期限（甲土地の契約後2週間以内という期限）が過ぎてしまう。だから、乙土地の事後届出と併せて行うことはできない。

458頁 ポイント②

正 解 ⑶

届出か許可か

① 「注視区域・監視区域・規制区域」以外 ➡ **事後**届出 注意！

② 注視区域・監視区域 ➡ **事前**届出（肢⑵）

③ 規制区域 ➡ 許可

注意！ 契約後**2週間**以内に届け出なければならない（肢⑴）。

国土利用計画法 [令1-22]

国土利用計画法第23条の届出(以下この問において「事後届出」という。)に関する次の記述のうち、正しいものはどれか。

⑴ 宅地建物取引業者Aが、自己の所有する市街化区域内の2,000㎡の土地を、個人B、個人Cに1,000㎡ずつに分割して売却した場合、B、Cは事後届出を行わなければならない。

⑵ 個人Dが所有する市街化区域内の3,000㎡の土地を、個人Eが相続により取得した場合、Eは事後届出を行わなければならない。

⑶ 宅地建物取引業者Fが所有する市街化調整区域内の6,000㎡の一団の土地を、宅地建物取引業者Gが一定の計画に従って、3,000㎡ずつに分割して購入した場合、Gは事後届出を行わなければならない。

⑷ 甲市が所有する市街化調整区域内の12,000㎡の土地を、宅地建物取引業者Hが購入した場合、Hは事後届出を行わなければならない。

隣接する土地を別々の人から買い取った場合、合計の面積を基準に考える。

講義

(1) 誤。一団の土地（ひとまとまりの土地）を、別々の人に売却した場合、届出対象面積以上（本肢は市街化区域だから**2,000㎡**以上）の部分を取得した人だけに届出義務がある。BもCも1,000㎡しか取得してないので、事後届出を行う必要はない。 460頁 1

(2) 誤。届出が必要になる取引とは、「所有権・地上権・賃借権を**対価**を得て、設定・移転する**合意**」のことだ。相続は対価も合意もないから届出不要だ。だから、Eは事後届出を行う必要はない。 463頁 9

(3) 正。隣接する土地を買い取った場合、その**合計**の面積が届出対象面積以上（本肢は市街化調整区域だから**5,000㎡**以上）なら、届出が必要だ。だから、Gは事後届出を行わなければならない。 460頁 2

(4) 誤。契約当事者の一方または双方が国または地方公共団体（都道府県・市町村）の場合、わざわざ知事がチェックする必要はないから、届出不要だ。だから、地方公共団体である甲市から購入したHは事後届出を行う必要はない。 463頁 1

正　解 (3)

届出が必要になる取引とは、
➡ 「所有権・地上権・賃借権を**対価**を得て、設定・移転する**合意**」。
1 贈与 ➡ 届出不要（対価がないから）。
2 相続 ➡ 届出不要（対価も合意もないから）（肢(2)）。
3 時効 ➡ 届出不要（対価も合意もないから）。

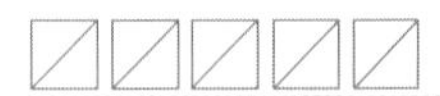

国土利用計画法 【平27-21】

国土利用計画法第23条の事後届出（以下この問において「事後届出」という。）に関する次の記述のうち、正しいものはどれか。

(1) 都市計画区域外においてAが所有する面積12,000㎡の土地について、Aの死亡により当該土地を相続したBは、事後届出を行う必要はない。

(2) 市街化区域においてAが所有する面積3,000㎡の土地について、Bが購入した場合、A及びBは事後届出を行わなければならない。

(3) 市街化調整区域に所在する農地法第3条第1項の許可を受けた面積6,000㎡の農地を購入したAは、事後届出を行わなければならない。

(4) 市街化区域に所在する一団の土地である甲土地（面積1,500㎡）と乙土地（面積1,500㎡）について、甲土地については売買によって所有権を取得し、乙土地については対価の授受を伴わず賃借権の設定を受けたAは、事後届出を行わなければならない。

対価を得て、設定・移転する合意。

講義

⑴ 正。届出が必要になる取引は、「所有権・地上権・賃借権を**対価**を得て、設定・移転する**合意**」の場合だ。相続は、対価も合意もないから、届出不要だ。
463頁 9

⑵ 誤。届出義務があるのは、**権利取得者だけ**だ。だから、届出をしなければならないのは、B**だけ**だ。Aには届出義務がないので、本肢は×だ。
458頁 ポイント 1

⑶ 誤。**農地法3条**の許可を受けている場合は、**届出不要**だ。例えば、農地を農地として売る場合は➡買主も農地として使うのだから、利用目的の変更もないし、値上がりの心配もない➡だから、国土利用計画法の届出は、不要（農地法3条の許可だけで十分）ということ。
463頁 注!、471頁 1

⑷ 誤。届出が必要になる取引は、「所有権・地上権・賃借権を**対価**を得て、設定・移転する合意」の場合だ。乙土地の賃借権には、対価の授受がないのだから、届出が不要な取引だ（乙土地については、ムシしてOK）。だから、乙土地については、届出不要だ。また、市街化区域の場合は、面積が**2,000㎡**以上のときに、届出をする必要がある。しかし、甲土地の面積は、1,500㎡だ。だから、甲土地についても、届出不要だ。
460頁 3.、461頁 4.

正解 (1)

事後届出は必要か？

1 農地法**3**条の許可を受けた場合 ➡ **不要**（肢⑶）

2 農地法5条の許可を受けた場合 ➡ 必要

コメント 農地をマンションにする場合等が、農地法5条だ。この場合（5条の場合）は、利用目的の変更があるし、値上がりの心配もある。だから、農地法5条の許可を受けても、届出は必要だ。

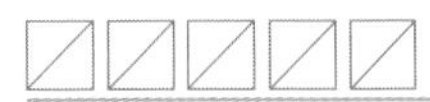

国土利用計画法 [平21-15]

国土利用計画法第23条の都道府県知事への届出（以下この問において「事後届出」という。）に関する次の記述のうち、正しいものはどれか。

(1) 宅地建物取引業者Aが都市計画区域外の10,000㎡の土地を時効取得した場合、Aは、その日から起算して2週間以内に事後届出を行わなければならない。

(2) 宅地建物取引業者Bが行った事後届出に係る土地の利用目的について、都道府県知事が適正かつ合理的な土地利用を図るために必要な助言をした場合、Bがその助言に従わないときは、当該知事は、その旨及び助言の内容を公表しなければならない。

(3) 宅地建物取引業者Cが所有する市街化調整区域内の6,000㎡の土地について、宅地建物取引業者Dが購入する旨の予約をした場合、Dは当該予約をした日から起算して2週間以内に事後届出を行わなければならない。

(4) 宅地建物取引業者Eが所有する都市計画区域外の13,000㎡の土地について、4,000㎡を宅地建物取引業者Fに、9,000㎡を宅地建物取引業者Gに売却する契約を締結した場合、F及びGはそれぞれ、その契約を締結した日から起算して2週間以内に事後届出を行わなければならない。

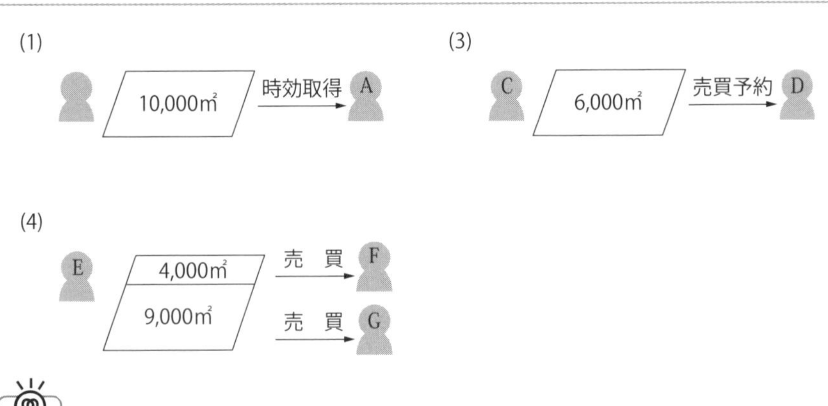

Hint! 合意があるか？

講義

⑴　誤。届出が必要な取引は、所有権・地上権・賃借権を、**対価**を得て、設定・移転する**合意**だ。時効取得は、対価も合意もないから届出不要だ。

463頁 9

⑵　誤。勧告を無視した場合は、知事は、制裁として、その旨及び勧告内容を公表できる。しかし、**助言を無視**しても、知事は、その旨及び助言内容を**公表できない**。　459頁 注2

⑶　正。DがCから、土地を買う予約をした場合、**予約をした日**から起算して**2週間以内**に届け出ることが必要である。なお、予約完結権を行使した日から起算して2週間以内に届け出るのではないことに注意。なぜなら、予約はＣＤの**合意**だが、予約完結権の行使は、買主Ｄが一方的にやることであり、ＣＤの合意ではないからだ（合意でやった行為だけ届出必要）。　458頁 ポイント2、460頁 3.、462頁 4

⑷　誤。都市計画区域外の一団の土地を2つに分筆して別々の人に分譲した場合は、**10,000㎡**以上の部分を取得した人**だけ**に届出義務がある。だから、ＦもＧも届出をする必要はない。　460頁 1

正解 ⑶

届出が必要な「取引」か？

1　予約　○（肢⑶）

2　予約完結権行使　×（肢⑶）

3　時効取得　×（肢⑴）

（○➡届出必要、×➡届出不要）

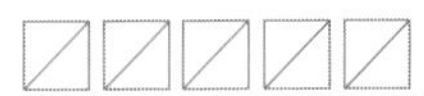

国土利用計画法 [平17-17]

国土利用計画法第23条の届出（以下この問において「事後届出」という。）に関する次の記述のうち、正しいものはどれか。

(1)　Aが、市街化区域において、Bの所有する面積3,000㎡の土地を一定の計画に基づき1,500㎡ずつ順次購入した場合、Aは事後届出を行う必要はない。

(2)　Cは、市街化調整区域において、Dの所有する面積8,000㎡の土地を民事調停法に基づく調停により取得し、その後当該土地をEに売却したが、この場合、CとEはいずれも事後届出を行う必要はない。

(3)　甲県が所有する都市計画区域外に所在する面積12,000㎡の土地について、10,000㎡をFに、2,000㎡をGに売却する契約を、甲県がそれぞれF、Gと締結した場合、FとGのいずれも事後届出を行う必要はない。

(4)　事後届出に係る土地の利用目的について、乙県知事から勧告を受けたHが勧告に従わなかった場合、乙県知事は、当該届出に係る土地売買の契約を無効にすることができる。

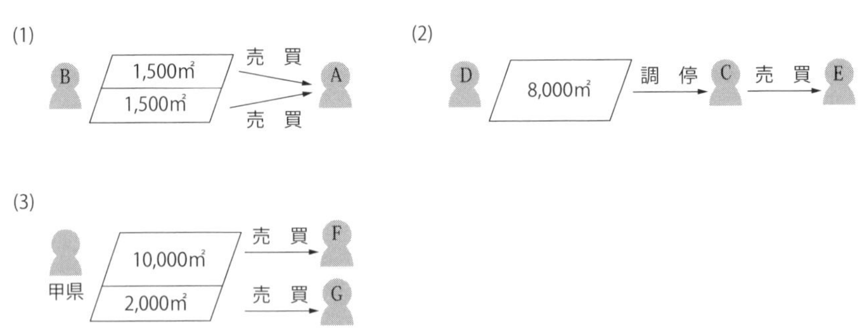

わざわざ知事がチェックする必要はないのはどれだ？

講義

⑴　誤。市街化区域の場合、**2,000㎡**以上の土地の取引をしたときは届出をする必要がある。Aは市街化区域内の土地を1,500㎡ずつ順次購入しているが、結局合わせて3,000㎡を購入したことになるのだから、届出をする必要がある。

460頁②

⑵　誤。市街化調整区域の場合、**5,000㎡**以上の土地の取引をしたときは届出をする必要がある。しかし、市街化調整区域において5,000㎡以上の土地を取得しても、その取得が民事調停法に基づく**調停**の場合は、天下の裁判所がからんでいるのだからチェック不要、よって届出不要だ。だから、Cは届出をする必要はない。ただし、Eは民事調停法に基づく調停により取得しているわけではないので、トーゼン届出をする必要がある。

463頁5.②

⑶　正。契約当事者の一方または双方が**国**または**地方公共団体**の場合には届出不要だ。国や地方公共団体がからんでいるのだから、わざわざ知事がチェックする必要はないので届出は不要なのだ。

463頁5.①

⑷　誤。知事からの利用目的変更の勧告をムシしたら、知事は、制裁としてその旨と勧告内容を公表できるが、契約自体は**有効**だ。無効にすることはできない。

459頁ポイント③

正解　⑶

国がからめば届出不要

①　契約当事者の一方または双方が**国**または**地方公共団体**の場合 ➡ 届出不要（肢⑶）

②　**裁判所の調停**の場合 ➡ 届出不要（肢⑵）

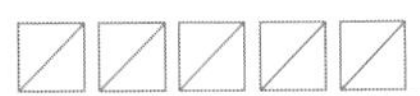

国土利用計画法 [令4-22]

国土利用計画法第23条の届出（以下この問において「事後届出」という。）に関する次の記述のうち、正しいものはどれか。なお、この問において「都道府県知事」とは、地方自治法に基づく指定都市にあってはその長をいうものとする。

⑴　都市計画区域外において、A市が所有する面積15,000㎡の土地を宅地建物取引業者Bが購入した場合、Bは事後届出を行わなければならない。

⑵　事後届出において、土地売買等の契約に係る土地の土地に関する権利の移転又は設定の対価の額については届出事項ではない。

⑶　市街化区域を除く都市計画区域内において、一団の土地である甲土地（C所有、面積3,500㎡）と乙土地（D所有、面積2,500㎡）を宅地建物取引業者Eが購入した場合、Eは事後届出を行わなければならない。

⑷　都道府県知事は、土地利用審査会の意見を聴いて、事後届出をした者に対し、当該事後届出に係る土地の利用目的について必要な変更をすべきことを勧告することができ、勧告を受けた者がその勧告に従わない場合、その勧告に反する土地売買等の契約を取り消すことができる。

合計面積で判断する。

講義

(1) 誤。契約当事者の一方または双方が国または**地方公共団体**（都道府県・市町村）である場合は、届出は不要だ。本肢は契約当事者の一方が地方公共団体（A市）だから、届出は不要だ。 463頁 1

(2) 誤。権利取得者は、①誰が（契約の両当事者）、②いくらで（**対価**の額）、③何のために（土地の利用目的）等を知事に届け出なければならない。「対価の額」も届出事項なので、本肢は×だ。 459頁 ポイント 4

(3) 正。隣接する2つの土地（一団の土地）を買い取った場合には、その土地の**合計面積**が届出対象面積（本肢は市街化区域以外の都市計画区域、つまり、市街化調整区域か非線引区域だから、**5,000㎡**）以上なら、届出が必要だ。本肢の合計面積は3,500㎡＋2,500㎡＝6,000㎡だから（5,000㎡以上だから）、届出が必要だ。 460頁 2

(4) 誤。知事は、利用目的の変更を勧告できる。そして、その勧告を受けた者がその勧告に従わないときは、**その旨**及びその**勧告の内容**を公表できる。しかし、契約を取り消すことはできない。 459頁 ポイント 3

正　解　(3)

隣接する2つの土地（一団の土地）を買い取った場合の事後届出
➡　**合計面積**が届出対象面積以上なら、届出が必要だ（両方の契約について届出が必要だ）（肢(3)）。

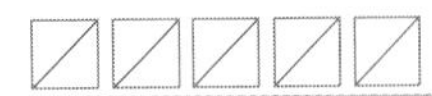

国土利用計画法 [平30-15]

国土利用計画法第23条の届出（以下この問において「事後届出」という。）に関する次の記述のうち、正しいものはどれか。

(1) 事後届出に係る土地の利用目的について、甲県知事から勧告を受けた宅地建物取引業者Aがその勧告に従わないときは、甲県知事は、その旨及びその勧告の内容を公表することができる。

(2) 乙県が所有する都市計画区域内の土地（面積6,000㎡）を買い受けた者は、売買契約を締結した日から起算して2週間以内に、事後届出を行わなければならない。

(3) 指定都市（地方自治法に基づく指定都市をいう。）の区域以外に所在する土地について、事後届出を行うに当たっては、市町村の長を経由しないで、直接都道府県知事に届け出なければならない。

(4) 宅地建物取引業者Bが所有する市街化区域内の土地（面積2,500㎡）について、宅地建物取引業者Cが購入する契約を締結した場合、Cは事後届出を行う必要はない。

契約は有効だし罰則もないが……。

講義

⑴　正。知事の勧告をムシしても契約は有効だし罰則（懲役や罰金）もないが、知事は、制裁としてその旨と勧告内容を公表できる。

459頁 ポイント ③

⑵　誤。都市計画区域の市街化区域の場合は、**2,000㎡**以上なら届出が必要だ。また、都市計画区域の市街化調整区域と非線引区域の場合は、**5,000㎡**以上なら届出が必要だ。本肢は市街化区域なのか市街化調整区域なのか非線引区域なのか不明であるが、都市計画区域（つまり、市街化区域か市街化調整区域か非線引区域のどれか）で6,000㎡なのだから、届出が必要な面積だ。ただし、契約当事者の一方または双方が国または地方公共団体（**都道府県**と市町村のこと）の場合は、わざわざ知事がチェックする必要はないから、届出は不要だ。

463頁 ①

⑶　誤。権利取得者は、契約後２週間以内に**市町村長を経由**して知事に届け出なければならない。

458頁 ポイント ③

⑷　誤。市街化区域の場合は、**2,000㎡**以上なら届出が必要だ（宅建業者であっても、もちろん、届出は必要だ）。

460頁3.

正　解　⑴

知事の勧告をムシした場合

① 契約は有効だ。

② 罰則はなし。

③ 知事はその旨と勧告内容を公表**できる**（肢⑴）。

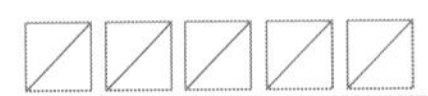

国土利用計画法 【令3-22】

国土利用計画法第23条の届出（以下この問において「事後届出」という。）に関する次の記述のうち、正しいものはどれか。なお、この問において「都道府県知事」とは、地方自治法に基づく指定都市にあってはその長をいうものとする。

⑴　土地売買等の契約を締結した場合には、当事者のうち当該契約による権利取得者は、その契約を締結した日の翌日から起算して３週間以内に、事後届出を行わなければならない。

⑵　都道府県知事は、事後届出をした者に対し、その届出に係る土地に関する権利の移転若しくは設定後における土地の利用目的又は土地に関する権利の移転若しくは設定の対価の額について、当該土地を含む周辺の地域の適正かつ合理的な土地利用を図るために必要な助言をすることができる。

⑶　事後届出が必要な土地売買等の契約を締結したにもかかわらず、所定の期間内に当該届出をしなかった者は、都道府県知事からの勧告を受けるが、罰則の適用はない。

⑷　宅地建物取引業者Ａが所有する準都市計画区域内の20,000㎡の土地について、10,000㎡をＢ市に、10,000㎡を宅地建物取引業者Ｃに売却する契約を締結した場合、Ｂ市は事後届出を行う必要はないが、Ｃは一定の場合を除き事後届出を行う必要がある。

契約の相手は誰か？

講義

⑴　誤。権利取得者は、「契約を締結した日から起算」して「**2週間以内**」に、事後届出を行わなければならない。本肢は「契約を締結した日の翌日から起算」となっている点と、「3週間以内」となっている点が×だ。

458頁 ポイント 2

⑵　誤。知事は、事後届出をした者に対して、**利用目的**については、助言することができる。しかし、対価の額については、助言することができない。459頁 注2

⑶　誤。権利取得者となった者が所定の期間内（契約を締結した日から起算して**2週間**以内）に事後届出を行わなかったら、6カ月以下の**懲役**または100万円以下の**罰金**だ。だから、罰則の適用はあるので、本肢は×だ。

459頁 ポイント 5

⑷　正。都市計画区域外の土地を取得した場合、その面積が**10,000㎡**以上なら、事後届出を行う必要がある。B市もCも10,000㎡の土地を取得しているが、B市は**地方公共団体**なので、事後届出を行う必要はない（契約当事者の一方または双方が国または地方公共団体の場合、事後届出を行う必要はない）。だから、B市は事後届出を行う必要はないが、Cは事後届出を行う必要がある。460頁 3.、463頁 5. 1

正解 ⑷

知事は、下記について助言することができるか？（事後届出）

1　**利用目的**　➡　○（肢⑵）
2　対価の額　➡　×（肢⑵）
3　契約の取消し　➡　×

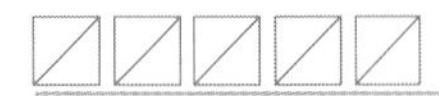

国土利用計画法 [平16-16]

国土利用計画法第23条の届出（以下この問において「事後届出」という。）及び同法第27条の7の届出（以下この問において「事前届出」という。）に関する次の記述のうち、正しいものはどれか。

⑴　監視区域内の市街化調整区域に所在する面積6,000㎡の一団の土地について、所有者Aが当該土地を分割し、4,000㎡をBに、2,000㎡をCに売却する契約をB、Cと締結した場合、当該土地の売買契約についてA、B及びCは事前届出をする必要はない。

⑵　事後届出においては、土地の所有権移転後における土地利用目的について届け出ることとされているが、土地の売買価額については届け出る必要はない。

⑶　Dが所有する都市計画法第5条の2に規定する準都市計画区域内に所在する面積7,000㎡の土地について、Eに売却する契約を締結した場合、Eは事後届出をする必要がある。

⑷　Fが所有する市街化区域内に所在する面積4,500㎡の甲地とGが所有する市街化調整区域内に所在する面積5,500㎡の乙地を金銭の授受を伴わずに交換する契約を締結した場合、F、Gともに事後届出をする必要がある。

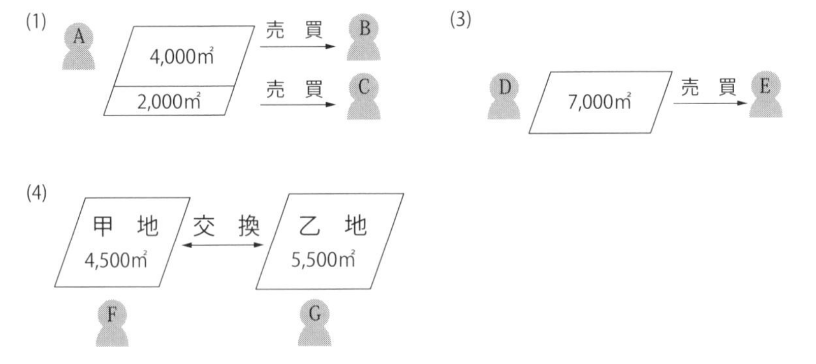

届出対象面積以上の土地を取得した人は誰？

講義

(1) 誤。**監視区域**の場合、譲渡する**前の**土地の面積が届出対象面積以上であれば届出が必要となる。だから本肢のように一団の土地（ひとまとまりの土地）を、２つに分筆して別々の人に譲渡した場合でも、分筆前の土地が届出対象面積以上である 6,000㎡なのだから、A、BおよびCは**事前に届出**をする必要がある。 464 頁 (1)、(2)

(2) 誤。届出しなければならない事項は、①誰が（**契約の両当事者**、売買なら売主と買主）、②いくらで（**対価の額**、売買契約なら売買価額）、③何のために（土地の**利用目的**）だ。だから、対価の額である「土地の売買価額については届け出る必要はない」となっている本肢は×だ。

459 頁 ポイント ④

(3) 誤。準都市計画区域内においては、**10,000㎡**以上の土地取引をする場合に事後届出が必要だ。だから、7,000㎡の土地取引であるＤＥ間の売買について、Ｅは事後届出をする必要はない。 460 頁 3.

(4) 正。市街化区域内においては、**2,000㎡**以上の土地取引をする場合に、事後届出が必要なので、交換によって市街化区域内の 4,500㎡の土地を手に入れたＧは事後届出をする必要がある。また、市街化調整区域内においては、**5,000㎡**以上の土地取引をする場合に、事後届出が必要なので、交換によって市街化調整区域内の 5,500㎡の土地を手に入れたＦも事後届出をする必要がある。 460 頁 3.、462 頁 ②

正解 (4)

交換の場合は、届出対象面積以上の土地を取得した人**だけ**が届け出る。

① 届出対象面積以上である甲地と届出対象面積未満である乙地を交換した場合
➡ 甲地を取得した人だけが届け出る。

② 両方の土地とも届出対象面積以上である甲地と乙地を交換した場合
➡ 甲地乙地それぞれの取得者が届け出る（肢(4)）。

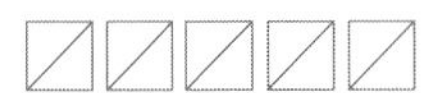

国土利用計画法 [平24-15]

国土利用計画法第23条の届出（以下この問において「事後届出」という。）に関する次の記述のうち、正しいものはどれか。

⑴　土地売買等の契約による権利取得者が事後届出を行う場合において、当該土地に関する権利の移転の対価が金銭以外のものであるときは、当該権利取得者は、当該対価を時価を基準として金銭に見積った額に換算して、届出書に記載しなければならない。

⑵　市街化調整区域においてAが所有する面積4,000㎡の土地について、Bが一定の計画に従って、2,000㎡ずつに分割して順次購入した場合、Bは事後届出を行わなければならない。

⑶　C及びDが、E市が所有する都市計画区域外の24,000㎡の土地について共有持分50％ずつと定めて共同で購入した場合、C及びDは、それぞれ事後届出を行わなければならない。

⑷　Fが市街化区域内に所有する2,500㎡の土地について、Gが銀行から購入資金を借り入れることができることを停止条件とした売買契約を、FとGとの間で締結した場合、Gが銀行から購入資金を借り入れることができることに確定した日から起算して2週間以内に、Gは事後届出を行わなければならない。

誰が、いくらで、何のために。

講義

⑴　正。権利取得者が知事に届け出るのは、①誰が（契約の両当事者）、②いくらで（**対価**の額）、③何のために（土地の利用目的）だ。そして、対価が金銭以外の場合は、対価を時価を基準として**金銭に見積った額**を届け出ることになる。

459頁 ポイント ④

⑵　誤。市街化調整区域の場合は、**5,000㎡**以上の土地の取引をした場合に、届出が必要だ。だから、市街化調整区域の4,000㎡の土地を購入したBは、届出は不要だ。

460頁 3.

⑶　誤。国や**地方公共団体**（都道府県と**市**町村のこと）がからんでいる場合は、わざわざ知事がチェックする必要はない。だから、契約当事者の一方または双方が国または地方公共団体の場合は届出は不要だ。

463頁 ①

⑷　誤。購入資金を借り入れることができることを停止条件として土地を売買したら、届出が必要だ。しかし、その後、購入資金を借り入れることができたら（これが条件の成就）、自動的に（**合意なし**に）、土地所有権が移転する。合意でやった行為だけ届出が必要なのだから、**条件成就時**には届出は**不要**だ。

462頁 ⑤

正　解　⑴

権利取得者が知事に届け出るのは、

➡ ①　誰が（契約の**両**当事者）

②　いくらで（**対価**の額）注意！

③　何のために（土地の**利用目的**）だ。

注意！　対価が金銭以外の場合は、対価を時価を基準として**金銭に見積った額**を届け出る（肢⑴）。

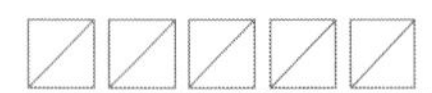

国土利用計画法 [令5-22]

土地を取得する場合における届出に関する次の記述のうち、正しいものはどれか。なお、この問において「事後届出」とは、国土利用計画法第23条の届出をいい、「重要土地等調査法」とは、重要施設周辺及び国境離島等における土地等の利用状況の調査及び利用の規制等に関する法律をいうものとする。

⑴　都市計画区域外において、国から一団の土地である6,000㎡と5,000㎡の土地を購入した者は、事後届出を行う必要はない。

⑵　市街化区域を除く都市計画区域内において、Aが所有する7,000㎡の土地をBが相続により取得した場合、Bは事後届出を行う必要がある。

⑶　市街化区域において、Cが所有する3,000㎡の土地をDが購入する契約を締結した場合、C及びDは事後届出を行わなければならない。

⑷　重要土地等調査法の規定による特別注視区域内にある100㎡の規模の土地に関する所有権又はその取得を目的とする権利の移転をする契約を締結する場合には、当事者は、一定の事項を、あらかじめ、内閣総理大臣に届け出なければならない。

国や地方公共団体がからんでいる場合は、わざわざ知事がチェックする必要はない。

講義

(1) 正。契約当事者の一方または双方が**国**または地方公共団体である場合は、事後届出は不要だ。 463頁 5. 1

(2) 誤。事後届出が必要となるのは、「所有権・地上権・賃借権を**対価**を得て設定・移転する**合意**」だ。相続は、対価も合意もないから届出不要だ。

463頁 9

(3) 誤。事後届出をする義務があるのは、**権利取得者だけ**だ。だから、事後届出を行わなければならないのはDだけだ。 458頁 ポイント 1

(4) 誤。重要土地等調査法の規定による特別注視区域内にある「**200m²以上**」の土地等に関する所有権またはその取得を目的とする権利の移転をする契約を締結する場合は、当事者は、一定の事項を、あらかじめ、**内閣総理大臣**に届け出なければならない。本肢の土地の規模は「100m²」だから、届出不要だ。

正 解 (1)

次の場合、事後届出は不要だ。

1 契約当事者の一方または双方が**国**または**地方公共団体**である場合（肢(1)）。

2 裁判所の調停の場合。

3 農地法**3**条の許可を受けた場合。

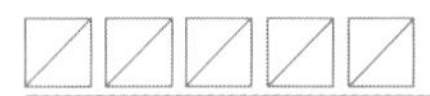

国土利用計画法　［平23-15］

国土利用計画法（以下この問において「法」という。）に関する次の記述のうち、正しいものはどれか。なお、この問において「事後届出」とは、法第 23 条に規定する都道府県知事への届出をいう。

⑴　都道府県知事は、法第 24 条第 1 項の規定による勧告に基づき当該土地の利用目的が変更された場合において、必要があると認めるときは、当該土地に関する権利の処分についてのあっせんその他の措置を講じなければならない。

⑵　都道府県知事が、監視区域の指定について土地利用審査会の確認を受けられなかったときは、その旨を公告しなければならない。なお、監視区域の指定は、当該公告があったときは、その指定の時にさかのぼって、その効力を失う。

⑶　A が、市街化区域において、2,500㎡の工場建設用地を確保するため、そのうち、1,500㎡をB 社から購入し、残りの 1,000㎡はC 社から贈与で取得した。この場合、A は、事後届出を行う必要はない。

⑷　D が所有する市街化調整区域内の土地 5,000㎡と E が所有する都市計画区域外の土地 12,000㎡を交換した場合、D 及び E は事後届出を行う必要はない。

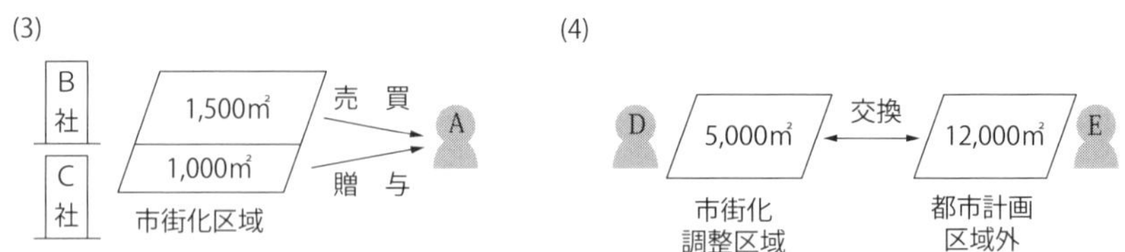

贈与の部分についてはムシして OK。

講義

(1)　誤。知事は、勧告に基づき土地の利用目的が変更された場合において、必要があると認めるときは、あっせんその他の措置を「講ずるよう**努めなければならない**」。あくまでも努力義務（努めなければならない）なので、「講じなければならない」とある本肢は×だ。　459頁 注1

(2)　誤。知事が、土地利用審査会の確認を受けられなかった場合に、その旨の公告をしなければならないのは、**規制区域**だ。監視区域ではない。

464頁(3)

(3)　正。タダで土地をあげるのが贈与。対価がないから届出不要（だから、C社から贈与によって取得した1,000㎡の部分についてはムシしてOK）。そして、市街化区域の場合は**2,000㎡以上**の場合に、届出をする必要があるが、Aは、市街化区域の土地1,500㎡をB社から購入しているので、届出をする必要がない。　460頁3.、463頁8

(4)　誤。市街化調整区域の場合は、**5,000㎡以上**のときに、届出をする必要がある。だから、市街化調整区域の土地5,000㎡を交換によって取得したEは届出をする必要がある。また、都市計画区域外の場合は、**10,000㎡以上**のときに、届出をする必要がある。だから、都市計画区域外の土地12,000㎡を交換によって取得したDも届出をする必要がある。

460頁3.、462頁2

正　解　(3)

届出が不要なもの

1　抵当権の設定 ➡ 所有権が**移転**しないから届出不要。
2　贈与 ➡ **対価**がないから届出不要（肢(3)）。
3　相続 ➡ **対価**も**合意**もないから届出不要。

第3編　国土利用計画法／盛土規制法／農地法／土地区画整理法／その他の法令

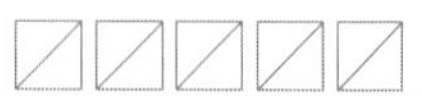

盛土規制法 [平30-20]

宅地造成及び特定盛土等規制法に関する次の記述のうち、誤っているものはどれか。なお、この問において「都道府県知事」とは、地方自治法に基づく指定都市、中核市及び施行時特例市にあってはその長をいうものとする。

⑴ 宅地造成等工事規制区域内において、過去に宅地造成等に関する工事が行われ、現在は工事主とは異なる者がその工事が行われた土地を所有している場合、当該土地の所有者は、宅地造成等に伴う災害が生じないよう、その土地を常時安全な状態に維持するよう努めなければならない。

⑵ 宅地造成等工事規制区域内において行われる宅地造成等に関する工事について許可をする都道府県知事は、当該許可に、工事の施行に伴う災害を防止するために必要な条件を付することができる。

⑶ 宅地を宅地以外の土地にするために行う土地の形質の変更は、宅地造成に該当しない。

⑷ 宅地造成等工事規制区域内において、切土であって、当該切土をする土地の面積が400㎡で、かつ、高さ1mの崖を生ずることとなるものに関する工事を行う場合には、一定の場合を除き、都道府県知事の許可を受けなければならない。

500㎡を超えていない。そして、2mを超えていない。

講義

⑴　正。土地の**所有者・**管理者・占有者は、災害が生じないよう、土地を常時安全な状態に維持するように努めなければならない。本肢のように工事主と現在の所有者が異なる場合でも同じだ。だから、工事主とは**異なる**人物である現在の土地の所有者は、土地を常時安全な状態に維持するよう努めなければならない。　472頁5. 1

⑵　正。知事は災害防止のために必要な**条件**（例 雨の日は工事するな）を付けて許可することができる。　467頁⑴

⑶　正。宅地造成とは、「宅地以外を→**宅地**」にするために行う盛土その他の土地の形質の変更で一定規模以上のものだ。本肢は「宅地を→宅地以外」にするパターンだから宅地造成に該当しない。

⑷　誤。盛土で高さが**1m**を超えるがけを生じるもの、②切土で高さが**2m**を超えるがけを生じるもの、③盛土と切土を同時に行い、高さが**2m**を超えるがけを生じるもの、④盛土で高さが**2m**を超えるもの（がけを生じない場合）、⑤①から④以外で盛土または切土をする面積が**500㎡**を超えるもののどれかに該当すれば、許可が必要だ。本肢は①〜⑤のどれにも該当しない。だから、許可は不要だ。　468頁⑷ 1

正解　(4)

条件について

1　知事は災害防止のために必要な**条件**（例 雨の日は工事するな）を付けて許可することができる（肢⑵）。

2　知事は付けた**条件に違反**した者に対して、許可を**取り消す**ことができる。

盛土規制法 [令2-19]

宅地造成及び特定盛土等規制法に関する次の記述のうち、誤っているものはどれか。なお、この問において「都道府県知事」とは、地方自治法に基づく指定都市、中核市及び施行時特例市にあってはその長をいうものとする。

⑴ 土地の占有者は、都道府県知事又はその命じた者若しくは委任した者が、基礎調査のために当該土地に立ち入って測量又は調査を行う場合、正当な理由がない限り、立入りを拒み、又は妨げてはならない。

⑵ 宅地を宅地以外にするために行う盛土その他の土地の形質の変更は、宅地造成に該当しない。

⑶ 宅地造成等工事規制区域内において、公共施設用地を宅地に転用する者は、宅地造成等に関する工事を行わない場合でも、都道府県知事の許可を受けなければならない。

⑷ 宅地造成等に関する工事の許可を受けた者が、工事施行者を変更する場合には、遅滞なくその旨を都道府県知事に届け出ればよく、改めて許可を受ける必要はない。

許可は不要、届出でよい。

講義

⑴ 正。知事は、**基礎調査**のために他人の占有する土地に立ち入って測量または調査を行う必要があるときは、その必要の限度において、他人の占有する土地に、自ら立ち入り、またはその命じた者若しくは委任した者に立ち入らせることができる。土地の占有者は、**正当な理由**がない限り、この立入りを拒み、または妨げてはならない。

⑵ 正。宅地造成とは、「**宅地以外を→宅地**」にするために行う盛土その他の土地の形質の変更で一定規模以上のものだ。本肢は「宅地を→宅地以外」にするパターンだから宅地造成に該当しない。

⑶ 誤。宅地造成等工事規制区域内で公共施設用地を宅地または農地等に転用した者は、転用した日から**14日以内**に、知事に**届け出**なければならない（許可は不要、届出でよい）。

472頁 上の3

⑷ 正。工事の許可を受けた者が、工事の計画に**軽微**な変更（工事主・設計者・**工事施行者**の変更、工事の着手予定年月日・工事の完了予定年月日の変更）をした場合は、遅滞なく、その旨を知事に**届け出**なければならない（許可は不要、届出でよい）。

471頁4. 1

正　解　⑶

基礎調査のための土地の立入り

1 知事は、**基礎調査**のために他人の占有する土地に立ち入って測量または調査を行う必要があるときは、その必要の限度において、他人の占有する土地に、自ら立ち入り、または命じた者・委任した者に立ち入らせることができる（肢⑴）。

2 土地の占有者は、**正当な理由**がない限り、1の立入りを拒み、または妨げてはならない。

3 都道府県は、1により他人に損失を与えたときは、その損失を受けた者に対して、通常生ずべき**損失を補償**しなければならない。

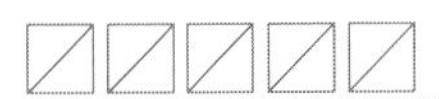

盛土規制法 【令4-19】

宅地造成及び特定盛土等規制法に関する次の記述のうち、誤っているものはどれか。なお、この問において「都道府県知事」とは、地方自治法に基づく指定都市、中核市及び施行時特例市にあってはその長をいうものとする。

⑴ 宅地造成等工事規制区域内の土地（公共施設用地を除く。）において、地表水等を排除するための排水施設の除却工事を行おうとする場合は、一定の場合を除き、都道府県知事への届出が必要となる。

⑵ 宅地造成等工事規制区域内において、森林を宅地にするために行う切土であって、高さ３ｍの崖を生ずることとなるものに関する工事（都市計画法第29条第１項又は第２項の許可は受けていない。）については、工事主は、一定の場合を除き、工事に着手する前に、都道府県知事の許可を受けなければならない。

⑶ 宅地造成等工事規制区域内で過去に宅地造成等に関する工事が行われ、現在は工事主とは異なる者がその工事が行われた土地を所有している場合において、当該土地の所有者は宅地造成等に伴う災害が生じないよう、その土地を常時安全な状態に維持するよう努めなければならない。

⑷ 宅地造成等工事規制区域外に盛土によって造成された一団の造成宅地の区域において、造成された盛土の高さが５ｍ未満の場合は、都道府県知事は、当該区域を造成宅地防災区域として指定することができない。

盛土をした土地の面積が3,000㎡以上であり、かつ、一定の要件を満たす場合は、指定することができる。

講義

(1) 正。宅地造成等工事規制区域内で、高さが**2m**を超える擁壁・崖面崩壊防止施設や排水施設の除却工事等を行う場合は、一定の場合を除き、工事に着手する日の**14日前**までに、知事に**届け出**なければならない（許可は不要、届出でよい）。 472頁④

(2) 正。切土で高さが**2m**を超えるがけを生じる工事については、工事主は、知事の許可を受けなければならない。ちなみに、都市計画法第29条第1項または第2項の許可（**開発許可**のこと）を受けたときは、盛土規制法の許可を受けたものとみなされる。 468頁(4)

(3) 正。土地の**所有者**・管理者・占有者は、災害が生じないよう、土地を常時安全な状態に維持するように努めなければならない。本肢のように工事主と現在の所有者が**異なる**場合でも同じだ。だから、工事主とは異なる人物である現在の土地の所有者は、土地を常時安全な状態に維持するよう努めなければならない。 472頁5.①

(4) 誤。盛土をした土地の面積が**3,000㎡**以上であり、かつ、一定の要件を満たす場合は、造成宅地防災区域として指定することができる。だから、盛土の高さが5m未満であっても、盛土をした土地の面積が3,000㎡以上であり、かつ、一定の要件を満たす場合は、指定することができる。よって、「盛土の高さが5m未満の場合は、指定することができない」と言い切っている本肢は×だ。 475頁7.

正解 (4)

宅地造成工事規制区域内の宅地において、次の工事を行う場合、工事に着手する日の**14日前**までに、知事に**届け出**なければならない。

① 高さが**2m**を超える擁壁・壁面崩壊防止施設の除去工事
② 地表水等を排除するための**排水施設**の除去工事（肢(1)）
③ 地滑り抑止ぐい等の除却工事

普通　手直し

盛土規制法　[令1-19]

宅地造成及び特定盛土等規制法に関する次の記述のうち、正しいものはどれか。なお、この問において「都道府県知事」とは、地方自治法に基づく指定都市、中核市及び施行時特例市にあってはその長をいうものとする。

⑴　宅地造成等工事規制区域及び特定盛土等規制区域外において行われる宅地造成等に関する工事については、工事主は、工事に着手する日の14日前までに都道府県知事に届け出なければならない。

⑵　宅地造成等工事規制区域内において行われる宅地造成等に関する工事の許可を受けた者は、主務省令で定める軽微な変更を除き、当該許可に係る工事の計画の変更をしようとするときは、遅滞なくその旨を都道府県知事に届け出なければならない。

⑶　宅地造成等工事規制区域の指定の際に、当該宅地造成等工事規制区域内において宅地造成等に関する工事を行っている者は、当該工事について都道府県知事の許可を受ける必要はない。

⑷　都道府県知事は、基本方針に基づき、かつ、基礎調査の結果を踏まえ、宅地造成、特定盛土等又は土石の堆積に伴い災害が生ずるおそれが大きい市街地若しくは市街地となろうとする土地の区域又は集落の区域（これらの区域に隣接し、又は近接する土地の区域を含む。）であって、宅地造成等に関する工事について規制を行う必要があるものを、造成宅地防災区域として指定することができる。

届出でよいのはどれ？

講義

(1) 誤。許可や届出が必要になるのは、宅地造成等工事規制区域内や特定盛土等規制区域内だ。本肢は、宅地造成等工事規制区域及び特定盛土等規制区域「外」の話だ。だから、許可も届出も不要だ。

466頁1、473頁6.

(2) 誤。軽微な変更の場合は、遅滞なく知事に届け出なければならない。しかし、軽微でない変更の場合は、届出ではダメで、事前に知事の**許可**を受けなければならない（軽微でない変更は、別の工事を始めるのに近いから）。 471頁4. 1

(3) 正。宅地造成等工事規制区域の指定の時に、すでに工事を行っている場合、工事主は指定があった日から**21日以内**に、知事に**届け出**なければならない（許可は不要、届出でよい）。許可は不要なので、本肢は○だ。

471頁4. 2

(4) 誤。知事は、基本方針に基づき、かつ、基礎調査の結果を踏まえ、必要があると認めるときは、宅地造成または特定盛土等（**宅地**において行うものに限る）に伴う災害で相当数の居住者等に危害を生ずるものの発生のおそれが大きい一団の造成宅地（これに附帯する道路等の土地を含み、宅地造成等工事規制区域内の土地を**除く**）を**造成宅地防災区域**として指定することができる。ちなみに、本肢は宅地造成等工事規制区域の指定についての説明だ。 475頁7.

正解 (3)

1 軽微でない変更 ➡ 知事の**許可**（肢(2)）
2 軽微な変更 ➡ 知事への**届出**

注意！ 工事主・設計者・工事施行者の変更、工事の着手予定年月日・工事の完了予定年月日の変更が軽微な変更だ。

盛土規制法 【平29-20】

宅地造成及び特定盛土等規制法に関する次の記述のうち、誤っているものはどれか。なお、この問において「都道府県知事」とは、地方自治法に基づく指定都市、中核市及び施行時特例市にあってはその長をいうものとする。

(1) 都道府県知事は、宅地造成等工事規制区域内の土地で、宅地造成又は特定盛土等に伴う災害の防止のため必要な擁壁が設置されていないために、これを放置するときは、宅地造成等に伴う災害の発生のおそれが大きいと認められる場合、一定の限度のもとに、当該宅地造成等工事区域内の土地の所有者、管理者又は占有者に対して、擁壁の設置を命ずることができる。

(2) 都道府県知事は、宅地造成等工事規制区域内の土地において行われている工事の状況について、その工事が宅地造成に関する工事であるか否かにかかわらず、当該土地の所有者、管理者又は占有者に対して報告を求めることができる。

(3) 都道府県知事は、一定の場合には都道府県（指定都市、中核市又は施行時特例市の区域にあっては、それぞれ指定都市、中核市又は施行時特例市）の規則で、宅地造成等工事規制区域内において行われる宅地造成に関する工事の技術的基準を強化することができる。

(4) 宅地造成等工事規制区域内において、政令で定める技術的基準を満たす地表水等を排除するための排水施設の除却工事を行おうとする場合は、一定の場合を除き、都道府県知事への届出が必要となるが、当該技術的基準を満たす必要のない地表水等を排除するための排水施設を除却する工事を行おうとする場合は、都道府県知事に届け出る必要はない。

技術的基準を満たしているか否かは関係ない。

講義

⑴ 正。知事は、宅地造成等工事規制区域内の土地で、宅地造成または特定盛土等に伴う災害の防止のため必要な擁壁が設置されていないために、これを放置するときは、宅地造成等に伴う災害の発生のおそれが大きいと認められる場合、一定の限度のもとに、当該宅地造成等工事規制区域内の土地の所有者・管理者・占有者に対して、擁壁の設置を**命ずる**ことができる。

472頁5. 3

⑵ 正。知事は、宅地造成等工事規制区域内の土地で行われている工事の状況について、その工事が宅地造成に関する工事であるか否かにかかわらず、当該土地の所有者・管理者・占有者に対して**報告**を求めることができる。

⑶ 正。知事は、一定の場合には都道府県の規則で、工事の技術的基準を強化・付加することができる（要するに、厳しくすることができる）。

⑷ 誤。宅地造成等工事規制区域内の土地において、排水施設の除却工事を行おうとする場合には、一定の場合を除き、工事に着手する日の**14日前**までに、知事に**届け出**なければならない。たとえ、技術的基準を満たす必要のない排水施設を除却する工事であっても、この届け出は必要だ。

472頁 4

正　解　⑷

報告の徴取

知事は、宅地造成等工事規制区域内の土地の所有者・管理者・占有者に対して、➡ 当該土地または当該土地において行われている工事の状況について**報告**を求めることができる（肢⑵）。

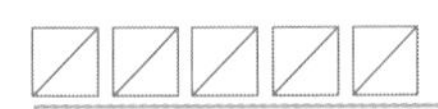

盛土規制法 [令5-19]

宅地造成及び特定盛土等規制法（以下この問において「法」という。）に関する次の記述のうち、誤っているものはどれか。なお、この問において「都道府県知事」とは、地方自治法に基づく指定都市、中核市及び施行時特例市にあってはその長をいうものとする。

(1) 都道府県知事は、宅地造成等工事規制区域内で、宅地造成又は特定盛土等に伴う災害で相当数の居住者等に危害を生ずるものの発生のおそれが大きい一団の造成宅地の区域であって一定の基準に該当するものを、造成宅地防災区域として指定することができる。

(2) 都道府県知事は、その地方の気候、風土又は地勢の特殊性により、法の規定のみによっては宅地造成、特定盛土等又は土石の堆積に伴う崖崩れ又は土砂の流出の防止の目的を達し難いと認める場合においては、都道府県（地方自治法に基づく指定都市、中核市又は施行時特例市の区域にあっては、それぞれ指定都市、中核市又は施行時特例市）の規則で、法に規定する技術的基準を強化し、又は必要な技術的基準を付加することができる。

(3) 都道府県知事は、宅地造成等工事規制区域内の土地について、宅地造成等に伴う災害を防止するために必要があると認める場合には、その土地の所有者に対して、擁壁等の設置等の措置をとることを勧告することができる。

(4) 宅地造成等工事規制区域内の土地（公共施設用地を除く。）において、雨水その他の地表水又は地下水を排除するための排水施設の除却工事を行おうとする場合は、一定の場合を除き、都道府県知事への届出が必要となる。

宅地造成等工事規制区域内に指定することはできない。

講義

(1) 誤。知事は、宅地造成等工事規制区域外で、宅地造成または特定盛土等に伴う災害で相当数の居住者等に危害を生ずるものの発生のおそれが大きい一団の造成宅地の区域であって一定の基準に該当するものを、造成宅地防災区域として指定することができる。本肢は「宅地造成等工事規制区域内で～指定することができる」とあるから×だ。 475 頁 7.

(2) 正。知事は、その地方の特殊性により、法の規定のみによっては崖崩れまたは土砂の流出の防止の目的を達し難いと認める場合には、都道府県の**規則**で、技術的基準を**強化**し、または付加することができる。

(3) 正。知事は、宅地造成等工事規制区域内の土地について、宅地造成等に伴う災害の防止のため必要があると認める場合には、その宅地の**所有者・管理者・占有者・工事主・工事施行者**に対し、擁壁等の設置等の措置をとることを**勧告**することができる。 472 頁 5. 2

(4) 正。宅地造成等工事規制区域内の土地において、排水施設の除却工事を行おうとする場合には、一定の場合を除き、工事に着手する日の **14 日**前までに、知事に**届け出**なければならない。 472 頁 4

正 解 (1)

宅地造成工事規制区域内の宅地において、次の工事を行う場合、工事に着手する日の **14 日前**までに、知事に**届け出**なければならない。

1 高さが **2 m**を超える擁壁・壁面崩壊防止施設の除去工事
2 地表水等を排除するための**排水施設**の除去工事（肢(4)）
3 地滑り抑止ぐい等の除却工事

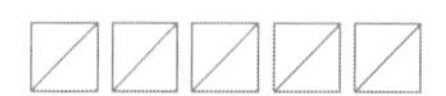

盛土規制法 [令3-19]

宅地造成及び特定盛土等規制法（以下この問において「法」という。）に関する次の記述のうち、誤っているものはどれか。なお、この問において「都道府県知事」とは、地方自治法に基づく指定都市、中核市及び施行時特例市にあってはその長をいうものとする。

⑴ 宅地造成等工事規制区域内において、宅地を造成するために切土をする土地の面積が500㎡であって盛土を生じない場合、切土をした部分に生じる崖の高さが1.5 mであれば、都道府県知事の法第12条第1項の工事の許可は不要である。

⑵ 都道府県知事は、法12条第1項の許可申請をした者に、同項の許可の処分をしたときは許可証を交付し、同項の不許可の処分をしたときは文書をもってその旨を通知しなければならない。

⑶ 都道府県知事は、一定の場合には都道府県（地方自治法に基づく指定都市、中核市又は施行時特例市の区域にあっては、それぞれ指定都市、中核市又は施行時特例市）の規則で、宅地造成等工事規制区域内において行われる宅地造成等に関する工事の技術的基準を強化し、又は付加することができる。

⑷ 都道府県知事は、基本方針に基づき、かつ、基礎調査の結果を踏まえ、宅地造成等工事規制区域内で、宅地造成又は特定盛土等（宅地において行うものに限る。）に伴う災害で相当数の居住者等に危害を生ずるものの発生のおそれが大きい一団の造成宅地の区域であって一定の基準に該当するものを、造成宅地防災区域として指定することができる。

宅地造成等工事規制区域内に指定することはできない。

講義

⑴　正。①盛土で高さが**1 m**を超えるがけを生じるもの、②切土で高さが**2 m**を超えるがけを生じるもの、③盛土と切土を同時に行い、高さが**2 m**を超えるがけを生じるもの、④盛土で高さが**2 m**を超えるもの（がけを生じない場合）、⑤①から④以外で盛土または切土をする面積が**500㎡**を超えるもののどれかに当たれば、許可が必要だ。本肢は①～⑤のどれにも当たらない。だから、許可は不要だ。

468頁⑷

⑵　正。知事は、申請者に、許可の処分をしたときは**許可証**を交付し、不許可の処分をしたときは**文書**でその旨を**通知**しなければならない。

470頁 ポイント ①

⑶　正。知事は、一定の場合には都道府県の**規則**で、宅地造成等工事規制区域内において行われる宅地造成等に関する工事の技術的基準を**強化・付加**することができる。

⑷　誤。知事は、宅地造成等工事規制区域「**外**」の造成宅地であって一定の基準に該当するものを、造成宅地防災区域として指定することができる。宅地造成等工事規制区域「内」においては、指定することはできないので、本肢は×だ。

473頁 7.

正　解　⑷

許可証の交付・不許可の通知

① 許可の処分をしたとき ➡ 知事は、申請者に**許可証**を交付しなければならない（肢⑵）。

② 不許可の処分をしたとき ➡ 知事は、申請者に**文書**でその旨を**通知**しなければならない（肢⑵）。

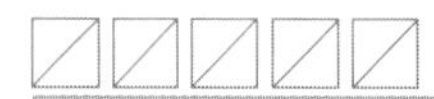

農 地 法 [平19-25]

農地法（以下この問において「法」という。）に関する次の記述のうち、正しいものはどれか。

⑴ 農業者が相続により取得した市街化調整区域内の農地を自己の住宅用地として転用する場合には、法第 4 条第 1 項の許可を受ける必要はない。

⑵ 住宅を建設する目的で市街化区域内の農地の所有権を取得するに当たって、あらかじめ農業委員会に届け出た場合には、法第５条第１項の許可を受ける必要はない。

⑶ 耕作する目的で原野の所有権を取得し、その取得後、造成して農地にする場合には、法第 3 条第 1 項の許可を受ける必要がある。

⑷ 市街化調整区域内の農地を駐車場に転用するに当たって、当該農地がすでに利用されておらず遊休化している場合には、法第 4 条第 1 項の許可を受ける必要はない。

市街化区域は、どんどん市街化したほうがいい。

講義

(1)　誤。自分の農地を、**農地以外に転用**するのだから、トーゼン４条の許可を受ける必要がある。ちなみに、農地を相続する場合は、３条の許可は不要だが、遅滞なく農業委員会に届け出る必要がある。

477 頁 2、478 頁 表の中段

(2)　正。農地を転用の目的で売る場合（転用目的権利移動の場合）は、原則として、５条の許可を受ける必要がある。しかし、例外として、その農地が**市街化区域内**にあるときは、あらかじめ**農業委員会**に**届け出**れば許可は不要だ。 479 頁 表 例外②

(3)　誤。**農地**を農地として売る場合（権利移動）は、３条の許可を受ける必要がある。本肢は、農地ではなく、原野を売っている場合なので、３条の許可を受ける必要はない。 477 頁 1、478 頁 表の上段

(4)　誤。自分の農地を、**農地以外に転用**する場合、４条の許可を受ける必要がある。そして、遊休化していても農地であることに変わりはないのだから、その農地を農地以外の駐車場に転用する場合は、トーゼン４条の許可を受ける必要がある。 477 頁 2、478 頁 表の中段

正　解　(2)

３つの**例外**

例外①　**遺産分割**・相続は許可不要（「権利移動（３条）」の場合にだけ許可不要になる）。遅滞なく農業委員会に届け出ればよい。

例外②　**市街化区域内**の農地・採草放牧地ならあらかじめ**農業委員会**に**届け出**れば許可不要（「転用（４条）」と「転用目的権利移動（５条）」の場合に許可不要になる）（肢(2)）。

例外③　お上がやること（国・都道府県等が、道路や農業用用排水施設等のために転用・取得する場合）は許可不要。

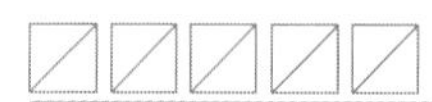

農地法 [平29-15]

農地に関する次の記述のうち、農地法（以下この問において「法」という。）の規定によれば、正しいものはどれか。

⑴　市街化区域内の農地を耕作のために借り入れる場合、あらかじめ農業委員会に届出をすれば、法第３条第１項の許可を受ける必要はない。

⑵　市街化調整区域内の４ヘクタールを超える農地について、これを転用するために所有権を取得する場合、農林水産大臣の許可を受ける必要がある。

⑶　銀行から500万円を借り入れるために農地に抵当権を設定する場合、法第３条第１項又は第５条第１項の許可を受ける必要がある。

⑷　相続により農地の所有権を取得した者は、遅滞なく、その農地の存する市町村の農業委員会にその旨を届け出なければならない。

必要なのは届出。

講義

(1) 誤。市街化区域は、どんどん市街化した方がいい。だから、市街化区域内の農地・採草放牧地は、**転用**（4条）と**転用目的権利移動**（5条）の場合は、許可は**不要**だ（農業委員会に届け出ればOK）。しかし、権利移動（3条）の場合は、市街化に役立たないから、許可が必要だ。本肢は農地を耕作のために借りる（農地を農地として借りる）場合だから、権利移動だ。だから、3条の許可が必要だ。 479頁 表 例外②

(2) 誤。転用目的権利移動（5条）の許可権者は、**知事**等だ。どんなに面積が大きくても許可権者は知事等であって、農林水産大臣ではない。

478頁 表の中段

(3) 誤。権利移動とは、所有権の移転に限らず、地上権、永小作権、賃借権、使用借権、質権の設定・移転も含む。しかし、**抵当権は含まない**。だから、農地に抵当権を設定する場合は、許可は不要だ。 477頁 1

(4) 正。**相続**によって農地を取得した場合は、許可は不要だ。ただし、遅滞なく、農業委員会に**届け出**る必要がある。 479頁 表 例外①

正　解 (4)

許可をするのは誰か？

3条　**農業委員会**

4条　**知事**等 注意！

5条　**知事**等 注意！ （肢(2)）

注意！ 大臣が指定する指定市町村以外では、知事が許可権者で、大臣が指定する指定市町村では、指定市町村長が許可権者であるという意味。

第3編 国土利用計画法／盛土規制法／農地法／土地区画整理法／その他の法令

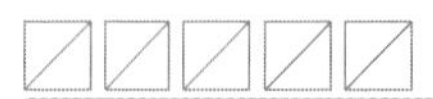

農地法 [平17-25]

農地法に関する次の記述のうち、正しいものはどれか。

⑴ 農地を一時的に資材置場に転用する場合は、いかなる場合であってもあらかじめ農業委員会に届出をすれば、農地法第4条第1項又は同法第5条第1項の許可を受ける必要はない。

⑵ 市街化区域内の農地を耕作の目的に供するために取得する場合は、あらかじめ農業委員会に届け出れば、農地法第3条第1項の許可を受ける必要はない。

⑶ 農業者が山林原野を取得して、農地として造成する場合、農地法第3条第1項の許可を受ける必要がある。

⑷ 農業者が自ら居住している住宅の改築に必要な資金を銀行から借りるため、自己所有の農地に抵当権を設定する場合、農地法第3条第1項の許可を受ける必要はない。

権利移動に当たるか？

講義

(1) 誤。一時的にせよ農地を資材置き場に転用するのだから、農地法の許可が必要だ。そして、もし、農地が**市街化区域内**にあるのなら、例外として許可は不要で、あらかじめ農業委員会に届出をすればOKだが、本肢の農地は市街化区域内にある、とは書かれていない。だから、「いかなる場合であってもあらかじめ農業委員会に届出をすれば許可を受ける必要はない」というのは×だ。 479頁 表 例外②

(2) 誤。4条の**転用**（例えば自分の農地をマンションにする場合等）や5条の**転用目的権利移動**（例えば農地をマンションにするために売る場合等）の場合は、その農地が市街化区域内にあるのなら、許可は不要であらかじめ農業委員会に届出をすればOKだ。しかし、3条の権利移動（本肢の場合のように農地を農地として売ること等）の場合は、市街化区域内にあっても、許可が必要で、あらかじめ農業委員会に届出をしてもダメである。 479頁 表 例外②

(3) 誤。農地法上の農地とは、**耕作の目的**に供される土地のことだ。山林原野は耕作の目的に供されていないから、農地ではない。だから、本肢は農地の権利移動（農地を農地として売ること）に当たらない。したがって、3条の許可は不要だ。 477頁 キーワード

(4) 正。農地に抵当権を設定しても、農家は今までどおり耕作を続けることができるから収穫高に変化はない。だから、**抵当権**を設定しても日本の農業生産力が脅かされるおそれはないので**許可は不要**だ。 477頁 1

正 解 (4)

設定や移転するのに許可が必要か？
・所有権・地上権・永小作権・賃借権・使用借権・質権 ➡ 必要
・**抵当権 ➡ 不要**（肢(4)）

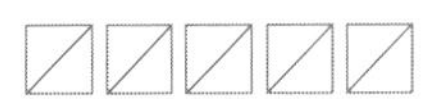

農 地 法 [平26-21]

農地法（以下この問において「法」という。）に関する次の記述のうち、正しいものはどれか。

⑴ 農地について法第３条第１項の許可があったときは所有権が移転する旨の停止条件付売買契約を締結し、それを登記原因とする所有権移転の仮登記を申請する場合には、その買受人は農業委員会に届出をしなければならない。

⑵ 市街化区域内の農地について、耕作の目的に供するために競売により所有権を取得しようとする場合には、その買受人は法第３条第１項の許可を受ける必要はない。

⑶ 農業者が住宅の改築に必要な資金を銀行から借りるために、自己所有の農地に抵当権を設定する場合には、法第３条第１項の許可を受ける必要はない。

⑷ 山林を開墾し現に農地として耕作している土地であっても、土地登記簿上の地目が山林であれば、法の適用を受ける農地とはならない。

設定しても使えない。

講義

⑴　誤。農地を農地として売る場合は、**農業委員会の許可**が必要だ。そして、「許可があったときは農地の所有権が移転する」という仮登記を申請できる。この仮登記の申請について、農業委員会に届出をする必要はない（本肢のような「仮登記をする場合には、農業委員会に届出をしなければならない」というルールはない）。

119頁 条文 1 ①

⑵　誤。**競売**によって農地を取得する場合、所有権が移転する。だから、許可が必要だ。

478頁 注!

⑶　正。権利移動とは、農地を農地として売ることだ。所有権の移転に限らず、地上権、永小作権、賃借権、使用貸借、質権の設定・移転も含む。しかし、**抵当権は含まない**。抵当権を設定しても、抵当権者は農地を使えないのだから、許可は不要なのだ。

477頁 1

⑷　誤。農地法上の農地とは、耕作の目的に供される土地のこと。登記簿の**地目は全く無関係**。だから、本肢の土地は、農地法上の農地だ。

477頁 キーワード

正　解　⑶

権利移動になるか？

1　所有権の移転　➡○

2　地上権、永小作権、賃借権、使用借権、質権の設定　➡○

3　**抵当権の設定**　➡×

➡だから、農地に抵当権を設定する場合は、許可不要（肢⑶）。

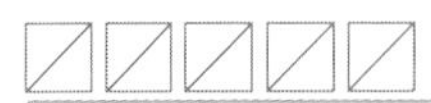

農 地 法 ［令2-21］

農地に関する次の記述のうち、農地法（以下この問において「法」という。）の規定によれば、正しいものはどれか。

⑴ 法第３条第１項の許可が必要な農地の売買については、この許可を受けずに売買契約を締結しても所有権移転の効力は生じない。

⑵ 市街化区域内の自己の農地を駐車場に転用する場合には、農地転用した後に農業委員会に届け出ればよい。

⑶ 相続により農地を取得することとなった場合には、法第３条第１項の許可を受ける必要がある。

⑷ 農地に抵当権を設定する場合には、法第３条第１項の許可を受ける必要がある。

無許可でやるとどうなる？

講義

⑴　正。３条の許可を受けずに契約を締結しても、その契約は**無効**だ。だから、所有権移転の効力は生じない。　478 頁 表の上段

⑵　誤。市街化区域内の農地なら、**あらかじめ**農業委員会に**届け出**れば４条の許可は不要だ。転用した後の届出ではダメなので、本肢は×だ。

479 頁 例外②

⑶　誤。相続によって農地を取得した場合は、３条の許可は不要だ。ただし、**遅滞なく**農業委員会に**届け出る**必要がある。　479 頁 例外①

⑷　誤。権利移動とは、所有権の移転だけではない。地上権、永小作権、賃借権、使用借権、質権の設定・移転も含む。しかし、**抵当権**は含まない。だから、農地に抵当権を設定する場合は、３条の許可は不要だ。

477 頁 1

(正　解)　⑴

届出をするのはいつ？

1　遺産分割・相続により農地を取得した場合の届出（３条の話）
　➡　**遅滞なく**農業委員会へ届出（肢⑶）。

2　市街化区域内の農地を転用・転用目的権利移動した場合の届出（４条・５条の話）
　➡　**あらかじめ**農業委員会へ届出（肢⑵）。

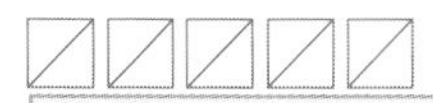

農 地 法 [平18-25]

農地法（以下この問において「法」という。）に関する次の記述のうち、正しいものはどれか。

⑴　山林を開墾し現に水田として耕作している土地であっても、土地登記簿上の地目が山林である限り、法の適用を受ける農地には当たらない。

⑵　農業者が、住宅を建設するために法第４条第１項の許可を受けた農地をその後住宅建設の工事着工前に宅地として売却する場合、改めて法第５条第１項の許可を受ける必要はない。

⑶　耕作目的で農地の売買契約を締結し、代金の支払をした場合でも、法第３条第１項の許可を受けていなければその所有権の移転の効力は生じない。

⑷　農業者が、自ら農業用倉庫として利用する目的で自己の所有する農地を転用する場合には、転用する農地の面積の規模にかかわらず、法第４条第１項の許可を受ける必要がある。

無許可でやるとドーなる？

講義

(1) 誤。農地法上の農地とは、耕作の目的に供されている土地のこと。**登記簿上の地目は無関係だ**。だから、登記記録上の地目が山林であっても現に水田として耕作している土地は農地として扱われることになる。

477 頁 キーワード

(2) 誤。住宅建設の工事を着工していないのだから、まだ農地だ。その農地を宅地として売却するのだから、結局は、**農地を宅地**として売却する場合（転用目的権利移動）にあたり、トーゼン農地法５条の**許可が必要**となる。 477 頁 3、478 頁 表の下段

(3) 正。農地法３条の許可を受けないで、契約を締結した場合、その契約は**無効**となる。 478 頁 表の上段

(4) 誤。自分の農地を、農地以外に転用するには、原則として、４条の許可が必要だ。しかし、例外として、農地を農業用倉庫のような農業用施設に転用する場合、その転用する面積が **2 アール（200㎡）未満**のときは、農地法４条の**許可は不要**となる。 479 頁 表 例外③ 注1

正　解　(3)

無許可でやるとどうなるか？

① 権利移動（３条）➡ 契約は**無効！**（肢(3)）

② 転　　用（４条）➡ **工事停止**命令（工事をやめろ！）、**原状回復**命令（もとに戻せ！）

③ 転用目的権利移動（５条）➡ 契約は**無効！**その上**工事停止**命令、**原状回復**命令

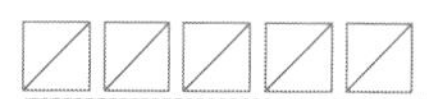

農　地　法　[平28-22]

農地に関する次の記述のうち、農地法（以下この問において「法」という。）の規定によれば、正しいものはどれか。

⑴　相続により農地を取得する場合は、法第３条第１項の許可を要しないが、相続人に該当しない者に対する特定遺贈により農地を取得する場合も、同項の許可を受ける必要はない。

⑵　法第２条第３項の農地所有適格法人の要件を満たしていない株式会社は、耕作目的で農地を借り入れることはできない。

⑶　法第３条第１項又は法第５条第１項の許可が必要な農地の売買について、これらの許可を受けずに売買契約を締結しても、その所有権の移転の効力は生じない。

⑷　農業者が、市街化調整区域内の耕作しておらず遊休化している自己の農地を、自己の住宅用地に転用する場合、あらかじめ農業委員会へ届出をすれば、法第４条第１項の許可を受ける必要がない。

無効 ➡ 所有権は移転しない。

講義

⑴　誤。相続人に対する特定遺贈（「甲農地を相続人であるＡに遺贈する」）の場合は、３条の許可は不要だ。しかし、相続人**以外**の人に対する特定遺贈の場合は、３条の許可は必要だ。ちなみに、「相続により農地を取得する場合は、３条の許可は不要だ」という前半部分の記述は正しい。

479頁 表 例外①

⑵　誤。農地所有適格法人以外の法人は、農地を所有することはできないが、一定の要件を満たせば**借りる**ことはできる。ちなみに、農地所有適格法人は、農地を所有することもできるし、借りることもできる。

⑶　正。３条または５条の許可が必要なのに、許可を受けないで契約を締結した場合、その契約は**無効**だ。だから、所有権の移転の効力は生じない。

478頁 表の上段、表の下段

⑷　誤。**市街化区域内**の農地を住宅用地（農地以外）にするのであれば、４条の許可は不要だ。しかし、本肢の農地は市街化調整区域内の農地だ。だから、原則通り、４条の許可が必要だ。 479頁 表 例外②

正　解　⑶

３条の許可は必要か？

1 相続 ➡ 不要（肢⑴）
2 遺産分割 ➡ 不要
3 包括遺贈 ➡ 不要
4 相続人に対する特定遺贈 ➡ 不要
5 相続人**以外**の人に対する特定遺贈 ➡ **必要**（肢⑴）

コメント　包括遺贈とは、相続財産の割合を指定して行う遺贈のこと（㊜「相続財産の３分の１をＡに遺贈する」）。特定遺贈とは、特定の財産を指定して行う遺贈のこと（㊜「東京都○区△丁目×番地□号の農地をＡに遺贈する」）。

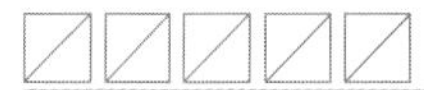

農 地 法 [平30-22]

農地法（以下この問において「法」という。）に関する次の記述のうち、正しいものはどれか。

⑴ 市街化区域内の農地を宅地とする目的で権利を取得する場合は、あらかじめ農業委員会に届出をすれば法第５条の許可は不要である。

⑵ 遺産分割により農地を取得することとなった場合、法第３条第１項の許可を受ける必要がある。

⑶ 法第２条第３項の農地所有適格法人の要件を満たしていない株式会社は、耕作目的で農地を借り入れることはできない。

⑷ 雑種地を開墾し耕作している土地でも、登記簿上の地目が雑種地である場合は、法の適用を受ける農地に当たらない。

市街化区域は、どんどん市街化した方がいい。

講義

(1)　正。農地を宅地にする目的で権利を取得する場合（転用目的権利移動の場合）は、原則として、５条の許可が必要だ。しかし、例外として、農地が**市街化区域内**にあるときは、あらかじめ農業委員会に届出をすれば５条の許可は不要だ。

479頁 表 例外②

(2)　誤。**遺産分割**によって農地を取得した場合は、３条の許可は不要だ。ただし、遅滞なく、農業委員会に届出をする必要がある。

479頁 表 例外①

(3)　誤。農地所有適格法人以外の法人でも、一定の要件を満たせば農地を**借りる**ことはできる（所有はできないが、借りることはできる）。

平成28年第22問(2)

(4)　誤。農地法上の農地とは、耕作の目的に供されている土地のこと。登記の**地目は全く無関係**。だから、本肢の土地は、農地法上の農地だ。

477頁 キーワード

正　解　(1)

Point!

	農地を所有できるか？	農地を借りることができるか？
農地所有適格法人	○	○
農地所有適格法人以外の法人	×	○ 肢(3)

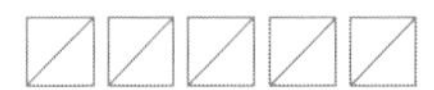

農 地 法 [平24-22]

農地法（以下この問において「法」という。）に関する次の記述のうち、誤っているものはどれか。

⑴ 登記簿上の地目が山林となっている土地であっても、現に耕作の目的に供されている場合には、法に規定する農地に該当する。

⑵ 法第３条第１項又は第５条第１項の許可が必要な農地の売買について、これらの許可を受けずに売買契約を締結しても、その所有権は移転しない。

⑶ 市街化区域内の農地について、あらかじめ農業委員会に届け出てその所有者が自ら駐車場に転用する場合には、法第４条第１項の許可を受ける必要はない。

⑷ 砂利採取法による認可を受けた砂利採取計画に従って砂利を採取するために農地を一時的に貸し付ける場合には、法第５条第１項の許可を受ける必要はない。

消去法で OK！

講義

⑴　正。農地法上の農地とは、耕作の目的に供されている土地のことだ。そして、農地か否かは現況を基準に判断される。**登記記録（登記簿）上の地目は全く無関係**だ。だから、地目が山林でも現況が農地（耕作の目的に供されている土地）なら農地法上の農地として扱われる。

477頁 キーワード

⑵　正。無許可でやったら契約は**無効**だ。だから、許可を受けずに売買契約を締結しても、農地の所有権は移転しない。

478頁 表の上段、表の下段

⑶　正。**市街化区域内**の農地なら、あらかじめ**農業委員会**に**届け出**れば、4条の許可は不要だ。 479頁 表 例外②

⑷　誤。砂利を採取するために農地を**貸し付ける**と農地が農地でなくなる（＝農業生産力が減ることになる）。だから、トーゼン許可を受ける必要がある。 477頁 3

正　解　⑷

1　**一時的**な転用　➡　4条の許可が必要
2　**一時的**な転用目的権利移動　➡　5条の許可が必要（肢⑷）。

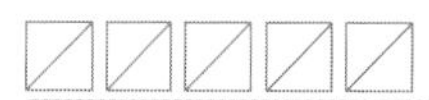

農 地 法　[平27-22]

農地に関する次の記述のうち、農地法（以下この問において「法」という。）の規定によれば、正しいものはどれか。

⑴　市街化区域内の農地を耕作目的で取得する場合には、あらかじめ農業委員会に届け出れば、法第３条第１項の許可を受ける必要はない。

⑵　農業者が自己所有の市街化区域外の農地に賃貸住宅を建設するため転用する場合は、法第４条第１項の許可を受ける必要はない。

⑶　農業者が自己所有の市街化区域外の農地に自己の居住用の住宅を建設するため転用する場合は、法第４条第１項の許可を受ける必要はない。

⑷　農業者が住宅の改築に必要な資金を銀行から借りるため、市街化区域外の農地に抵当権の設定が行われ、その後、返済が滞ったため当該抵当権に基づき競売が行われ第三者が当該農地を取得する場合であっても、法第３条第１項又は法第５条第１項の許可を受ける必要がある。

我が国の農業生産力が影響を受けるのは、いつか？

講義

(1)　誤。市街化区域内の農地・採草放牧地については、どんどん市街化した方がいいから、転用（農地法４条）と、転用目的権利移動（農地法５条）の場合は、農業委員会に届け出れば許可不要だ。しかし、**権利移動**（農地法３条）の場合には、市街化に役立たないから、許可を受ける必要がある。 479頁 表 例外②

(2)　誤。農地を農地以外（賃貸住宅）にするのだから、**転用**だ。市街化区域外にある農地なので転用する場合は、農地法４条の許可を受ける必要がある。 477頁 2、479頁 表 例外②

(3)　誤。農地を農地以外（農業者の住宅）にするのだから、**転用**だ。だから、農地法４条の許可を受ける必要がある。開発許可の話と混同してはダメ（市街化区域以外の場合、「農業者の住宅なら許可不要」となるのは、「開発許可」だ。農地法の許可ではない。ヒッカケ注意！）。

413頁 表の中段、477頁 2

(4)　正。抵当権を設定する場合には、我が国の農業生産力が影響を受けるわけではないから、許可を受ける必要はない。しかし、**競売**によって農地を取得する場合には、権利が移転することになるから、農地法３条または５条の許可を受ける**必要**がある。 477頁 2、478頁 注!

正　解　(4)

許可は必要か？

1　**抵当権**を設定　➡ 許可**不要**

2　抵当権に基づき**競売** ➡ 許可**必要**（肢(4)）

農地法 [平23-22]

農地法（以下この問において「法」という。）に関する次の記述のうち、正しいものはどれか。

⑴ 相続により農地を取得する場合は、法第３条第１項の許可を要しないが、遺産の分割により農地を取得する場合は、同項の許可を受ける必要がある。

⑵ 競売により市街化調整区域内にある農地を取得する場合は、法第３条第１項又は法第５条第１項の許可を受ける必要はない。

⑶ 農業者が、自らの養畜の事業のための畜舎を建設する目的で、市街化調整区域内にある150㎡の農地を購入する場合は、第５条第１項の許可を受ける必要がある。

⑷ 市街化区域内にある農地を取得して住宅を建設する場合は、工事完了後遅滞なく農業委員会に届け出れば、法第５条第１項の許可を受ける必要はない。

転用目的権利移動だから……。

講義

⑴ 誤。相続の場合も、**遺産分割**の場合も**許可不要**だ。ただし、遅滞なく、農業委員会に届け出る必要がある。 479 頁 表 例外①

⑵ 誤。**競売**によって農地を取得する場合も、権利が移転するのだから、**許可が必要**だ。 477 頁 1、3、478 頁 注!

⑶ 正。農地を取得して農地以外のものにするのだから、**転用目的権利移動**だ。だから、許可が必要だ。 477 頁 3

⑷ 誤。**市街化区域内**の農地なら、**あらかじめ**農業委員会に届け出れば許可不要だ（「あらかじめ」届け出る必要がある。工事完了後「遅滞なく」ではない）。 479 頁 表 例外②

正 解 ⑶

2 つの届出

1 農地を**相続・遺産分割**等によって取得した場合

➡ 3 条の許可を受ける必要はないが、**遅滞なく**、農業委員会に届け出る必要がある（注意！ 1の届出は「遅滞なく」だ）（肢⑴）。

2 **市街化区域内**の農地・採草放牧地である場合

➡ **あらかじめ**農業委員会に届け出れば 4 条または 5 条の許可を受ける必要はない（注意！ 2の届出は「あらかじめ」だ）（肢⑷）。

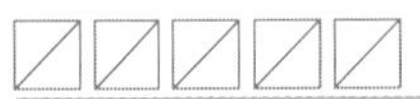

農地法 [令1-21]

農地に関する次の記述のうち、農地法（以下この問において「法」という。）の規定によれば、正しいものはどれか。

⑴ 耕作目的で原野を農地に転用しようとする場合、法第４条第１項の許可は不要である。

⑵ 金融機関からの資金借入れのために農地に抵当権を設定する場合、法第３条第１項の許可が必要である。

⑶ 市街化区域内の農地を自家用駐車場に転用する場合、法第４条第１項の許可が必要である。

⑷ 砂利採取法による認可を受けた採取計画に従って砂利採取のために農地を一時的に貸し付ける場合、法第５条第１項の許可は不要である。

農地法にとって農地以外が農地になるのは大歓迎だから、許可不要。

講義

⑴ 正。４条の許可が必要なのは、**農地を農地**以外にする場合だ。原野は農地ではないので、４条の許可は不要だ（許可が必要なのは「農地を農地以外」にする場合だ。本肢は「農地以外を農地」にする場合なので、許可は不要だ）。 478頁 表の中段

⑵ 誤。権利移動とは、所有権の移転に限らず、地上権、永小作権、賃借権、使用借権、質権の設定・移転も含む。しかし、**抵当権**は含まない。だから、農地に抵当権を設定する場合、３条の許可は不要だ。 477頁 1

⑶ 誤。農地を農地以外にする場合は、原則として、４条の許可が必要だ。しかし、例外として、**市街化区域内**の農地なら、農業委員会に届け出れば許可は不要だ。 479頁 表 例外②

⑷ 誤。「砂利採取のために農地を貸し付ける」、つまり、農地が砂利採取地になるわけだ（農地を農地以外にする場合だ）。だから、５条の許可が必要だ（なお、**一時的**であっても、農地以外にするのだから、もちろん許可が必要だ）。 478頁 表の下段

正解 ⑴

砂利採取のため（つまり農地以外になる）に農地を貸す場合
➡ ５条の許可が必要（肢⑷）。

注意！ たとえ、**一時的**であっても許可が必要。

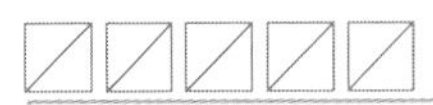

農地法 ［令3-21］

農地に関する次の記述のうち、農地法（以下この問において「法」という。）の規定によれば、誤っているものはどれか。

⑴　遺産分割によって農地を取得する場合には、法第３条第１項の許可は不要であるが、農業委員会への届出が必要である。

⑵　法第３条第１項の許可を受けなければならない場合の売買については、その許可を受けずに農地の売買契約を締結しても、所有権移転の効力は生じない。

⑶　砂利採取法第16条の認可を受けて市街化調整区域内の農地を砂利採取のために一時的に借り受ける場合には、法第５条第１項の許可は不要である。

⑷　都道府県が市街化調整区域内の農地を取得して病院を建設する場合には、都道府県知事（法第４条第１項に規定する指定市町村の区域内にあってはその長）との協議が成立すれば、法第５条第１項の許可があったものとみなされる。

農地を砂利採取地にする→農地を農地以外にするパターンだ。

講義

⑴ 正。遺産分割によって農地を取得する場合は、３条の許可は**不要**だ。ただし、遅滞なく、農業委員会に**届け出**なければならない。

479頁 例外①

⑵ 正。３条の許可を受けずに契約を締結しても、その契約は**無効**だ。だから、所有権移転の効力は生じない。 478頁 表の上段

⑶ 誤。「農地を砂利採取のために借り受ける」、つまり、農地を砂利採取地にするわけだ（農地を農地以外にするパターンだ）。だから、５条の許可が必要だ。なお、「一時的に」とあるが、**一時的**であっても、農地を農地以外にするするのだから、もちろん、５条の許可が**必要**だ。

478頁 表の下段

⑷ 正。国・都道府県等と知事等との**協議**が成立すれば、５条の許可があったものとみなされる。 479頁 表 例外③ 注2

正 解 ⑶

国・都道府県等が転用（４条）、転用目的権利移動（５条）をする場合
➡ 国・都道府県等と知事等との**協議**が成立すれば、許可があったものとみなされる（肢⑷）。

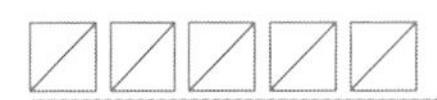

農 地 法 [令5-21]

農地に関する次の記述のうち、農地法（以下この問において「法」という。）の規定によれば、誤っているものはどれか。

(1) 相続により農地を取得する場合は、法第３条第１項の許可を要しないが、相続人に該当しない者が特定遺贈により農地を取得する場合は、同項の許可を受ける必要がある。

(2) 自己の所有する面積４アールの農地を農作物の育成又は養畜の事業のための農業用施設に転用する場合は、法第４条第１項の許可を受ける必要はない。

(3) 法第３条第１項又は法第５条第１項の許可が必要な農地の売買について、これらの許可を受けずに売買契約を締結しても、その所有権の移転の効力は生じない。

(4) 社会福祉事業を行うことを目的として設立された法人（社会福祉法人）が、農地をその目的に係る業務の運営に必要な施設の用に供すると認められる場合、農地所有適格法人でなくても、農業委員会の許可を得て、農地の所有権を取得することができる。

４条の許可が不要となるのは、転用する面積が２アール未満のときだ。

講義

⑴ 正。相続により農地を取得する場合は、3条の許可は不要だ（前半は○）また、相続人以外の者が**特定**遺贈により農地を取得する場合は、3条の許可が必要だ（後半も○）。ちなみに、相続人が**特定**遺贈により農地を取得する場合は3条の許可は不要だ。

479頁 表 例外①

⑵ 誤。農家が農地を農業用施設に転用する場合に、4条の許可が不要となるのは、転用する面積が**2アール**未満のときだ。本肢は4アールだから、4条の許可が必要だ。

479頁 例外③ 注1

⑶ 正。3条第または5条の許可を受けずに売買契約を締結しても、所有権の移転の効力は**生じない**（許可を受けずに売買契約を締結した場合、その契約は無効だ）。

478頁 表の上段、下段

⑷ 正。原則として、農地所有適格法人以外の法人は、農地の所有権を取得することはできない。しかし、例外として、**社会福祉法人**等は、一定の要件を満たせば、農地所有適格法人でなくても、農業委員会の許可を得て、農地の所有権を取得することができる。

正 解 ⑵

3条の許可が必要か？

1 相続人が包括遺贈により農地を取得 ➡ 不要
2 相続人以外が包括遺贈により農地を取得 ➡ 不要
3 相続人が特定遺贈により農地を取得 ➡ **不要**
4 相続人以外が特定遺贈により農地を取得 ➡ **必要**（肢⑴）

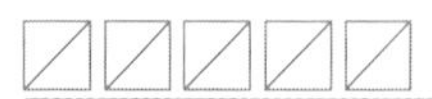

農 地 法 [令4-21]

農地に関する次の記述のうち、農地法（以下この問において「法」という。）の規定によれば、正しいものはどれか。

(1) 農地の賃貸借及び使用貸借は、その登記がなくても農地の引渡しがあったときは、これをもってその後にその農地について所有権を取得した第三者に対抗することができる。

(2) 法第２条第３項の農地所有適格法人の要件を満たしていない株式会社は、耕作目的で農地を借り入れることはできない。

(3) 法第４条第１項、第５条第１項の違反について原状回復等の措置に係る命令の対象となる者（違反転用者等）には、当該規定に違反した者又はその一般承継人は含まれるが、当該違反に係る土地について工事を請け負った者は含まれない。

(4) 法の適用については、土地の面積は、登記簿の地積によることとしているが、登記簿の地積が著しく事実と相違する場合及び登記簿の地積がない場合には、実測に基づき農業委員会が認定したところによる。

原則は登記簿の地積、例外は実測で農業委員会が認定。

講義

(1) 誤。農地の**賃貸借**は、引渡しも対抗要件に**なる**。だから、農地の賃貸借は、登記がなくても**引渡し**があったときは、その後に所有権を取得した第三者に対抗することができる。しかし、農地の使用貸借は、引渡しは対抗要件に**ならない**。だから、引渡しがあっても、第三者に対抗することはできない。ちなみに、使用貸借は、登記することができない。だから、使用貸借については、第三者に対抗する手段はないのだ。 480頁 2

(2) 誤。農地所有適格法人以外の法人は、農地の所有権を取得することは**できない**。ただし、農地を借り入れることはできる（所有はできないが、借りることはできる）。

(3) 誤。知事等は、1違反者、2違反者の一般承継人（違反者の相続人のこと）に対してだけでなく、1 2から工事を**請け負った者**に対しても、原状回復（もとに戻せ）等を命じることができる。

478頁 表の中段、表の下段

(4) 正。土地の面積は、原則として、登記簿の地積による。ただし、例外として、登記簿の地積が著しく事実と相違する場合と登記簿の地積がない場合には、実測に基づき、**農業委員会**が認定したところによる。

正 解 (4)

農地・採草放牧地の賃貸借・使用貸借の対抗要件について（肢(1)）

	登 記	引渡し
賃貸借	対抗要件になる	対抗要件に**なる**
使用貸借	そもそも登記できない	対抗要件に**ならない**

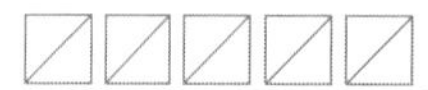

土地区画整理法 ［平28-21］

土地区画整理法に関する次の記述のうち、誤っているものはどれか。

⑴ 施行者は、換地処分を行う前において、換地計画に基づき換地処分を行うため必要がある場合においては、施行地区内の宅地について仮換地を指定することができる。

⑵ 仮換地が指定された場合においては、従前の宅地について権原に基づき使用し、又は収益することができる者は、仮換地の指定の効力発生の日から換地処分の公告がある日まで、仮換地について、従前の宅地について有する権利の内容である使用又は収益と同じ使用又は収益をすることができる。

⑶ 施行者は、仮換地を指定した場合において、特別の事情があるときは、その仮換地について使用又は収益を開始することができる日を仮換地の指定の効力発生日と別に定めることができる。

⑷ 土地区画整理組合の設立の認可の公告があった日後、換地処分の公告がある日までは、施行地区内において、土地区画整理事業の施行の障害となるおそれがある土地の形質の変更を行おうとする者は、当該土地区画整理組合の許可を受けなければならない。

許可をするのはお上。

講義

(1) 正。施行者は、換地処分を行う前において、必要がある場合には、**仮換地**を指定することができる。住民が、従前の宅地を今まで通り使っていたのでは工事にならない。そこで、住民に必要に応じて、工事のじゃまにならない場所（仮換地）に引っ越してもらうことができる、という話。

482頁(3)

(2) 正。従前の宅地について権原に基づき使用し、または収益することができる者（要するに、仮換地に引越した者）は、仮換地の指定の効力発生の日から換地処分の公告がある日まで（要するに、工事が終わるまで）、仮換地において、従前の宅地と**同じ内容の使用収益**をすることができる。

484頁4.

(3) 正。仮換地の使用収益を開始できるのは、原則として、仮換地の指定の効力発生日からだ（例えば、効力発生日が4月1日なら、4月1日から使用収益を開始することができる）。しかし、特別の事情があるときは、使用収益を開始することができる日を仮換地の指定の効力発生の日（4月1日）と別（5月1日）に定めることができる（この場合は、5月1日から使用収益を開始することができる）。

482頁(3)

(4) 誤。施行地区内においては、土地の造成（土地の区画形質の変更）は勝手にはできず、原則として、**知事等の許可**が必要だ。必要なのは、知事等の許可であって、土地区画整理組合の許可ではない。

485頁(3)

（正　解） (4)

施行地区内において、土地区画整理事業の施行の障害となるおそれがある次の①～②を行おうとする者は、**知事等の許可**を受けなければならない。

① **建物**その他の工作物の**建築**（新築・改築・増築）

② **土地の造成**（肢(4)）

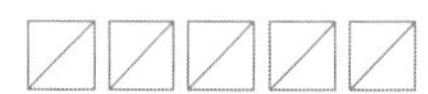

土地区画整理法 [平20-23]

土地区画整理法における仮換地指定に関する次の記述のうち、誤っているものはどれか。

⑴ 土地区画整理事業の施行者である土地区画整理組合が、施行地区内の宅地について仮換地を指定する場合、あらかじめ、土地区画整理審議会の意見を聴かなければならない。

⑵ 土地区画整理事業の施行者は、仮換地を指定した場合において、必要があると認めるときは、仮清算金を徴収し、又は交付することができる。

⑶ 仮換地が指定された場合においては、従前の宅地について権原に基づき使用し、又は収益することができる者は、仮換地の指定の効力発生の日から換地処分の公告がある日まで、仮換地について、従前の宅地について有する権利の内容である使用又は収益と同じ使用又は収益をすることができる。

⑷ 仮換地の指定を受けた場合、その処分により使用し、又は収益することができる者のなくなった従前の宅地は、当該処分により当該宅地を使用し、又は収益することができる者のなくなった時から、換地処分の公告がある日までは、施行者が管理するものとされている。

総会等の同意を得る必要はあるが……。

講義

(1)　誤。土地区画整理組合が仮換地を指定しようとする場合、あらかじめ、**総会**等の同意を得る必要はあるが、土地区画整理審議会の意見を聴く必要はない。

484 頁 (1) 表

(2)　正。施行者は、仮換地を指定した場合において、必要があると認めるときは、**仮清算金**を徴収し、または交付することができる。

(3)　正。仮換地が指定されると、従前の宅地について使用収益権を有していた者はその使用収益権を失い、従前の宅地を使用できなくなるが、代わりに、**仮換地について使用収益権**を取得することになる。

484 頁 4. (2)

(4)　正。仮換地の指定を受けた場合、その処分によって、使用収益をすることができる者のいなくなった従前の宅地は、**施行者**が管理することになる。

484 頁 上の (2)

正　解　(1)

仮換地を指定する場合の必要な手続き

1　個人の場合　➡　従前の宅地と仮換地となるべき宅地の所有者等の同意が必要。

2　土地区画整理組合の場合　➡　**総会**等の同意が必要（肢(1)）。

3　区画整理会社の場合　➡　所有者と借地権者の各 2/3 以上の同意が必要。

4　国土交通大臣・都道府県・市町村等の場合　➡　土地区画整理審議会の意見を聴く必要がある（同意は不要）。

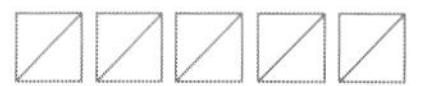

土地区画整理法 [平15-22]

土地区画整理事業の換地処分に関する次の記述のうち、土地区画整理法の規定によれば、正しいものはどれか。

⑴ 換地処分は、施行者が換地計画において定められた関係事項を公告してするものとされている。

⑵ 施行地区内の宅地について存する地役権は、行使する利益がなくなった場合を除き、換地処分に係る公告があった日の翌日以後においても、なお従前の宅地の上に存する。

⑶ 換地処分に係る公告後、従前の宅地について存した抵当権は消滅するので、換地に移行することはない。

⑷ 土地区画整理事業の施行により生じた公共施設の用に供する土地は、換地処分に係る公告があった日の翌日において、すべて市町村の管理に属する。

必要がなくなった権利は消滅する。

講義

(1) 誤。区画整理の工事が、全部の区域について完了すると、区域の全部について、換地処分（従前の宅地を換地に変更する処分）がなされるが、この換地処分は、関係権利者1人1人に対して、区画整理の施行者から一斉に**通知**するという方法で行うことになっている。公告して行うのではない。 485頁 5.

(2) 正。換地処分公告が行われると、その公告があった日の24時に**行使する利益のなくなった地役権**は、残しておいても意味がないので消滅するが、それ以外の行使する利益のある地役権は、なお従前の宅地の上に存することとなる。 486頁(1) ②

(3) 誤。換地処分の公告が行われると、その公告があった日の翌日から換地が**従前の宅地とみなされる**ことになる。だから、従前の宅地に設定されていた抵当権は、換地に移行することになる。 486頁(2) ①

(4) 誤。土地区画整理事業の施行により生じた公共施設の用に供する土地は、換地処分に係る公告があった日の翌日において、**原則**として、その**公共施設を管理すべき者**に帰属することになる。市町村に帰属するとは限らない（市町村以外に帰属することもある）ので、本肢は×だ。

486頁(2) ④

正解 (2)

- 必要がある地役権 ➡ 消滅しない（肢(2)）
- 必要がなくなった地役権 ➡ 消滅する （肢(2)）
- 抵当権 ➡ 消滅しない（肢(3)）

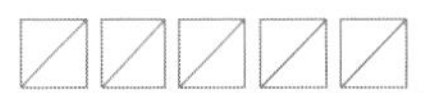

土地区画整理法 [平27-20]

土地区画整理法に関する次の記述のうち、誤っているものはどれか。

⑴ 仮換地の指定は、その仮換地となるべき土地の所有者及び従前の宅地の所有者に対し、仮換地の位置及び地積並びに仮換地の指定の効力発生の日を通知してする。

⑵ 施行地区内の宅地について存する地役権は、土地区画整理事業の施行により行使する利益がなくなった場合を除き、換地処分があった旨の公告があった日の翌日以後においても、なお従前の宅地の上に存する。

⑶ 換地計画において定められた保留地は、換地処分があった旨の公告があった日の翌日において、施行者が取得する。

⑷ 土地区画整理事業の施行により生じた公共施設の用に供する土地は、換地処分があった旨の公告があった日の翌日において、すべて市町村に帰属する。

管理すべき者。

講義

⑴ 正。仮換地の指定は、仮換地となるべき土地の所有者・従前の宅地の所有者に対し、仮換地の位置・地積・指定の効力発生日を**通知**してする。

⑵ 正。消滅するのは、必要のなくなった地役権（行使する利益のなくなった地役権）だ。**必要**な地役権（行使する利益のある地役権）は、換地処分公告の翌日以後においても、従前の宅地の上に存する。

486頁 ⑴ 2

⑶ 正。保留地とは、換地せずに取っておく土地のことだ。保留地は、換地処分の公告があった日の翌日に、**施行者**が取得する。 486頁 ⑵ 3

⑷ 誤。土地区画整理事業の施行により生じた公共施設の用に供する土地は、換地処分の公告があった日の翌日に、**原則**として、その**公共施設を管理すべき者**に帰属する。市町村に帰属するとは限らない（市町村以外に帰属することもある）ので、本肢は×だ。 486頁 ⑵ 4

正　解 ⑷

換地処分の公告があった日の翌日に生ずる効果

1 公共施設 ➡ 原則として、市町村の管理に属する。

2 公共施設の用に供する**土地** ➡ **原則**として、**公共施設を管理すべき者**に帰属する（肢⑷）。

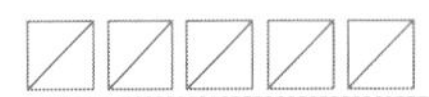

土地区画整理法 [平26-20]

土地区画整理法に関する次の記述のうち、正しいものはどれか。

⑴ 施行者は、宅地の所有者の申出又は同意があった場合においては、その宅地を使用し、又は収益することができる権利を有する者に補償をすれば、換地計画において、その宅地の全部又は一部について換地を定めないことができる。

⑵ 施行者は、施行地区内の宅地について換地処分を行うため、換地計画を定めなければならない。この場合において、当該施行者が土地区画整理組合であるときは、その換地計画について市町村長の認可を受けなければならない。

⑶ 関係権利者は、換地処分があった旨の公告があった日以降いつでも、施行地区内の土地及び建物に関する登記を行うことができる。

⑷ 土地区画整理事業の施行により公共施設が設置された場合においては、その公共施設は、換地処分があった旨の公告があった日の翌日において、原則としてその公共施設の所在する市町村の管理に属することになる。

公共施設の代表選手は道路。それをずーっと面倒を見るのは、誰が最適なのかと考える。

講義

⑴ 誤。宅地の所有者の申出または同意があった場合は、その宅地の全部または一部について換地を定めないことができる。ただし、この場合、宅地を使用または収益することができる権利を有する者（地上権者や賃借権者等のこと）がいるなら、その者の**同意**が必要だ（例えば、甲宅地の所有者がAで、甲宅地の地上権者がBだったとする。Aの申出または同意があった場合、甲宅地の換地を定めないことができるが、Bの同意も必要ということ）。必要なのは同意であって補償ではないので、本肢は×だ。

482頁⑵

⑵ 誤。施行者（区画整理を実施する主体のこと）が、①個人、②**土地区画整理組合**、③区画整理会社、④市町村、⑤機構等のときは、換地計画について、**知事**の認可を受けなければならない。市町村長の認可ではないので、本肢は×だ。

⑶ 誤。①事業の施行により土地・建物について変動があった場合、施行者は、換地処分の公告後に、遅滞なく、**変動の登記**を申請し、または嘱託しなければならない。②換地処分の公告後は、この①の変動の登記がされるまでは、原則として、**他の登記はできない**。だから、「関係権利者は、いつでも登記を行うことができる」とある本肢は×だ。 486頁⑶②

⑷ 正。公共施設は、換地処分の公告の翌日に、原則としてその公共施設の所在する**市町村**が管理することになる。 486頁⑵④

正　解 ⑷

換地処分に伴う登記

① 事業の施行により土地・建物について変動があった場合、施行者は、換地処分の公告後に、遅滞なく、**変動の登記**を申請し、または嘱託しなければならない。

② 換地処分の公告後は、①の変動の登記がされるまでは、原則として、**他の登記**は**できない**（肢⑶）。

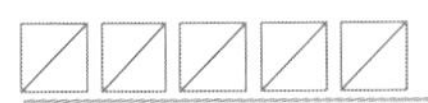

土地区画整理法 [令5-20]

土地区画整理法に関する次の記述のうち、誤っているものはどれか。

(1) 換地計画において定められた清算金は、換地処分の公告があった日の翌日において確定する。

(2) 現に施行されている土地区画整理事業の施行地区となっている区域については、その施行者の同意を得なければ、その施行者以外の者は、土地区画整理事業を施行することができない。

(3) 施行者は、換地処分の公告があった場合において、施行地区内の土地及び建物について土地区画整理事業の施行により変動があったときは、遅滞なく、その変動に係る登記を申請し、又は嘱託しなければならない。

(4) 土地区画整理組合は、仮換地を指定しようとする場合においては、あらかじめ、その指定について、土地区画整理審議会の同意を得なければならない。

組合施行の場合、土地区画整理審議会は設置されない。

講義

⑴　正。不公平をお金で清算するのが清算金だ（施行者が、得をした地主から徴収し、損をした地主に交付する）。清算金は、換地処分の**公告があった日の翌日**において確定する。　486頁⑵②

⑵　正。現に施行されている土地区画整理事業の施行地区となっている区域については、その施行者の**同意**を得なければ、その施行者以外の者は、土地区画整理事業を施行することができない。

⑶　正。施行者は、換地処分の公告があった場合において、施行地区内の土地及び建物について土地区画整理事業の施行により変動があったときは、遅滞なく、その変動に係る**登記**を申請し、または嘱託しなければならない。　486頁⑶①

⑷　誤。組合は、仮換地を指定しようとする場合、あらかじめ、その指定について、**総会**もしくはその部会または総代会の同意を得なければならない。「土地区画整理審議会の同意」ではないので本肢は×だ。

注意！　そもそも、組合施行の場合、土地区画整理審議会は設置**されない**。設置されないのだから、組合施行の問題で「土地区画整理審議会の○○を得なければならない（土地区画整理審議会の○○が必要）」とあったら、それだけで、×の肢と判断してOKだ。　484頁⑴

正　解　⑷

土地区画整理事業の重複施行の制限及び引継ぎ

① 現に施行されている土地区画整理事業の施行地区となっている区域については、その施行者の**同意**を得なければ、その施行者以外の者は、土地区画整理事業を施行することができない（肢⑵）。

② 現に施行されている土地区画整理事業の施行地区となっている区域について、①の同意を得て、新たに施行者となった者がある場合は、その土地区画整理事業は、新たに施行者となった者に**引き継がれる**。

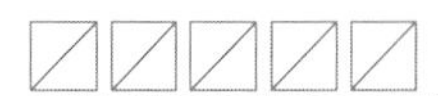

土地区画整理法 【令4-20】

次の記述のうち、土地区画整理法の規定及び判例によれば、誤っているものはどれか。

⑴ 土地区画整理組合の設立の認可の公告があった日以後、換地処分の公告がある日までは、施行地区内において、土地区画整理事業の施行の障害となるおそれがある建築物の新築を行おうとする者は、土地区画整理組合の許可を受けなければならない。

⑵ 土地区画整理組合は、定款に別段の定めがある場合においては、換地計画に係る区域の全部について工事が完了する以前においても換地処分をすることができる。

⑶ 仮換地を指定したことにより、使用し、又は収益することができる者のなくなった従前の宅地については、当該宅地を使用し、又は収益することができる者のなくなった時から換地処分の公告がある日までは、施行者が当該宅地を管理する。

⑷ 清算金の徴収又は交付に関する権利義務は、換地処分の公告によって換地についての所有権が確定することと併せて、施行者と換地処分時点の換地所有者との間に確定的に発生するものであり、換地処分後に行われた当該換地の所有権の移転に伴い当然に移転する性質を有するものではない。

許可権者は知事等だ。

講義

⑴　誤。土地区画整理組合の設立の認可の公告があった日後、換地処分の公告がある日までは、施行地区内において、建築物の建築を行おうとする者は、**知事等**の許可を受けなければならない。「土地区画整理組合」の許可ではないので、本肢は×だ。　485頁⑶

⑵　正。換地処分は、換地計画に係る区域の全部について土地区画整理事業の工事が完了した後において、遅滞なく、しなければならない。ただし、規準、規約、**定款**等に別段の定めがある場合は、換地計画に係る区域の全部について工事が完了する以前においても換地処分をすることができる。

485頁 5. 注1

⑶　正。仮換地を指定したことにより、使用収益することができる者のなくなった従前の宅地については、当該宅地を使用収益することができる者のなくなった時から換地処分の公告がある日までは、**施行者**が管理する。

484頁 上の⑵

⑷　正。換地処分の確定後に換地に所有権の移転があっても、清算金は、当然にはこれに伴って移転**しない**（たとえば、換地処分後にＡＢ間で売買が行われ、換地の所有権がＡからＢに移転しても、清算金については、Ｂに移転しない）。　486頁⑵ 2

正　解　⑴

換地処分

原　則　換地計画に係る区域の全部について土地区画整理事業の工事が完了した後において、遅滞なく、しなければならない。

例　外　規準、規約、**定款**等に別段の定めがある場合は、換地計画に係る区域の全部について工事が完了する以前においてもすることができる（肢⑵）。

土地区画整理法 [平25-20]

土地区画整理法に関する次の記述のうち、正しいものはどれか。

⑴ 個人施行者は、規準又は規約に別段の定めがある場合においては、換地計画に係る区域の全部について土地区画整理事業の工事が完了する以前においても換地処分をすることができる。

⑵ 換地処分は、施行者が換地計画において定められた関係事項を公告して行うものとする。

⑶ 個人施行者は、換地計画において、保留地を定めようとする場合においては、土地区画整理審議会の同意を得なければならない。

⑷ 個人施行者は、仮換地を指定しようとする場合においては、あらかじめ、その指定について、従前の宅地の所有者の同意を得なければならないが、仮換地となるべき宅地の所有者の同意を得る必要はない。

例外あり。

講義

(1) 正。換地処分は、原則として、工事が完了した後に行われる。しかし、例外として、規準・規約・定款等に**別段の定め**がある場合は、工事が完了する以前に換地処分をしてOKだ。 485頁5. 注1

(2) 誤。換地処分は、一人一人に対して、区画整理の施行者から一斉に**通知**するという方法で行う。公告して行うのではない。 485頁5.

(3) 誤。施行者が**個人**の場合は、保留地を定めようとするときにおいて、土地区画整理審議会の同意を得る**必要はない**。そもそも、施行者が個人・組合・区画整理会社の場合（民間施行の場合）は、土地区画整理審議会は設置されない。だから、土地区画整理審議会の同意を得るということ自体あり得ない話。ちなみに、市町村・都道府県・国土交通大臣・都市再生機構・地方住宅供給公社が保留地を定めようとする場合（公的施行の場合）は、土地区画整理審議会の同意を得る必要がある。

(4) 誤。施行者が**個人**の場合は、仮換地を指定しようとするときにおいて、従前の宅地の所有者と仮換地となるべき宅地の所有者の同意を得る**必要がある**。 484頁(1)表

正解 (1)

換地処分は、
原則 ➡ 工事が完了した後に行われる。
例外 ➡ 規準・規約・定款等に**別段の定め**がある場合は、工事が完了する以前に換地処分をすることができる（肢(1)）。

第3編 国土利用計画法／盛土規制法／農地法／土地区画整理法／その他の法令

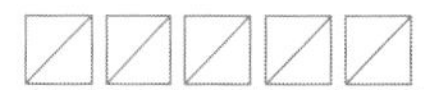

土地区画整理法 [平18-24]

土地区画整理法に関する次の記述のうち、正しいものはどれか。

⑴ 組合施行の土地区画整理事業において、施行地区内の宅地について所有権を有する組合員から当該所有権の一部のみを承継した者は、当該組合の組合員とはならない。

⑵ 組合施行の土地区画整理事業において、換地処分前に、施行地区内の宅地について所有権を有する組合員から当該所有権を譲り受けた者は、当該組合の総会において賦課金徴収の議決があったときは、賦課金の納付義務を負う。

⑶ 換地処分は、換地計画に係る区域の全部について土地区画整理事業の工事がすべて完了した後でなければすることができない。

⑷ 組合施行の土地区画整理事業において、定款に特別の定めがある場合には、換地計画において、保留地の取得を希望する宅地建物取引業者に当該保留地に係る所有権が帰属するよう定めることができる。

権利と義務はセットである。

講義

(1) 誤。組合が行う土地区画整理事業の「施行地区内の宅地について**所有権**を有する者（所有権者）」はすべて**組合員**となる。そして、施行地区内の宅地について所有権を有する者から当該所有権の一部を承継した者も「施行地区内の宅地について所有権を有する者」なのだから、トーゼン組合員となる。

482 頁 (5) ポイント②

(2) 正。施行地区内の宅地について所有権を有する組合員から当該所有権を譲り受けた者は、**賦課金**を納付する義務を負う。ちなみに、賦課金とは、土地区画整理事業の経費として使われるお金のことだ。

(3) 誤。換地処分は、工事がすべて完了した後にしなければならないのが原則だが、例外として、定款等に**別段の定め**がある場合は、**工事完了以前**に換地処分をすることができる。

485 頁 5. 注1

(4) 誤。**保留地**は換地処分の公告があった日の翌日に、**施行者が取得する**ことになっている。そして、定款等で別段の定めをすることはできない。ちなみに、保留地とは換地せずに取っておく土地のことだ（売却して区画整理の費用に当てる場合が多い）。

486 頁 (2) 3

正　解 (2)

定款等で別段の定めをすることができるか？

① 「換地処分は、工事がすべて完了した後にしなければならない」というルール
➡ 定款等で別段の定めをすることができる（肢(3)）。

② 「**保留地**は換地処分の公告があった日の翌日に、**施行者が取得する**」というルール
➡ 定款等で**別段の定め**をすることはできない（肢(4)）。

土地区画整理法　[平29-21]

土地区画整理法に関する次の記述のうち、誤っているものはどれか。なお、この問において「組合」とは、土地区画整理組合をいう。

⑴　組合は、事業の完成により解散しようとする場合においては、都道府県知事の認可を受けなければならない。

⑵　施行地区内の宅地について組合員の有する所有権の全部又は一部を承継した者がある場合においては、その組合員がその所有権の全部又は一部について組合に対して有する権利義務は、その承継した者に移転する。

⑶　組合を設立しようとする者は、事業計画の決定に先立って組合を設立する必要があると認める場合においては、7人以上共同して、定款及び事業基本方針を定め、その組合の設立について都道府県知事の認可を受けることができる。

⑷　組合が施行する土地区画整理事業に係る施行地区内の宅地について借地権のみを有する者は、その組合の組合員とはならない。

所有者と借地権者は、すべて組合員になる。

講義

(1)　正。組合は、**事業の完成**により解散しようとする場合は、知事の**認可**を受けなければならない。

(2)　正。施行地区内の宅地の所有者と借地権者は、すべて組合員となる。そして、組合員の有する所有権・借地権を承継した者がある場合は、組合員が組合に対して有する権利義務は、その承継した者に**移転する**（例えば、施行地区内の宅地の売買が行われたとする。この場合、売主が組合に対して有する権利義務は、買主に移転するということ）。

(3)　正。組合を設立しようとする者は、事業計画の決定に先立って組合を設立する必要があると認める場合は、**7人**以上共同して、定款と事業基本方針を定め、組合の設立について知事の認可を受けることができる。

482頁(5)ポイント①

(4)　誤。施行地区内の宅地の所有者と**借地権者**は、すべて組合員となる。だから、借地権のみを有する者（借地権者）も、組合員になるので、本肢は×だ。

482頁(5)ポイント②

正　解　(4)

組合が次の①～③の理由によって解散する場合は、知事の**認可**を受けなければならない。

1. 総会の議決
2. 定款で定めた解散事由の発生
3. **事業の完成**または完成の不能（肢(1)）

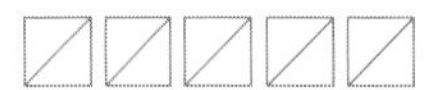

土地区画整理法 ［平30-21］

土地区画整理法に関する次の記述のうち、正しいものはどれか。

⑴　土地区画整理事業とは、公共施設の整備改善及び宅地の利用の増進を図るため、土地区画整理法で定めるところに従って行われる、都市計画区域内及び都市計画区域外の土地の区画形質の変更に関する事業をいう。

⑵　土地区画整理組合の設立の認可の公告があった日以後、換地処分の公告がある日までは、施行地区内において、土地区画整理事業の施行の障害となるおそれがある建築物その他の工作物の新築を行おうとする者は、都道府県知事及び市町村長の許可を受けなければならない。

⑶　土地区画整理事業の施行者は、仮換地を指定した場合において、従前の宅地に存する建築物を移転し、又は除却することが必要となったときは、当該建築物を移転し、又は除却することができる。

⑷　土地区画整理事業の施行者は、仮換地を指定した場合において、当該仮換地について使用又は収益を開始することができる日を当該仮換地の効力発生の日と同一の日として定めなければならない。

必要なら移転も除去もできる。

講義

(1) 誤。土地区画整理事業とは、「**都市計画区域内**」の土地について、公共施設の整備改善及び宅地の利用の増進を図るため、土地区画整理法で定めるところに従って行われる土地の区画形質の変更等に関する事業をいう（だから、都市計画区域外ではできない）。本肢は「都市計画区域内及び都市計画区域外」となっているので×だ。

(2) 誤。施行地区内においては、土地区画整理事業の施行の障害となるおそれがある建物の建築等は勝手にはできず、**知事**等（市の区域内においては**市長**）の許可が必要だ。本肢のように、知事及び市町村長の両方の許可が必要なケースはないので×だ。

485頁(3)

(3) 正。施行者は、仮換地を指定した場合において、従前の宅地に存する建物を移転し、または除却することが必要となったときは、建物を**移転**し、または**除却**することができる。

(4) 誤。仮換地の使用収益を開始することができるのは、原則として、仮換地の指定の効力発生の日からだ。しかし、特別の事情があるときは、使用収益を開始することができる日を仮換地の効力発生の日と**別**に定めることができる。たとえば、仮換地の指定の効力発生の日が４月１日なら、４月１日から使用収益を開始することができるのが原則だが、例外として、特別の事情があるときは、使用収益を開始することができる日を５月１日から（４月１日とは**別**の日から）にすることができるということ。

482頁(3)

正解 (3)

施行地区内における許可権者

1. 大臣が施行者 ➡ 大臣
2. 大臣以外が施行者で市の区域外（つまり、町村の区域内） ➡ 知事
3. 大臣以外が施行者で市の区域内 ➡ 市長

注意！ ２者（たとえば、知事と市長の両方）の許可が必要になることは**ない**（肢(2)）。

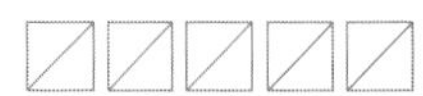

土地区画整理法 [令1-20]

土地区画整理法に関する次の記述のうち、誤っているものはどれか。

⑴ 仮換地の指定があった日後、土地区画整理事業の施行による施行地区内の土地及び建物の変動に係る登記がされるまでの間は、登記の申請人が確定日付のある書類によりその指定前に登記原因が生じたことを証明した場合を除き、施行地区内の土地及び建物に関しては他の登記をすることができない。

⑵ 施行者が個人施行者、土地区画整理組合、区画整理会社、市町村、独立行政法人都市再生機構又は地方住宅供給公社であるときは、その換地計画について都道府県知事の認可を受けなければならない。

⑶ 個人施行者以外の施行者は、換地計画を定めようとする場合においては、その換地計画を２週間公衆の縦覧に供しなければならない。

⑷ 換地処分の公告があった場合においては、換地計画において定められた換地は、その公告があった日の翌日から従前の宅地とみなされ、換地計画において換地を定めなかった従前の宅地について存する権利は、その公告があった日が終了した時において消滅する。

換地処分の公告があったら、他の登記ができない。

講義

(1) 誤。**換地処分の公告**があった日後は、土地区画整理事業の施行による施行地区内の土地及び建物の変動に係る登記がされるまでの間は、原則として、他の登記ができない。原則として、他の登記ができないのは、「**換地処分の公告**があった日後」だ。「仮換地の指定があった日後」ではないので、本肢は×だ。

486頁 (3) 2

(2) 正。施行者は、換地計画を定めなければならない。そして、施行者が個人、土地区画整理組合、区画整理会社、市町村、機構等であるときは、その換地計画について**知事の認可**を受けなければならない。

(3) 正。個人施行者**以外**の施行者は、換地計画を定めようとする場合においては、その換地計画を２週間公衆の縦覧に供しなければならない。

(4) 正。換地計画において定められた換地は、換地処分の公告があった日の翌日から、**従前の宅地**とみなされる。また、換地計画において換地を定めなかった従前の宅地について存する権利は、換地処分の公告があった日が終了した時において**消滅する**。

486頁 (2) 1

正解 (1)

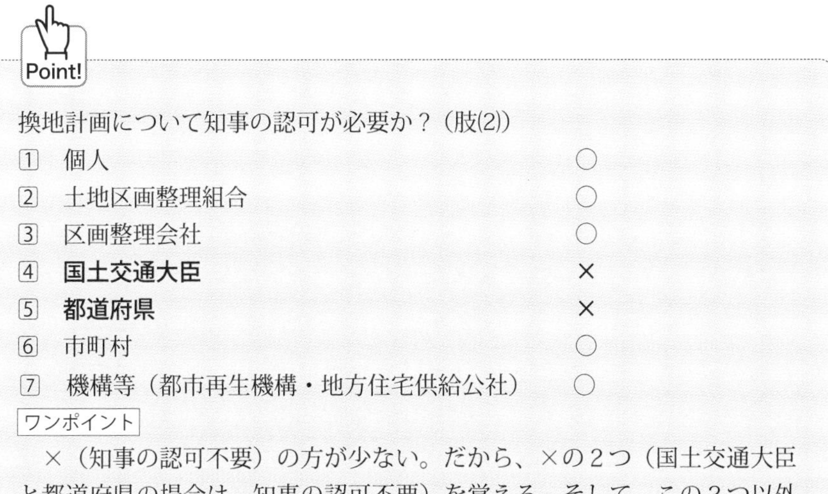

Point!

換地計画について知事の認可が必要か？（肢(2)）

1	個人	○
2	土地区画整理組合	○
3	区画整理会社	○
4	**国土交通大臣**	×
5	**都道府県**	×
6	市町村	○
7	機構等（都市再生機構・地方住宅供給公社）	○

ワンポイント

×（知事の認可不要）の方が少ない。だから、×の２つ（国土交通大臣と都道府県の場合は、知事の認可不要）を覚える。そして、この２つ以外は○だ、と覚える方が効率が良い。

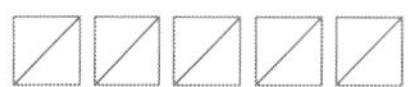

土地区画整理法 [令3-20]

土地区画整理法に関する次の記述のうち、誤っているものはどれか。

⑴ 換地計画において参加組合員に対して与えるべきものとして定められた宅地は、換地処分の公告があった日の翌日において、当該宅地の所有者となるべきものとして換地計画において定められた参加組合員が取得する。

⑵ 換地計画において換地を定める場合においては、換地及び従前の宅地の位置、地積、土質、水利、利用状況、環境等が照応するように定めなければならない。

⑶ 土地区画整理組合の設立の認可の公告があった日後、換地処分の公告がある日までは、施行地区内において、土地区画整理事業の施行の障害となるおそれがある土地の形質の変更を行おうとする者は、当該土地区画整理組合の許可を受けなければならない。

⑷ 土地区画整理組合の組合員は、組合員の３分の１以上の連署をもって、その代表者から理由を記載した書面を土地区画整理組合に提出して、理事又は監事の解任を請求することができる。

これは、お上の仕事。

講義

(1) 正。施行地区内の宅地の所有権者と借地権者は、**すべて**組合員となる(一般の組合員)。参加組合員とは、この一般の組合員以外の組合員のことだ(一般の組合員は土地区画整理事業についてはシロートだ。そこで、土地区画整理事業のプロに参加してもらうわけだ。この土地区画整理事業に参加してもらうプロのことを参加組合員という)。換地計画において参加組合員に対して与えるべきものとして定められた宅地は、換地処分の公告があった日の**翌日**において、当該宅地の所有者となるべきものとして換地計画において定められた参加組合員が取得することになる。

(2) 正。換地計画において換地を定める場合においては、換地及び従前の宅地の位置、地積、土質、水利、利用状況、環境等が**照応**するように定めなければならない（**換地照応**の原則という）。区画整理後の土地（換地）は、区画整理前の土地（従前の宅地）と、位置、地積、土質、水利、利用状況、環境等がほぼ同じようになるように定めなければならないということ。

(3) 誤。土地区画整理組合の設立の認可の公告があった日後、換地処分の公告がある日までは、施行地区内において、土地の造成（土地の形質の変更）を行おうとする者は、**知事等**の許可を受けなければならない。「土地区画整理組合」の許可ではないので、本肢は×だ。 485頁(3)

(4) 正。土地区画整理組合には、役員として、理事と監事が置かれる。組合員は、組合員の**3分の1**以上の連署をもって、その代表者から理由を記載した書面を土地区画整理組合に提出して、理事または監事の解任を請求することができる。

正解 (3)

参加組合員（肢(1)）

1 施行地区内の宅地の所有権者と借地権者は、**すべて**組合員となる（一般の組合員）。

2 1の組合員（一般の組合員）以外の組合員のことを参加組合員という。

3 参加組合員となるのは、**都市再生機構、地方住宅供給公社**等であって、組合が参加することを希望し、**定款**で定められたものだ。

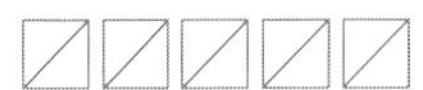

土地区画整理法 【令2-20】

土地区画整理組合（以下この問において「組合」という。）に関する次の記述のうち、土地区画整理法の規定によれば、正しいものはどれか。

⑴　組合の設立認可を申請しようとする者は、施行地区となるべき区域内の宅地について借地権を有するすべての者の３分の２以上の同意を得なければならないが、未登記の借地権を有する者の同意を得る必要はない。

⑵　組合の総会の会議は、定款に特別な定めがある場合を除くほか、組合員の半数以上が出席しなければ開くことができない。

⑶　組合が賦課金を徴収する場合、賦課金の額は、組合員が施行地区内に有する宅地又は借地の地積等にかかわらず一律に定めなければならない。

⑷　組合の施行する土地区画整理事業に参加することを希望する者のうち、当該土地区画整理事業に参加するのに必要な資力及び信用を有する者であって定款で定められたものは、参加組合員として組合員となる。

定数は半数以上。

講義

(1) 誤。組合の設立認可を申請しようとする者は、施行地区となるべき区域内の宅地について 1 所有権を有する者の３分の２以上の同意と 2 借地権を有する者（**未登記**で、市町村長に対し借地権の種類等を申告した者を**含む**）の**３分の２以上**の同意を得なければならない。

(2) 正。総会の会議は、定款に特別の定めがある場合を除くほか、組合員の**半数**以上が出席しなければ開くことができない。

(3) 誤。賦課金の額は、組合員が施行地区内に有する宅地または借地の位置、地積等を考慮して**公平**に定めなければならない。「一律に」ではないので本肢は×だ。

(4) 誤。**都市再生機構**、地方住宅供給公社その他政令で定める者であって、組合が都市計画事業として施行する土地区画整理事業に参加することを希望し、定款で定められたものは、参加組合員となる。つまり、参加組合員になれるのは、都市再生機構、地方住宅供給公社等だ。たとえ、資力と信用を有する者であっても都市再生機構、地方住宅供給公社等でなければ参加組合員にはなれないので本肢は×だ。

以上全体につき、[テ] 482 頁以下

正　解 (2)

賦課金の額
➡ 宅地または借地の位置、地積等を考慮して**公平**に定めなければならない（肢(3)）。

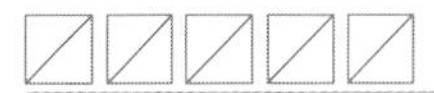

その他の法令 【平25-22】

次の記述のうち、正しいものはどれか。

⑴　地すべり等防止法によれば、地すべり防止区域内において、地表水を放流し、又は停滞させる行為をしようとする者は、一定の場合を除き、市町村長の許可を受けなければならない。

⑵　国土利用計画法によれば、甲県が所有する都市計画区域内の7,000㎡の土地を甲県から買い受けた者は、事後届出を行う必要はない。

⑶　土壌汚染対策法によれば、形質変更時要届出区域内において土地の形質の変更をしようとする者は、非常災害のために必要な応急措置として行う行為であっても、都道府県知事に届け出なければならない。

⑷　河川法によれば、河川区域内の土地において工作物を新築し、改築し、又は除却しようとする者は、河川管理者と協議をしなければならない。

国や地方公共団体がからめば……。

講義

⑴ 誤。このテの問題は、誰の許可（届出）が必要なのかがポイントだ。地すべり等防止法の場合、必要なのは**知事の許可**だ。 488頁 2

⑵ 正。契約当事者の一方または双方が国または**地方公共団体**（都道府県と市町村のこと）の場合、届出は不要だ。 463頁 1

⑶ 誤。形質変更時要届出区域内において、一定の行為をしようとする者は、原則として、14日前までに知事に届け出なければならない。しかし、例外として、**非常災害**のために必要な応急措置を行う場合は、この事前の届出は不要だ（ただし、土地の形質を変更した日から起算して14日以内に、知事にその旨を届け出なければならないことになっている）。

⑷ 誤。このテの問題は、誰の許可（届出）が必要なのかがポイントだ。河川法の場合、必要なのは**河川管理者の許可**だ。 487頁 5

正解 ⑵

土地の利用目的をチェックする必要がない場合には、国土利用計画法上の届出は不要。それは次の3つだ。

1 契約当事者の一方または双方が**国**または**地方公共団体**の場合（肢⑵）
2 **裁判所**の調停の場合
3 農地法3条の許可を受けた場合

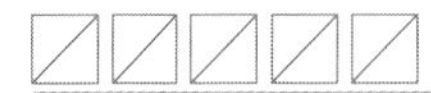

その他の法令 [平15-25]

次の記述のうち、正しいものはどれか。

⑴ 地すべり等防止法によれば、ぼた山崩壊防止区域内において、土石の採取を行おうとする者は、原則として都道府県知事の許可を受けなければならない。

⑵ 港湾法によれば、港湾区域内において、港湾の開発に著しく支障を与えるおそれのある一定の行為をしようとする者は、原則として国土交通大臣の許可を受けなければならない。

⑶ 文化財保護法によれば、史跡名勝天然記念物の保存に重大な影響を及ぼす行為をしようとする者は、原則として市町村長の許可を受けなければならない。

⑷ 自然公園法によれば、環境大臣が締結した風景地保護協定は、当該協定の公告がなされた後に当該協定の区域内の土地の所有者となった者に対しては、その効力は及ばない。

各法律の具体的内容ではなく、許可権者が誰なのかに注目せよ！

講義

(1) 正。このテの問題は、誰の許可（届出）が必要なのかがポイントだ。地すべり等防止法の場合、必要なのは**知事**の許可だ。ちなみに、急傾斜地の崩壊による災害の防止に関する法律・土砂災害警戒区域等における土砂災害防止対策の推進に関する法律の場合も必要なのは知事の許可なので、地すべり等の災害防止グループの法律の場合に必要なのは知事の許可である、と覚えておこう。それで解ける。

488 頁 2

(2) 誤。これも誰の許可（届出）が必要なのかがポイントだ。港湾法の場合、必要なのは**港湾管理者**の許可だ。国土交通大臣の許可ではない。ちなみに、海岸法の場合、必要なのは海岸管理者の許可であり、河川法の場合、必要なのは河川管理者の許可なので、海・川グループの法律（港湾法・海岸法・河川法）の場合に必要なのは「〜管理者」の許可である、と覚えておこう。それで解ける。

487 頁 8

(3) 誤。これも誰の許可（届出）が必要なのかがポイントだ。文化財保護法の場合、必要なのは**文化庁長官**の許可だ。市町村長の許可ではない。

487 頁 1

(4) 誤。締結された風景地保護協定の効力は、当該協定の公告がなされた後に当該協定の区域内の土地の所有者となった者に対しても**及ぶ**。後から所有者となった者に対しても風景地保護協定の効力が及ばないとしたら、わざわざ風景地保護協定を作った意味がなくなるからだ。風景地保護協定のことは、ほとんど全員が知らないので、この肢についてはできなくても OK だ。しかし、「自分の頭で考える力」を身につけていた人は、「**建築協定と同じ**で、後から所有者となった人にも効力が及ばないと、風景地保護協定を作った意味がなくなってしまう➡だから、風景地保護協定の場合も建築協定と同じように後から所有者となった者に対しても効力が及ぶに違いない➡したがって、及ばないとなっている本肢は×だ」というふうに考えて答えを導き出せたのではないだろうか。

正 解 (1)

とにかく、誰の許可（届出）が必要なのかを、らくらく宅建塾 481 頁、482 頁の表を利用して**丸暗記**すればよいぞ。

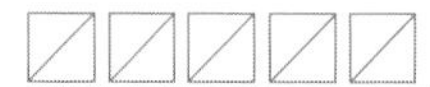

その他の法令 [平26-22]

次の記述のうち、誤っているものはどれか。

⑴　国土利用計画法によれば、同法第23条の届出に当たっては、土地売買等の対価の額についても都道府県知事（地方自治法に基づく指定都市にあっては、当該指定都市の長）に届け出なければならない。

⑵　森林法によれば、保安林において立木を伐採しようとする者は、一定の場合を除き、都道府県知事の許可を受けなければならない。

⑶　海岸法によれば、海岸保全区域内において土地の掘削、盛土又は切土を行おうとする者は、一定の場合を除き、海岸管理者の許可を受けなければならない。

⑷　都市緑地法によれば、特別緑地保全地区内において建築物の新築、改築又は増築を行おうとする者は、一定の場合を除き、公園管理者の許可を受けなければならない。

管理者。

講義

⑴ 正。権利取得者が知事に届け出るのは、①誰が（契約の両当事者）、②いくらで（**対価**の額）、③何のために（土地の利用目的）だ。対価の額も届出事項なので、本肢は○だ。 459頁 ポイント 4

⑵ 正。このテの問題は、誰の許可（届出）が必要なのかがポイントだ。森林法の場合、必要なのは**知事の許可**だ。 488頁 1

⑶ 正。このテの問題は、誰の許可（届出）が必要なのかがポイントだ。海岸法の場合、必要なのは**海岸管理者の許可**だ。 487頁 6

⑷ 誤。このテの問題は、誰の許可（届出）が必要なのかがポイントだ。都市緑地法（特別緑地保全地区）の場合、必要なのは**知事等の許可**だ。

488頁 4

正 解 (4)

誰の許可が必要か？

1 河川法 ➡ 河川**管理者**
2 海岸法 ➡ 海岸**管理者**（肢⑶）
3 道路法 ➡ 道路**管理者**
4 港湾法 ➡ 港湾**管理者**

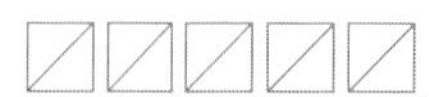

その他の法令 [平29-22]

次の記述のうち、正しいものはどれか。

(1) 津波防災地域づくりに関する法律によれば、津波防護施設区域内において土地の掘削をしようとする者は、一定の場合を除き、津波防護施設管理者の許可を受けなければならない。

(2) 国土利用計画法によれば、市街化区域内の3,000㎡の土地を贈与により取得した者は、2週間以内に、都道府県知事（地方自治法に基づく指定都市にあっては、当該指定都市の長）に届け出なければならない。

(3) 景観法によれば、景観計画区域内において建築物の新築、増築、改築又は移転をした者は、工事着手後30日以内に、その旨を景観行政団体の長に届け出なければならない。

(4) 道路法によれば、道路の区域が決定された後道路の供用が開始されるまでの間であっても、道路管理者が当該区域についての土地に関する権原を取得する前であれば、道路管理者の許可を受けずに、当該区域内において工作物を新築することができる。

管理者シリーズ。

講義

⑴　正。津波防災地域づくりに関する法律によれば、津波防護施設区域内において土地の掘削等をしようとする者は、原則として、**津波防護施設管理者の許可**を受けなければならない。

⑵　誤。タダで土地をあげるのが贈与だ。贈与は、**対価**がないから、届出不要だ。

463頁 8

⑶　誤。景観法によれば、建築物の新築等をしようとする者は、**あらかじめ**、景観行政団体の長に届け出なければならない。「あらかじめ（事前に）」届け出る必要があるので、本肢は×だ。

⑷　誤。道路法によれば、道路の区域が決定された後道路の供用が開始されるまでの間は、道路管理者が土地に関する権原を**取得する前**であっても、道路管理者の許可を受けなければ、工作物の新築等をしてはならない。

487頁 7

正　解　⑴

道路法
道路の区域が決定された後道路の供用が開始されるまでの間
➡　工作物の新築等を行う場合は、**道路管理者の許可**が必要。

注意！　道路管理者が土地に関する権原を**取得する前**であっても、許可は必要（肢⑷）。

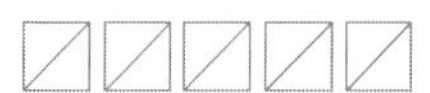

その他の法令 [平20-25]

次の記述のうち、誤っているものはどれか。

(1) 自然公園法によれば、風景地保護協定は、当該協定の公告がなされた後に当該協定の区域内の土地の所有者となった者に対しても、その効力が及ぶ。

(2) 土壌汚染対策法によれば、形質変更時要届出区域が指定された際、当該形質変更時要届出区域内で既に土地の形質の変更に着手している者は、その指定の日から起算して 14 日以内に、都道府県知事にその旨を届け出なければならない。

(3) 密集市街地における防災街区の整備の促進に関する法律によれば、防災再開発促進地区の区域内の一団の土地において、土地の所有者が一者しか存在しなくても、市町村長の認可を受ければ避難経路協定を定めることができ、当該協定はその認可の日から効力を有する。

(4) 急傾斜地の崩壊による災害の防止に関する法律によれば、傾斜度が 30 度以上である土地を急傾斜地といい、急傾斜地崩壊危険区域内において、土石の集積を行おうとする者は、原則として都道府県知事の許可を受けなければならない。

具体的内容についての問題だ。

講義

(1) 正。後から引っ越してきた人は「風景保護協定を守らなくても OK」というルールなら、風景保護協定を作った意味がなくなってしまう。だから、協定の公告の後に当該区域内の土地の所有者となった者に対しても協定の**効力が及ぶ**ことになっている。

(2) 正。形質変更要届出区域が指定された際、当該区域内で既に土地の形質の変更に着手している者は、指定の日から起算して、14 日以内に、**知事に届け出**れば OK だ（許可ではない点に注意せよ）。

(3) 誤。土地の所有者が 1 人しかいなくても、市町村長の認可を受けて避難経路協定を定めることができる（1 人協定も OK だ）。ただし、避難経路協定の場合、協定が効力を有するのは、認可の日から起算して **3 年**以内に **2 人**以上の土地所有者等がいることになった時からだ。だから、「認可の日から効力を有する」とある本肢は×だ。

(4) 正。急傾斜地の崩壊による災害の防止に関する法律の場合の許可権者は**知事**だ。だから、本肢は○だ。

以上全体につき、[図] 487 頁以下

（正 解） (3)

密集市街地整備促進法の避難経路協定

1 土地の所有者が 1 人しかいなくても、市町村長の認可を受けて避難経路協定を定めることができる。

2 1の協定が効力を有するのは、認可の日から起算して **3 年**以内に **2 人**以上の土地所有者等がいることになった時からだ（肢(3)）。

第3編　弱点表

項　目	番　号	難　度	正　解	自己採点
国土利用計画法	平 19-17	カンターン	(2)	
国土利用計画法	令　2-22	カンターン	(1)	
国土利用計画法	平 28-15	カンターン	(3)	
国土利用計画法	令　1-22	カンターン	(3)	
国土利用計画法	平 27-21	カンターン	(1)	
国土利用計画法	平 21-15	普通	(3)	
国土利用計画法	平 17-17	普通	(3)	
国土利用計画法	令　4-22	カンターン	(3)	
国土利用計画法	平 30-15	カンターン	(1)	
国土利用計画法	令　3-22	普通	(4)	
国土利用計画法	平 16-16	普通	(4)	
国土利用計画法	平 24-15	難しい	(1)	
国土利用計画法	令　5-22	カンターン	(1)	
国土利用計画法	平 23-15	普通	(3)	
盛土規制法	平 30-20	カンターン	(4)	
盛土規制法	令　2-19	普通	(3)	
盛土規制法	令　4-19	普通	(4)	
盛土規制法	令　1-19	普通	(3)	
盛土規制法	平 29-20	難しい	(4)	
盛土規制法	令　5-19	カンターン	(1)	
盛土規制法	令　3-19	カンターン	(4)	
農地法	平 19-25	普通	(2)	

農地法	平 29-15	カンターン	(4)	
農地法	平 17-25	普通	(4)	
農地法	平 26-21	カンターン	(3)	
農地法	令 2-21	カンターン	(1)	
農地法	平 18-25	カンターン	(3)	
農地法	平 28-22	カンターン	(3)	
農地法	平 30-22	カンターン	(1)	
農地法	平 24-22	普通	(4)	
農地法	平 27-22	普通	(4)	
農地法	平 23-22	普通	(3)	
農地法	令 1-21	カンターン	(1)	
農地法	令 3-21	カンターン	(3)	
農地法	令 5-21	カンターン	(2)	
農地法	令 4-21	難しい	(4)	
土地区画整理法	平 28-21	カンターン	(4)	
土地区画整理法	平 20-23	難しい	(1)	
土地区画整理法	平 15-22	普通	(2)	
土地区画整理法	平 27-20	普通	(4)	
土地区画整理法	平 26-20	普通	(4)	
土地区画整理法	令 5-20	普通	(4)	
土地区画整理法	令 4-20	普通	(1)	
土地区画整理法	平 25-20	難しい	(1)	
土地区画整理法	平 18-24	普通	(2)	
土地区画整理法	平 29-21	普通	(4)	

土地区画整理法	平 30-21	難しい	(3)	
土地区画整理法	令　1-20	難しい	(1)	
土地区画整理法	令　3-20	普通	(3)	
土地区画整理法	令　2-20	難しい	(2)	
その他の法令	平 25-22	普通	(2)	
その他の法令	平 15-25	普通	(1)	
その他の法令	平 26-22	普通	(4)	
その他の法令	平 29-22	難しい	(1)	
その他の法令	平 20-25	難しい	(3)	

4

第 4 編

住宅金融支援機構

公 示 価 格

不動産の鑑定評価の方法

不当景品類及び不当表示防止法

土地・建物

統　計

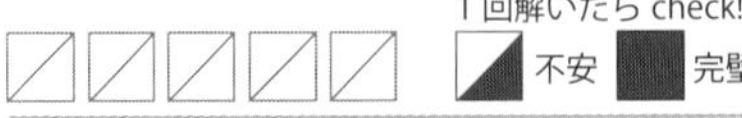

住宅金融支援機構 [平25-46]

独立行政法人住宅金融支援機構（以下この問において「機構」という。）に関する次の記述のうち、誤っているものはどれか。

(1) 機構は、住宅の建設又は購入に必要な資金の貸付けに係る金融機関の貸付債権の譲受けを業務として行っているが、当該住宅の建設又は購入に付随する土地又は借地権の取得に必要な資金の貸付けに係る貸付債権については、譲受けの対象としていない。

(2) 機構は、災害により、住宅が滅失した場合において、それに代わるべき建築物の建設又は購入に必要な資金の貸付けを業務として行っている。

(3) 機構は、貸付けを受けた者とあらかじめ契約を締結して、その者が死亡した場合に支払われる生命保険の保険金を当該貸付けに係る債務の弁済に充当する団体信用生命保険に関する業務を行っている。

(4) 機構が証券化支援事業（買取型）により譲り受ける貸付債権は、自ら居住する住宅又は自ら居住する住宅以外の親族の居住の用に供する住宅を建設し、又は購入する者に対する貸付けに係るものでなければならない。

住宅には、土地や借地権も必要だ。

講義

⑴　誤。住宅の建設・購入に**付随する土地・借地権**の取得に必要な資金の貸付けに係る貸付債権も、譲受けの対象だ。　492 頁 注! ①

⑵　正。機構は、原則として、直接融資はしてくれない。しかし、例外として、**災害**がらみの場合は、直接融資をしてくれる（貸付けを業務として行っている）。だから、本肢は○だ。　494 頁 ⑴

⑶　正。機構は、**団体信用生命保険**に関する業務を行っている。ちなみに、団体信用生命保険とは、ローンを組んだ人が死亡した場合等に、ローンがチャラになる保険のことだ。　495 頁 4. 2

⑷　正。機構が証券化支援事業（買取型）により譲り受ける貸付債権は、1 **自ら居住**する住宅または、2 **親族の居住**の用に供する住宅を建設・購入する者に対する貸付けに係るものでなければならない。

正　解　⑴

貸付債権が譲受けの対象となるか？

1　住宅の建設・購入に必要な資金 ➡ なる。

2　住宅の建設・購入に**付随する土地・借地権**の取得に必要な資金 ➡ なる（肢⑴）。

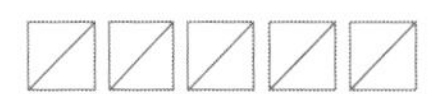

住宅金融支援機構 [平30-46]

独立行政法人住宅金融支援機構（以下この問において「機構」という。）に関する次の記述のうち、誤っているものはどれか。

⑴ 機構は、住宅の建設又は購入に必要な資金の貸付けに係る金融機関の貸付債権の譲受けを業務として行っているが、当該住宅の建設又は購入に付随する土地又は借地権の取得に必要な資金の貸付けに係る金融機関の貸付債権については、譲受けの対象としていない。

⑵ 機構は、金融機関による住宅資金の供給を支援するため、金融機関が貸し付けた住宅ローンについて、住宅融資保険を引き受けている。

⑶ 機構は、証券化支援事業（買取型）において、ＭＢＳ（資産担保証券）を発行することにより、債券市場（投資家）から資金を調達している。

⑷ 機構は、高齢者の家庭に適した良好な居住性能及び居住環境を有する住宅とすることを主たる目的とする住宅の改良（高齢者が自ら居住する住宅について行うものに限る。）に必要な資金の貸付けを業務として行っている。

住宅のための土地や借地権もOK。

講義

⑴　誤。住宅の建設・購入のための貸付債権は譲受けの対象だ（前半は○）。そして、住宅の建設・購入に**付随する土地・借地権**の取得のための貸付債権も譲受けの対象だ（後半が×）。　492頁 注! ①

⑵　正。機構は、金融機関による住宅資金の供給を支援するため、金融機関が貸し付けた住宅ローンについて、**住宅融資保険**を引き受けている。　495頁4. 1

⑶　正。機構は、証券化支援事業（買取型）において、「○○年かけて○○○○円を弁済してもらえる権利」と表示した証券であるＭＢＳ（**資産担保証券**）を発行することにより、債券市場（投資家）から資金を調達している。　491頁⑵

⑷　正。機構は、原則として、直接融資はしてくれない。しかし、例外として、**高齢者**に適した住宅にリフォームするための改良（**高齢者が自ら居住する**住宅について行うものに限る）に必要な資金は、直接融資をしてくれる。　494頁⑶ 2

正　解　⑴

２つの保険

機構は、次の２つの保険もやっている。

1　**住宅融資保険**（肢⑵）

2　団体信用生命保険

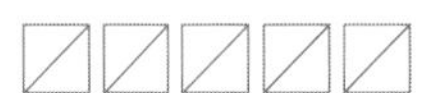

住宅金融支援機構 [令4-46]

独立行政法人住宅金融支援機構（以下この問において「機構」という。）に関する次の記述のうち、誤っているものはどれか。

⑴ 機構は、住宅の建設又は購入に必要な資金の貸付けに係る金融機関の貸付債権の譲受けを業務として行っているが、当該住宅の建設又は購入に付随する土地又は借地権の取得に必要な資金については、譲受けの対象としていない。

⑵ 機構は、団体信用生命保険業務において、貸付けを受けた者が死亡した場合のみならず、重度障害となった場合においても、支払われる生命保険の保険金を当該貸付けに係る債務の弁済に充当することができる。

⑶ 証券化支援事業（買取型）において、機構による譲受けの対象となる貸付債権の償還方法には、元利均等の方法であるものに加え、元金均等の方法であるものもある。

⑷ 機構は、証券化支援事業（買取型）において、ＭＢＳ（資産担保証券）を発行することにより、債券市場（投資家）から資金を調達している。

付随するなら対象となる。

講義

(1)　誤。住宅の建設・購入のための貸付債権は譲受けの対象だ（前半は○）。そして、住宅の建設・購入に**付随する土地・借地権**の取得のための貸付債権も譲受けの対象だ（後半が×）。　テキスト492頁 注! ①

(2)　正。団体信用生命保険とは、住宅ローンを組んだ人が、ローンの返済中に死亡したり、**重度障害**になった場合に、生命保険会社が本人の代わりに残ったローンを支払う保険のことだ。だから、機構は、貸付けを受けた者が死亡した場合だけでなく、**重度障害**となった場合においても、債務の弁済に充当することができる。　テキスト495頁 4. ちなみに

(3)　正。証券化支援事業（買取型）において、機構による譲受けの対象となる貸付債権の償還方法には、**元利均等**の方法（最後まで、毎月の返済額が同じ方法）と**元金均等**の方法（返済が進むにつれて、毎月の返済額が少なくなる方法）がある。

(4)　正。機構は、証券化支援事業（買取型）において、「○○年かけて○○円を弁済してもらえる権利」と表示した証券であるＭＢＳ（**資産担保証券**）を発行することにより、債券市場（投資家）から資金を調達している。

テキスト491頁 (2)

正　解　(1)

次の２つは、譲受けの対象となる。

1　住宅の建設・購入に**付随する土地・借地権**の取得のための貸付債権（肢(1)）

2　住宅の購入に**付随する改良**のための貸付債権

注意！　1も2も付随しない場合は、譲受けの対象とならない。

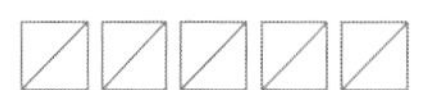

住宅金融支援機構　[平22-46]

独立行政法人住宅金融支援機構（以下この問において「機構」という。）が行う証券化支援事業（買取型）に関する次の記述のうち、誤っているものはどれか。

⑴　証券化支援事業（買取型）において、機構による買取りの対象となる貸付債権には、中古住宅の購入のための貸付債権も含まれる。

⑵　証券化支援事業（買取型）において、銀行、保険会社、農業協同組合、信用金庫、信用組合などが貸し付けた住宅ローンの債権を買い取ることができる。

⑶　証券化支援事業（買取型）の住宅ローン金利は全期間固定金利が適用され、どの取扱金融機関に申し込んでも必ず同一の金利になる。

⑷　証券化支援事業（買取型）において、機構は買い取った住宅ローン債権を担保としてＭＢＳ（資産担保証券）を発行することにより、債券市場（投資家）から資金を調達している。

金利は、金融機関が決める。

講義

⑴　正。機構による買取りの対象となる貸付債権には、**中古住宅**購入のための貸付債権も含まれる（新築住宅・中古住宅どちらでもOKだ）。

492頁 注！②

⑵　正。機構は、1 **銀行**、2 保険会社、3 農業協同組合、4 信用金庫、5 信用組合等から住宅ローンの債権を買い取ることができる。

491頁⑵

⑶　誤。住宅ローンの金利は、取扱金融機関がそれぞれ**独自に決める**。だから、「どの取扱金融機関に申し込んでも必ず同一の金利になる」わけではない。

491頁 注！

⑷　正。機構は、「○○年かけて○○○○万円を弁済してもらえる権利」と表示した証券（**資産担保証券**、通称ＭＢＳ）を作り、この証券を債券市場で売り出し、資金を調達している。

491頁⑵

正　解　⑶

住宅ローンの金利は、金融機関がそれぞれ**独自に決める**。
➡ だから、必ず同一の金利になるわけではない（肢⑶）。

第4編　住宅金融支援機構／公示価格／不動産の鑑定評価の方法／不当景品類及び不当表示防止法／土地・建物／統計

住宅金融支援機構 【平24-46】

独立行政法人住宅金融支援機構（以下この問において「機構」という。）に関する次の記述のうち、誤っているものはどれか。

⑴　機構は、証券化支援事業（買取型）において、民間金融機関から買い取った住宅ローン債権を担保としてＭＢＳ（資産担保証券）を発行している。

⑵　証券化支援事業（買取型）における民間金融機関の住宅ローン金利は、金融機関によって異なる場合がある。

⑶　機構は、証券化支援事業（買取型）における民間金融機関の住宅ローンについて、借入金の元金の返済を債務者本人の死亡時に一括して行う高齢者向け返済特例制度を設けている。

⑷　機構は、証券化支援事業（買取型）において、住宅の建設や新築住宅の購入に係る貸付債権のほか、中古住宅を購入するための貸付債権も買取りの対象としている。

対象はバリアフリー工事と耐震改修工事。

講義

(1)　正。機構は、民間金融機関から買い取った住宅ローン債権を担保としてＭＢＳ（**資産担保証券**）を発行している。例えば、Ａが住宅を購入するためにＢ銀行からお金を借りた。その結果、Ｂ銀行は「Ａから○○年かけて○○○○万円を弁済してもらえる権利」を持つことになる（住宅ローン債権）。機構は、Ｂ銀行からこの住宅ローン債権を買い取り、この債権を担保としてＭＢＳを発行している。

491頁(2)

(2)　正。住宅ローンの金利は、取扱金融機関がそれぞれ独自に決める。だから、住宅ローン金利は、金融機関によって**異なる場合がある**。

491頁 注！

(3)　誤。高齢者向け返済特例制度とは「毎月の返済は利息だけでOK、元金については死亡時に一括して返済すればOKですよ」という制度だ。この制度は、機構が高齢者に**直接融資**をした場合の話だ。証券化支援事業の場合は、この制度はないので、本肢は×だ。

494頁(4)①

(4)　正。機構による買取りの対象となる貸付債権には、**中古住宅**購入のための貸付債権も含まれる（新築住宅・中古住宅どちらでもOK）。

492頁 注！②

正解 (3)

高齢者向け返済特例制度

➡ 機構が高齢者に一定の**直接融資**をした場合の制度。

注意！　証券化支援事業には、高齢者向け返済特例制度はない（肢(3)）。

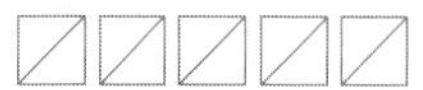

住宅金融支援機構 [平29-46]

独立行政法人住宅金融支援機構（以下この問において「機構」という。）に関する次の記述のうち、誤っているものはどれか。

⑴ 機構は、団体信用生命保険業務として、貸付けを受けた者が死亡した場合のみならず、重度障害となった場合においても、支払われる生命保険の保険金を当該貸付けに係る債務の弁済に充当することができる。

⑵ 機構は、直接融資業務において、高齢者の死亡時に一括償還をする方法により貸付金の償還を受けるときは、当該貸付金の貸付けのために設定された抵当権の効力の及ぶ範囲を超えて、弁済の請求をしないことができる。

⑶ 証券化支援業務（買取型）に係る貸付金の利率は、貸付けに必要な資金の調達に係る金利その他の事情を勘案して機構が定めるため、どの金融機関においても同一の利率が適用される。

⑷ 証券化支援業務（買取型）において、機構による譲受けの対象となる住宅の購入に必要な資金の貸付けに係る金融機関の貸付債権には、当該住宅の購入に付随する改良に必要な資金も含まれる。

正解肢はカンターンだ。

講義

(1) 正。団体信用生命保険とは、住宅ローンを組んだ人が、ローンの返済中に死亡したり、**重度障害**の状態になった場合に、ローンがチャラになる保険のことだ（残ったローンは、保険金によって支払われる）。死亡した場合のみならず、重度障害となった場合においても、ローンがチャラになる（貸付けに係る債務の弁済に充当することができる）ので、本肢は○だ。
495 頁 4．ちなみに

(2) 正。高齢者の死亡時に一括償還をする方法（「毎月の返済は利息だけでOK、元金は死亡時に一括して返済すればOKですよ」という方法）により貸付金の償還を受けるときは、抵当権の効力の及ぶ範囲を超えて、**弁済の請求をしない**ことができる（例えば、本来の請求額は 1,200 万円だが、抵当権の効力の及ぶ範囲だと 1,000 万円にしかならない場合、オマケして 1,000 万円の請求で勘弁してあげるということ）。
494 頁 (4) 1

(3) 誤。住宅ローンの金利は、取扱金融機関が独自に決める。だから、金融機関によって**異なる場合がある**（同一の利率が適用されるわけではない）。
491 頁 注!

(4) 正。単なる「改良（リフォーム）」のための貸付債権は、譲受けの対象ではない。しかし、「住宅の購入に**付随**する住宅の**改良**（購入とセットで行うリフォーム）」のための貸付債権は、譲受けの対象となる。
492 頁 注! ③

正解 (3)

次の1～3のための貸付けは、譲受けの対象となる（機構による買取りの対象となる）。

1 住宅の建設に付随する土地・借地権の取得
2 住宅の購入に付随する土地・借地権の取得
3 住宅の購入に**付随**する住宅の**改良**（肢(4)）

注意！ 「付随しない土地の取得」「付随しない借地権の取得」「付随しない改良」は、譲受けの対象とならない。

第4編 住宅金融支援機構／公示価格／不動産の鑑定評価の方法／不当景品類及び不当表示防止法／土地・建物／統計

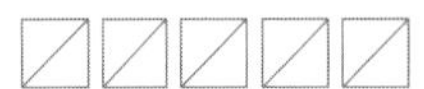

住宅金融支援機構 [平27-46]

独立行政法人住宅金融支援機構（以下この問において「機構」という。）に関する次の記述のうち、誤っているものはどれか。

⑴ 機構は、高齢者が自ら居住する住宅に対して行うバリアフリー工事又は耐震改修工事に係る貸付けについて、貸付金の償還を高齢者の死亡時に一括して行うという制度を設けている。

⑵ 証券化支援事業（買取型）において、機構による譲受けの対象となる貸付債権は、償還方法が毎月払いの元利均等の方法であるものに加え、毎月払いの元金均等の方法であるものもある。

⑶ 証券化支援事業（買取型）において、機構は、いずれの金融機関に対しても、譲り受けた貸付債権に係る元金及び利息の回収その他回収に関する業務を委託することができない。

⑷ 機構は、災害により住宅が滅失した場合におけるその住宅に代わるべき住宅の建設又は購入に係る貸付金について、一定の元金返済の据置期間を設けることができる。

プロがやるなら安心だ。

講義

⑴ 正。機構は、高齢者が**自ら居住**する住宅に対して行うバリアフリー工事または耐震改修工事に対する貸付けについて、「毎月の返済は利息だけでOK、元金については死亡時に一括して返済すればOKですよ」という制度を設けている。 494頁⑷①

⑵ 正。証券化支援事業（買取型）において、機構による譲受けの対象となる貸付債権は、償還方法が① **元利均等**の方法（最後まで、毎月の返済額が同じである方法）のものと、② **元金均等**の方法（返済が進むにつれて、毎月の返済額が少なくなる方法）のものがある。

⑶ 誤。証券化支援事業（買取型）において、機構は、一定の**金融機関**に対して、**回収に関する業務**を委託することができる。 493頁⑷

⑷ 正。機構は、**災害**により住宅が滅失した場合におけるその住宅に代わるべき住宅の建設または購入に係る貸付金について、一定の**元金返済の据置期間**（元金の返済をしないで、利息だけを返済する期間のこと）を設けることができる。 494頁⑴

正解 ⑶

業務の委託

住宅金融支援機構は、業務の一部（㊡ **回収業務**）を①**金融機関**や②地方公共団体等に委託できる（肢⑶）。

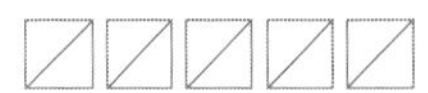

住宅金融支援機構 [平28-46]

独立行政法人住宅金融支援機構（以下この問において「機構」という。）に関する次の記述のうち、誤っているものはどれか。

⑴ 機構は、子どもを育成する家庭又は高齢者の家庭に適した良好な居住性能及び居住環境を有する賃貸住宅の建設又は改良に必要な資金の貸付けを業務として行っている。

⑵ 機構は、証券化支援事業（買取型）において、債務者又は債務者の親族が居住する住宅のみならず、賃貸住宅の建設又は購入に必要な資金の貸付けに係る金融機関の貸付債権についても譲受けの対象としている。

⑶ 機構は、証券化支援事業（買取型）において、バリアフリー性、省エネルギー性、耐震性、耐久性・可変性に優れた住宅を取得する場合に、貸付金の利率を一定期間引き下げる制度を実施している。

⑷ 機構は、マンション管理組合や区分所有者に対するマンション共用部分の改良に必要な資金の貸付けを業務として行っている。

対象となるのは，自ら居住または親族が居住。

講義

(1) 正。機構は、原則として、直接融資はしてくれない。しかし、例外として、「**子供と高齢者**（子供・高齢者に適した賃貸住宅の建設・改良資金）」等の場合は、直接融資をしてくれる。

494頁(3) 1

(2) 誤。1 債務者**自ら居住**する住宅または、2 債務者の**親族が居住**する住宅の建設・購入に必要な資金に係る貸付債権は、譲受けの対象だ（前半部分は○）。しかし、賃貸住宅の建設・購入に必要な資金の貸付けに係る貸付債権は、譲受けの対象とならない（後半部分が×）。

過 平成25年第46問(4)

(3) 正。機構は、バリアフリー性、省エネルギー性、耐震性等に優れた住宅に対して、**優良住宅取得支援制度**を設けている（要するに、金利が安い）。

(4) 正。機構は、原則として、直接融資はしてくれない。しかし、例外として、マンションの**共用部分**の改良資金の場合は、直接融資をしてくれる。

494頁(2)

正解 (2)

直接融資してくれるか？

1 マンションの**共用**部分の改良資金 ➡ ○（肢(4)）

2 マンションの**専有**部分の改良資金 ➡ ×

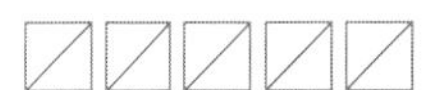

住宅金融支援機構　[令3-46]

独立行政法人住宅金融支援機構（以下この問において「機構」という。）に関する次の記述のうち、誤っているものはどれか。

⑴　機構は、証券化支援事業（買取型）において、賃貸住宅の購入に必要な資金の貸付けに係る金融機関の貸付債権を譲受けの対象としている。

⑵　機構は、市街地の土地の合理的な利用に寄与する一定の建築物の建設に必要な資金の貸付けを業務として行っている。

⑶　機構は、証券化支援事業（買取型）において、省エネルギー性に優れた住宅を取得する場合について、貸付金の利率を一定期間引き下げる制度を設けている。

⑷　機構は、経済事情の変動に伴い、貸付けを受けた者の住宅ローンの元利金の支払が著しく困難になった場合に、償還期間の延長等の貸付条件の変更を行っている。

自ら居住か、親族の居住であることが必要。

講義

(1) 誤。証券化支援事業（買取型）において、譲受けの対象となるのは、「**自ら**居住する住宅」または「**親族**の居住の用に供する住宅」の建設または購入に必要な資金の貸付に係る貸付債権だ。「賃貸住宅」の建設または購入に必要な資金は対象とならない。

(2) 正。機構は、原則として、直接融資（資金の貸付け）をしてくれない。しかし、例外として、**合理的土地利用**建築物（市街地の土地の合理的な利用に寄与する一定の建築物）の建設または購入に必要な資金については、直接融資をしてくれる。

493 頁 2.

(3) 正。機構は、証券化支援事業（買取型）において、1 バリアフリー性、2 **省エネルギー性**、3 耐震性、4 耐久性・可変性に優れた住宅を取得する場合に、貸付金の**利率**を一定期間引き下げる制度を設けている。

(4) 正。機構は、経済事情の変動に伴い、貸付けを受けた者の住宅ローンの元利金の支払が著しく困難になった場合に、償還期間の延長等の**貸付条件の変更**または延滞した元利金の支払方法の変更をすることができる。

494 頁 (4) 2

正 解 (1)

譲受けの対象となるか？

1 **自ら**居住する住宅 ➡ ○
2 **親族**の居住の用に供する住宅 ➡ ○
3 賃貸住宅 ➡ ×（肢(1)）

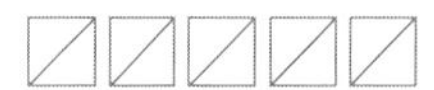

住宅金融支援機構　[令1-46]

独立行政法人住宅金融支援機構（以下この問において「機構」という。）に関する次の記述のうち、誤っているものはどれか。

⑴　機構は、証券化支援事業（買取型）において、中古住宅を購入するための貸付債権を買取りの対象としていない。

⑵　機構は、証券化支援事業（買取型）において、バリアフリー性、省エネルギー性、耐震性又は耐久性・可変性に優れた住宅を取得する場合に、貸付金の利率を一定期間引き下げる制度を実施している。

⑶　機構は、マンション管理組合や区分所有者に対するマンション共用部分の改良に必要な資金の貸付けを業務として行っている。

⑷　機構は、災害により住宅が滅失した場合において、それに代わるべき建築物の建設又は購入に必要な資金の貸付けを業務として行っている。

中古住宅購入のための貸付債権も買い取ってもらえる。

講義

(1)　誤。機構は、**中古住宅**を購入するための貸付債権も買取りの対象としている（新築住宅・中古住宅どちらでも OK）。
492 頁 注! ②

(2)　正。機構は、バリアフリー性・省エネルギー性・耐震性・耐久性・可変性に優れた住宅を取得する場合に、貸付金の**利率**を一定期間**引き下げる**制度を実施している（要するに、これらの住宅は優遇されるということ）。
平成 28 年第 46 問 (3)

(3)　正。機構は、原則として、直接融資をしてくれない（貸付けを業務として行っていない）。しかし、例外として、マンションの**共用部分**の改良資金については、直接融資をしてくれる（貸付けを業務として行っている）。
494 頁 (2)

(4)　正。機構は、原則として、直接融資をしてくれない。しかし、例外として、**災害**により住宅が滅失した場合において、それに代わるべき建築物（災害復興建築物）の建設・購入に必要な資金については、直接融資をしてくれる。
494 頁 (1)

正　解　(1)

機構は、次の 1 ～ 6 に必要な資金について直接融資をしてくれる（いずれも災害がらみ）。

1　**災害**復興建築物の建設・購入（肢(4)）
2　**被災**建築物の補修
3　**災害予防**代替建築物の建設・購入
4　**災害予防**移転建築物の移転
5　**災害予防**関連工事
6　**地震**に対する安全性の向上を主たる目的とする住宅の改良

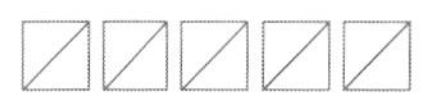

住宅金融支援機構 [令5-46]

独立行政法人住宅金融支援機構（以下この問において「機構」という。）に関する次の記述のうち、誤っているものはどれか。

⑴ 機構は、子どもを育成する家庭又は高齢者の家庭（単身の世帯を含む。）に適した良好な居住性能及び居住環境を有する賃貸住宅の建設に必要な資金の貸付けを業務として行っている。

⑵ 機構は、証券化支援事業（買取型）において、新築住宅に対する貸付債権のみを買取りの対象としている。

⑶ 機構は、証券化支援事業（買取型）において、ＺＥＨ（ネット・ゼロ・エネルギーハウス）及び省エネルギー性、耐震性、バリアフリー性、耐久性・可変性に優れた住宅を取得する場合に、貸付金の利率を一定期間引き下げる制度を実施している。

⑷ 機構は、マンション管理組合や区分所有者に対するマンション共用部分の改良に必要な資金の貸付けを業務として行っている。

新築だけでなく中古でもOKだ。

講義

⑴　正。機構は、原則として、直接融資（資金の貸付け）をしてくれない。しかし、例外として、**子ども**を育成する家庭または**高齢者**の家庭に適した賃貸住宅の建設または改良に必要な資金については、直接融資をしてくれる（資金の貸付けを業務として行っている）。 494頁⑶①

⑵　誤。証券化支援事業（買取型）において、機構による買取りの対象となる貸付債権には、**中古**住宅の購入のための貸付債権も**含まれる**（新築だけでなく中古でもOKだ）。 492頁 注! ②

⑶　正。機構は、証券化支援事業（買取型）において、ＺＥＨ（ネット・ゼロ・エネルギーハウス）及び**省エネルギー**性、耐震性、バリアフリー性、耐久性・可変性に優れた住宅を取得する場合に、貸付金の**利率**を一定期間**引き下げる**制度を実施している。ちなみに、ＺＥＨ住宅とは、消費するエネルギーと同等以上のエネルギーを生み出す住宅のことだ。たとえば、甲住宅が、太陽光発電等により、100というエネルギーを生み出す一方で、消費するエネルギーが80だったとする。この場合、生み出すエネルギーの方が消費するエネルギーを上回っているから、甲住宅はＺＥＨ住宅だ。

⑷　正。機構は、原則として、直接融資（資金の貸付け）をしてくれない。しかし、例外として、マンションの**共用部分**の改良に必要な資金ついては、直接融資をしてくれる。 494頁⑵

正解　⑵

機構による買取りの対象となるか？

① 新築住宅 ➡ ○

② 中古住宅 ➡ ○（肢⑵）

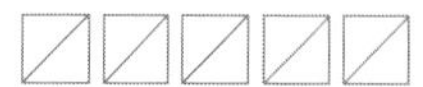

住宅金融支援機構 [令2-46]

独立行政法人住宅金融支援機構（以下この問において「機構」という。）に関する次の記述のうち、誤っているものはどれか。

⑴ 機構は、証券化支援事業（買取型）において、金融機関から買い取った住宅ローン債権を担保としてＭＢＳ（資産担保証券）を発行している。

⑵ 機構は、災害により住宅が滅失した場合におけるその住宅に代わるべき住宅の建設又は購入に係る貸付金については、元金据置期間を設けることができない。

⑶ 機構は、証券化支援事業（買取型）において、賃貸住宅の建設又は購入に必要な資金の貸付けに係る金融機関の貸付債権については譲受けの対象としていない。

⑷ 機構は、貸付けを受けた者とあらかじめ契約を締結して、その者が死亡した場合に支払われる生命保険の保険金を当該貸付けに係る債務の弁済に充当する団体信用生命保険を業務として行っている。

元金据置期間とは、利息だけ返済すればOKな期間のことだ。

講義

(1) 正。機構は、証券化支援事業（買取型）において、金融機関から買い取った住宅ローン債権を担保としてＭＢＳ（**資産担保証券**）を発行している。たとえば、Ａが住宅を購入するためにＢ銀行からお金を借りた。その結果、Ｂ銀行は「Ａから○○○○万円を○○年かけて弁済してもらう権利」を持つことになる（住宅ローン債権）。機構は、Ｂ銀行からこの債権を買い取り、これを担保としてＭＢＳ（**資産担保証券**）を発行している。
491頁(2)

(2) 誤。元金据置期間とは、元金の返済を行わず、利息だけを返済する期間のことだ。機構は、**災害**により住宅が滅失した場合におけるその住宅に代わるべき住宅の建設または購入に係る貸付金については、**元金据置期間**を設けることが**できる**。
過 平成27年第46問(4)

(3) 正。機構は、証券化支援事業（買取型）において、賃貸住宅の建設・購入に必要な資金の貸付けに係る金融機関の貸付債権については譲受けの対象と**していない**（**自ら**居住する住宅や**親族**が居住する住宅の建設・購入の場合は譲受けの対象となるが、賃貸住宅の建設・購入の場合は譲受けの対象にならない）。
過 平成28年第46問(2)

(4) 正。団体信用生命保険とは、住宅ローンを組んだ人が、ローンの返済中に死亡したり、重度障害になった場合に、生命保険会社が本人の代わりにローンを支払うという保険のことだ。機構は、**団体信用生命保険**に関する業務を行っている。
495頁4.2

正解 (2)

譲受けの対象になるか？

1 **自ら**居住する住宅 ➡ ○
2 **親族**が居住する住宅 ➡ ○
3 **賃貸**住宅 ➡ ×（肢(3)）

第4編
住宅金融支援機構／公示価格／不動産の鑑定評価の方法／不当景品類及び不当表示防止法／土地・建物／統計

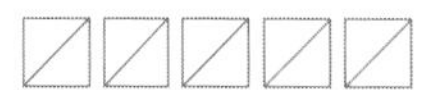

公示価格 [平18-29]

地価公示法に関する次の記述のうち、誤っているものはどれか。

⑴ 標準地の正常な価格は、土地鑑定委員会が毎年１回、２人以上の不動産鑑定士の鑑定評価を求め、その結果を審査し、必要な調整を行って判定し公示される。

⑵ 標準地の正常な価格とは、土地について、自由な取引が行われるとした場合におけるその取引において通常成立すると認められる価格をいう。

⑶ 標準地の鑑定評価は、近傍類地の取引価格から算定される推定の価格、近傍類地の地代等から算定される推定の価格及び同等の効用を有する土地の造成に要する推定の費用の額を勘案して行わなければならない。

⑷ 土地の取引を行う者は、取引の対象土地に類似する利用価値を有すると認められる標準地について公示された価格を指標として、取引を行わなければならない。

単なる努力目標か？

講義

(1) 正。標準地の正常な価格は、**土地鑑定委員会**が毎年1回、**2人以上の不動産鑑定士**の鑑定評価を求め、その結果を審査し、必要な調整を行って判定し公示される。 497頁(2)①

(2) 正。正常価格とは、投機目的などない、**自由な取引**が行われる場合に通常成立するはずの価格のことだ。ちなみに、正常価格は土地に①建物や②借地権等が存在する場合には、これらが存在しないものと仮定して（純然たる更地として）算定する。 498頁②

(3) 正。土地鑑定委員会から鑑定評価の依頼を受けた不動産鑑定士は、①近傍類地の**取引価格**②近傍類地の**地代**③同等の効用を有する土地の**造成費用**を勘案して鑑定評価を行わなければならない。 497頁(2)①

(4) 誤。土地の取引を行う者は、公示された価格を指標として「取引をするよう**努めなければならない**（単なる努力目標で強制力なし）」。公示された価格を指標として「取引を行わなければならない（強制力あり）」のではない。 499頁(1)

正　解 (4)

公示価格の効力

一般の土地取引の場合（肢(4)）➡ 公示価格を指標として取引をするよう**努めなければならない**（単なる努力目標で強制力なし）。

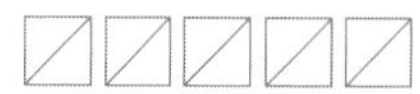

公示価格 [令4-25]

地価公示法に関する次の記述のうち、誤っているものはどれか。

⑴ 土地鑑定委員会は、標準地の正常な価格を判定したときは、標準地の単位面積当たりの価格のほか、当該標準地の地積及び形状についても官報で公示しなければならない。

⑵ 正常な価格とは、土地について、自由な取引が行われるとした場合におけるその取引（一定の場合を除く。）において通常成立すると認められる価格をいい、当該土地に建物がある場合には、当該建物が存するものとして通常成立すると認められる価格をいう。

⑶ 公示区域内の土地について鑑定評価を行う場合において、当該土地の正常な価格を求めるときは、公示価格を規準とする必要があり、その際には、当該土地とこれに類似する利用価値を有すると認められる１又は２以上の標準地との位置、地積、環境等の土地の客観的価値に作用する諸要因についての比較を行い、その結果に基づき、当該標準地の公示価格と当該土地の価格との間に均衡を保たせる必要がある。

⑷ 公示区域とは、都市計画法第４条第２項に規定する都市計画区域その他の土地取引が相当程度見込まれるものとして国土交通省令で定める区域のうち、国土利用計画法第 12 条第１項の規定により指定された規制区域を除いた区域をいう。

建物や地上権等が存在しないものと仮定して算定する。

講義

⑴　正。標準地の単位面積当たりの価格も、標準地の**地積**及び**形状**も公示事項だ。だから、土地鑑定委員会は、標準地の単位面積当たりの価格のほか、標準地の**地積**及び**形状**についても官報で公示しなければならない。

498頁⑶

⑵　誤。正常価格は、土地に建物や地上権等が存在する場合は、これらが**存在しないもの**と仮定して（純然たる更地として）算定する。

498頁 2

⑶　正。不動産鑑定士は、公示区域内の土地について鑑定評価を行う場合において、当該土地の正常な価格を求めるときは、公示価格を**規準**としなければならない（前半は○）。その際には、当該土地とこれに類似する利用価値を有すると認められる１または２以上の標準地との位置・地積・環境等の土地の客観的価値に作用する諸要因についての比較を行い、その結果に基づき、当該標準地の公示価格と当該土地の価格との間に**均衡**を保たせる必要がある（だいたい同じくらいの価格にするということ。後半も○）。

499頁⑵ 1

⑷　正。公示区域とは、土地取引が相当程度見込まれる場所のことで、都市計画区域外も含まれる（「都市計画区域その他」であるから、都市計画区域外も含まれる）が、**規制区域**は除かれる。

497頁⑴

（正　解）⑵

公示区域に含まれるか？

1　都市計画区域外　➡　○

2　規制区域　➡　×（肢⑷）

第4編　住宅金融支援機構／公示価格／不動産の鑑定評価の方法／不当景品類及び不当表示防止法／土地・建物／統計

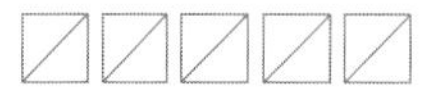

公示価格 【平21-25】

地価公示法に関する次の記述のうち、正しいものはどれか。

⑴　公示区域内の土地を対象とする鑑定評価においては、公示価格を規準とする必要があり、その際には、当該対象土地に最も近接する標準地との比較を行い、その結果に基づき、当該標準地の公示価格と当該対象土地の価格との間に均衡を保たせる必要がある。

⑵　標準地の鑑定評価は、近傍類地の取引価格から算定される推定の価格、近傍類地の地代等から算定される推定の価格及び同等の効用を有する土地の造成に要する推定の費用の額を勘案して行われる。

⑶　地価公示において判定を行う標準地の正常な価格とは、土地について、自由な取引が行われるとした場合において通常成立すると認められる価格をいい、当該土地に、当該土地の使用収益を制限する権利が存する場合には、これらの権利が存するものとして通常成立すると認められる価格をいう。

⑷　地価公示の標準地は、自然的及び社会的条件からみて類似の利用価値を有すると認められる地域において、土地の利用状況、環境等が最も優れていると認められる一団の土地について選定するものとする。

３つを勘案して行われる！

講義

⑴　誤。本肢の場合、当該対象土地とこれに「**類似する利用価値を有すると認められる**」標準地との比較を行う必要がある。当該対象土地に「最も近接する」標準地との比較を行うのではない。 499頁⑵1

⑵　正。鑑定評価は、①近傍類地の**取引価格**、②近傍類地の**地代**、③同等の効用を有する土地の**造成費用**を勘案して行われる。ちなみに、この鑑定評価を行うのは不動産鑑定士だ。 497頁⑵1

⑶　誤。正常価格は土地に、当該土地の使用収益を制限する権利（借地権等）が存在する場合には、これらが**存在しないものと仮定**して（純然たる更地として）算定する。 498頁2

⑷　誤。標準地は、土地の利用状況、環境等が「**通常**」と認められる一団の土地から選定する。「最も優れている」と認められる一団の土地から選定するのではない。ちなみに、この選定をするのは土地鑑定委員会だ。

497頁 注!

正　解　⑵

正常価格（公示価格）の決定手続き
土地鑑定委員会は、2人以上の不動産鑑定士に鑑定評価を依頼する。

↓

依頼を受けた不動産鑑定士は、
①　近傍類地の**取引価格**
②　近傍類地の**地代**
③　同等の効用を有する土地の**造成費用**
を勘案して鑑定評価を行う（肢⑵）。

↓

その鑑定評価を参考にして、土地鑑定委員会が、正常価格を決定する。

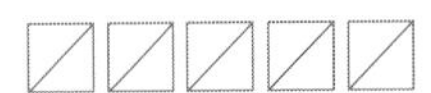

公示価格 [令1-25]

地価公示法に関する次の記述のうち、正しいものはどれか。

(1) 都市及びその周辺の地域等において、土地の取引を行う者は、取引の対象土地から最も近傍の標準地について公示された価格を指標として取引を行うよう努めなければならない。

(2) 標準地は、都市計画区域外や国土利用計画法の規定により指定された規制区域内からは選定されない。

(3) 標準地の正常な価格とは、土地について、自由な取引が行われるとした場合におけるその取引（一定の場合を除く。）において通常成立すると認められる価格をいい、当該土地に関して地上権が存する場合は、この権利が存しないものとして通常成立すると認められる価格となる。

(4) 土地鑑定委員会は、自然的及び社会的条件からみて類似の利用価値を有すると認められる地域において、土地の利用状況、環境等が特に良好と認められる一団の土地について標準地を選定する。

「存在しないもの」として算定する。

講義

⑴　誤。都市及びその周辺の地域等において、土地の取引を行なう者は、「取引の対象土地に**類似する利用価値**を有すると認められる標準地」の公示価格を指標として取引を行なうよう努めなければならない。「取引の対象土地から最も近傍の標準地」の公示価格ではないので、本肢は×だ。

499頁 ⑴

⑵　誤。標準地は都市計画区域**外**からも選定されるので、本肢は×だ。なお、規制区域内からは選定されないという点は○だ。 497頁 ⑴

⑶　正。正常な価格とは、自由な取引が行なわれるとした場合に通常成立すると認められる価格をいい、土地に地上権等が存在する場合は、これらが**存在しないもの**（純然たる更地）として通常成立すると認められる価格となる。 498頁 2

⑷　誤。土地鑑定委員会は、自然的及び社会的条件からみて類似の利用価値を有すると認められる地域において、土地の利用状況、環境等が「**通常**と認められる一団の土地」について選定する。「特に良好と認められる一団の土地」について選定するのではないので、本肢は×だ。

497頁 注!

正　解　⑶

標準地は、土地鑑定委員会が、

➡　土地の利用状況、環境等が**通常**と認められる一団の土地について選定する（肢⑷）。

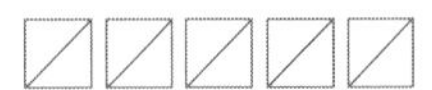

公示価格　[平14-29]

地価公示法に関する次の記述のうち、誤っているものはどれか。

(1) 都市及びその周辺の地域等において、土地の取引を行う者は、取引の対象土地に類似する利用価値を有すると認められる標準地について公示された価格を指標として取引を行うよう努めなければならない。

(2) 地価公示は、土地鑑定委員会が、毎年１回、２人以上の不動産鑑定士の鑑定評価を求め、その結果を審査し、必要な調整を行って、標準地の正常な価格を判定し、これを公示するものである。

(3) 標準地の正常な価格とは、土地について、自由な取引が行われるとした場合に通常成立すると認められる価格をいい、当該土地に地上権がある場合には、その地上権が存するものとして通常成立すると認められる価格をいう。

(4) 標準地の鑑定評価は、近傍類地の取引価格から算定される推定の価格、近傍類地の地代等から算定される推定の価格及び同等の効用を有する土地の造成に要する推定の費用の額を勘案して行われる。

土地を取引する際の参考にしてもらうためには？

講義

(1) 正。公示価格には、取引等を行う際に強制力を持つ場合とそうでない場合とがある。強制力を持つ場合は公示価格が「**規準**」となるが、強制力を持たない場合は公示価格は単なる「**指標**」となる。一般の土地取引の場合、公示価格は指標の意味しかない。 499 頁 (1)

(2) 正。地価公示を行うのは土地鑑定委員会だが、その前に**2人以上**の不動産鑑定士に鑑定評価してもらうことになっている。土地の正常な価格を示すためには、プロの判断も必要だ。 497 頁 (2)

(3) 誤。地価公示で示される土地の正常価格は、土地に建物や地上権等が存在する場合には、これらが**存在しない**ものとして（純然たる更地として）算定される。建物や地上権等があるものとして算定すると、建物の寿命や地上権の内容等によって価格がどんどん変わってしまう。これでは、土地を取引する際の指標にできないからだ。 498 頁 2

(4) 正。近傍類地の取引価格から算定される推定の価格とは、取引事例比較法によって算出された価格、近傍類地の地代等から算定される推定の価格とは、収益還元法によって算出された価格、同等の効用を有する土地の造成に要する推定の費用の額とは、原価法によって算出された価格のことだ。つまり、**鑑定評価の3方式**を全部使って鑑定評価しろということであり、正しい内容だ。 497 頁 (2) 1、500 頁

正　解 (3)

公示価格が**指標**となるのは、
➡ 一般の土地取引の場合（肢(1)）。

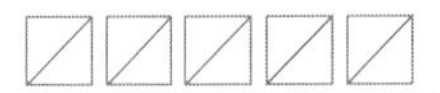

公示価格　[平23-25]

地価公示法に関する次の記述のうち、正しいものはどれか。

⑴　公示区域とは、土地鑑定委員会が都市計画法第４条第２項に規定する都市計画区域内において定める区域である。

⑵　土地収用法その他の法律によって土地を収用することができる事業を行う者は、公示区域内の土地を当該事業の用に供するため取得する場合において、当該土地の取得価格を定めるときは、公示価格を規準としなければならない。

⑶　土地の取引を行う者は、取引の対象土地に類似する利用価値を有すると認められる標準地について公示された価格を指標として取引を行わなければならない。

⑷　土地鑑定委員会が標準地の単位面積当たりの正常な価格を判定したときは、当該価格については官報で公示する必要があるが、標準地及びその周辺の土地の利用の現況については官報で公示しなくてもよい。

強制力あり。

講義

⑴　誤。公示区域とは、土地取引が相当程度見込まれる場所のことで、都市計画区域**外**も含まれる。だから、公示区域は都市計画区域**外**にも定めることができるので、本肢は×だ。ちなみに、公示区域を定めるのは国土交通大臣だ（土地鑑定委員会ではない）。

497頁⑴

⑵　正。土地を収用することができる事業を行う者は、公示区域内の土地を取得する場合において、土地の取得価格を定めるときは、公示価格を**規準としなければならない**（強制力あり）。

499頁⑵③

⑶　誤。一般の土地取引の場合は、公示価格を指標として取引するよう**努めなければならない**（単なる努力目標で強制力なし）。

499頁⑴

⑷　誤。土地鑑定委員会は、標準地の単位面積（1㎡）当たりの価格の他、標準地とその周辺の土地の**利用の現況**についても官報で公示しなければならない。

498頁⑶

（正　解）⑵

官報に公示
公示事項 ➡ 基準日（1月1日）、標準地の単位面積（1㎡）当たりの価格の他、標準地と周辺の土地の**利用現況**等を公示する（肢⑷）。

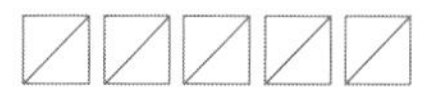

公示価格 [平27-25]

地価公示法に関する次の記述のうち、誤っているものはどれか。

⑴ 都市計画区域外の区域を公示区域とすることはできない。

⑵ 正常な価格とは、土地について、自由な取引が行われるとした場合におけるその取引において通常成立すると認められる価格をいい、この「取引」には住宅地とするための森林の取引も含まれる。

⑶ 土地鑑定委員会が標準地の単位面積当たりの正常な価格を判定する際は、二人以上の不動産鑑定士の鑑定評価を求めなければならない。

⑷ 土地鑑定委員会が標準地の単位面積当たりの正常な価格を判定したときは、標準地の形状についても公示しなければならない。

土地取引が相当程度見込まれる場所ならOK。

講義

(1) 誤。公示区域とは、土地取引が相当程度見込まれる場所のことで、都市計画区域**外**も含まれる。だから、都市計画区域外の区域を公示区域とすることができる。 497頁(1)

(2) 正。正常な価格とは、自由な取引が行われる場合に通常成立するはずの価格のことだ。この取引には、「農地・採草放牧地・森林」を「農地・採草放牧地・森林」**以外**のものとする取引が含まれる。本肢は、「森林」➡「住宅地」(=「農地・採草放牧地・森林」**以外**)のパターンだから、取引に含まれる。 498頁 2

(3) 正。土地鑑定委員会が標準地の単位面積当たりの正常な価格を判定する際は、**2人以上の不動産鑑定士**に鑑定評価を依頼しなければならない。 497頁(2) 1

(4) 正。公示事項は、1 標準地の所在、2 標準地の単位面積(1㎡)当たりの価格、3 標準地の価格判定の基準日、4 標準地の地積・**形状**、5 標準地とその周辺の土地の利用現況だ。だから、標準地の形状についても公示しなければならないので、本肢は○だ。 498頁(3)

正 解 (1)

下記の1のパターンは取引に含まれないが、2のパターンは取引に含まれる(肢(2))。

1 「農地・採草放牧地・森林」➡「農地・採草放牧地・森林」

2 「農地・採草放牧地・森林」➡「農地・採草放牧地・森林」**以外**

公示価格 [平25-25]

地価公示法に関する次の記述のうち、正しいものはどれか。

⑴ 地価公示法の目的は、都市及びその周辺の地域等において、標準地を選定し、その周辺の土地の取引価格に関する情報を公示することにより、適正な地価の形成に寄与することである。

⑵ 標準地は、土地鑑定委員会が、自然的及び社会的条件からみて類似の利用価値を有すると認められる地域において、土地の利用状況、環境等が通常と認められ、かつ、当該土地の使用又は収益を制限する権利が存しない一団の土地について選定する。

⑶ 公示価格を規準とするとは、対象土地の価格を求めるに際して、当該対象土地とこれに類似する利用価値を有すると認められる１又は２以上の標準地との位置、地積、環境等の土地の客観的価値に作用する諸要因についての比較を行い、その結果に基づき、当該標準地の公示価格と当該対象土地の価格との間に均衡を保たせることをいう。

⑷ 不動産鑑定士は、土地鑑定委員会の求めに応じて標準地の鑑定評価を行うに当たっては、近傍類地の取引価格から算定される推定の価格、近傍類地の地代等から算定される推定の価格又は同等の効用を有する土地の造成に要する推定の費用の額のいずれかを勘案してこれを行わなければならない。

難しい言い回しに惑わされなければ解ける。

講義

⑴ 誤。地価公示法の目的は、都市及びその周辺の地域等から標準地を選んで、「その土地の**正常な価格**を公示することにより」、適正な地価の形成に寄与することだ。「その周辺の土地の取引価格に関する情報を公示することにより」ではないので、本肢は×だ。 496頁1.

⑵ 誤。使用または収益を制限する権利（**借地権**等のこと）が存在する土地であっても、標準地に選定されるので、本肢は×だ。ただし、借地権等が存在する土地の場合、借地権等が**存在しないものと仮定して**（純然たる更地として）算定する。つまり、借地権等が存在する土地であっても、標準地には選定されるが、算定する際に借地権等がないものと仮定する、という話。 498頁②

⑶ 正。公示価格を規準とするとは、公示価格と対象土地の価格との間に**均衡**を保たせることをいう（だいたい同じくらいの価格にするということ）。 499頁⑵

⑷ 誤。①近傍類地の取引価格、②近傍類地の地代、③同等の効用を有する土地の造成費用の**すべて**を勘案して鑑定評価を行わなければならない。「いずれか」ではないので、本肢は×だ。 497頁⑵①

正 解 ⑶

公示価格を規準とするとは、公示価格と対象土地の価格との間に**均衡**を保たせることをいう（だいたい同じくらいの価格にするということ）（肢⑶）。

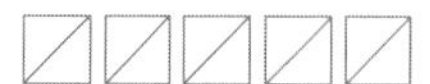

公示価格　[平26-25]

地価公示法に関する次の記述のうち、正しいものはどれか。

⑴　土地鑑定委員会は、標準地の価格の総額を官報で公示する必要はない。

⑵　土地の使用収益を制限する権利が存する土地を標準地として選定することはできない。

⑶　不動産鑑定士が土地鑑定委員会の求めに応じて標準地の鑑定評価を行うに当たっては、標準地の鑑定評価額が前年の鑑定評価額と変わらない場合は、その旨を土地鑑定委員会に申告することにより、鑑定評価書の提出に代えることができる。

⑷　不動産鑑定士は、土地鑑定委員会の求めに応じて標準地の鑑定評価を行うに当たっては、近傍類地の取引価格から算定される推定の価格を基本とし、必要に応じて、近傍類地の地代等から算定される推定の価格及び同等の効用を有する土地の造成に要する推定の費用の額を勘案しなければならない。

公示価格は土地の価格の目安となるものだ。

講義

⑴ 正。標準地の**単位面積（1㎡）当たりの価格**は公示事項だ。しかし、標準地の価格の「総額」は公示事項ではない。 498頁⑶

⑵ 誤。土地の使用収益を制限する権利（借地権等のこと）が存する場合でも、標準地として選定することはできる。ただし、土地の使用収益を制限する権利が存在する場合には、これらが**存在しないものと仮定**して（純然たる更地として）、正常価格を算定することになる。 498頁 2

⑶ 誤。たとえ、前年と鑑定評価額が変わらない場合でも、**鑑定評価書**はキチンと提出する必要がある。

⑷ 誤。土地鑑定委員会から依頼を受けた不動産鑑定士は、1 近傍類地の取引価格、2 近傍類地の地代、3 同等の効用を有する土地の造成費用の3つを**勘案**して鑑定評価を行う。しかし、本肢は1を基本とし、必要に応じて2と3を勘案する、となっている。だから、本肢は×だ。

497頁⑵ 1

正解 ⑴

公示事項

1 所在地

2 **単位面積（1㎡）当たりの価格** 注1 注2

3 価格判定の基準日

4 地積・形状

5 標準地とその周辺の土地の利用現況

注1 周辺の土地の価格は、公示事項ではない。

注2 価格の総額は、公示事項ではない（肢⑴）。

鑑定評価 [平22-25]

不動産の鑑定評価に関する次の記述のうち、不動産鑑定評価基準によれば、誤っているものはどれか。

⑴ 原価法は、求めた再調達原価について減価修正を行って対象物件の価格を求める手法であるが、建設費の把握が可能な建物のみに適用でき、土地には適用できない。

⑵ 不動産の効用及び相対的稀少性並びに不動産に対する有効需要の三者に影響を与える要因を価格形成要因といい、一般的要因、地域要因及び個別的要因に分けられる。

⑶ 正常価格とは、市場性を有する不動産について、現実の社会経済情勢の下で合理的と考えられる条件を満たす市場で形成されるであろう市場価値を表示する適正な価格をいう。

⑷ 取引事例に係る取引が特殊な事情を含み、これが当該取引事例に係る価格等に影響を及ぼしているときは、適切に補正しなければならない。

土地でも OK。

講義

⑴ 誤。同じような不動産を新たに作るとしたら（㊙ **土地**をもう一度造成するとしたら）いくらかかるか（再調達原価という）を算定する。そして、それに減価修正をほどこして、今現在の価格を求める方法が、原価法だ。そして、原価法は、対象不動産が**土地**のみである場合でも、再調達原価を適切に求めることができるときは、適用**できる**。だから、「適用できない」と言い切っている本肢は×だ。 500頁 1.

⑵ 正。①不動産の効用 ②相対的稀少性 ③不動産に対する有効需要に影響を与える要因を**価格形成要因**という。この価格形成要因は、①一般的要因 ②地域要因 ③個別的要因に分けられる。

⑶ 正。正常価格とは、市場性を**有する**不動産について、**合理的**と考えられる条件を満たす市場で形成されるであろう価格のことだ（要するに、一般的な不動産の価格のことだ）。

⑷ 正。特殊な事情（㊙ 売り急ぎがあった場合など）があって、これが価格に影響を及ぼしている場合は、**適切な補正**をする必要がある（この補正のことを事情補正という）。 500頁 2.

正　解 ⑴

原価法

同じような不動産を新たに作るとしたら（㊙ ビルをもう一度建てるとしたら、**土地**をもう一度造成するとしたら）いくらかかるか（再調達原価という）を算定する。

そして、それに減価修正（㊙ 築**10**年のビルなら**10**年分安くなっている）をほどこして、今現在の価格（積算価格）を求める方法のこと（肢⑴）。

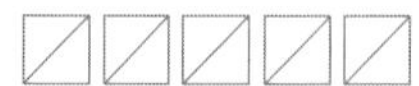

鑑定評価 【令2-25】

不動産の鑑定評価に関する次の記述のうち、不動産鑑定評価基準によれば、誤っているものはどれか。

⑴　不動産の価格は、その不動産の効用が最高度に発揮される可能性に最も富む使用を前提として把握される価格を標準として形成されるが、不動産についての現実の使用方法は当該不動産が十分な効用を発揮していない場合があることに留意すべきである。

⑵　対象建築物に関する工事が完了していない場合でも、当該工事の完了を前提として鑑定評価を行うことがある。

⑶　特殊価格とは、一般的に市場性を有しない不動産について、その利用現況等を前提とした不動産の経済価値を適正に表示する価格をいい、例としては、文化財の指定を受けた建造物について、その保存等に主眼をおいた鑑定評価を行う場合において求められる価格があげられる。

⑷　原価法は、対象不動産が建物及びその敷地である場合において、再調達原価の把握及び減価修正を適切に行うことができるときに有効な手法であるが、対象不動産が土地のみである場合には、この手法を適用することはできない。

原価法は土地のみの場合でも適用できる。

講義

(1) 正。不動産の価格は、その不動産の効用が最高度に発揮される可能性に最も富む使用を前提として把握される価格を標準として形成される（これを最有効使用の原則という）。前半は○だ。なお、ある不動産についての現実の使用方法は、必ずしも最有効使用に基づいているものではなく、不動産が十分な効用を発揮していない場合があることに**留意**すべきだ。後半も○だ。

(2) 正。造成工事が**完了していない**土地または建築工事が**完了していない**建物について、当該工事の完了を前提として鑑定評価を行うことがある（これを未竣工建物等鑑定評価という）。未完成でも鑑定評価できるのだ。

(3) 正。特殊価格とは、一般的に市場性を**有しない**不動産について、その利用現況等を前提とした不動産の経済価値を適正に表示する価格のことだ。前半は○だ。特殊価格を求める場合の例としては、**文化財**の指定を受けた建造物について、その保存等に主眼をおいた鑑定評価を行う場合があげられる。後半も○だ。

(4) 誤。原価法は、対象不動産が「建物」または「建物及びその敷地」である場合において、再調達原価の把握及び減価修正を適切に行うことができるときに有効な手法だ。前半は○だ。ただし、対象不動産が「**土地のみ**」である場合においても、再調達原価を適切に求めることができるときはこの手法を適用することが**できる**。後半が×だ。

以上全体につき、[テ] 500 頁 以下

正　解 (4)

原価法を適用できるか？（肢(4)）

1 建物のみ ➡ できる。
2 建物＋敷地 ➡ できる。
3 土地のみ ➡ **できる。**

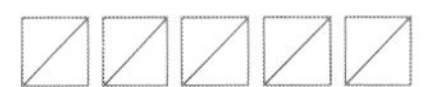

鑑定評価　[平30-25]

不動産の鑑定評価に関する次の記述のうち、不動産鑑定評価基準によれば、正しいものはどれか。

⑴　不動産の価格は、その不動産の効用が最高度に発揮される可能性に最も富む使用を前提として把握される価格を標準として形成されるが、これを最有効使用の原則という。

⑵　収益還元法は、賃貸用不動産又は賃貸以外の事業の用に供する不動産の価格を求める場合に特に有効な手法であるが、事業の用に供さない自用の不動産の鑑定評価には適用すべきではない。

⑶　鑑定評価の基本的な手法は、原価法、取引事例比較法及び収益還元法に大別され、実際の鑑定評価に際しては、地域分析及び個別分析により把握した対象不動産に係る市場の特性等を適切に反映した手法をいずれか１つ選択して、適用すべきである。

⑷　限定価格とは、市場性を有する不動産について、法令等による社会的要請を背景とする鑑定評価目的の下で、正常価格の前提となる諸条件を満たさないことにより正常価格と同一の市場概念の下において形成されるであろう市場価値と乖離することとなる場合における不動産の経済価値を適正に表示する価格のことをいい、民事再生法に基づく鑑定評価目的の下で、早期売却を前提として求められる価格が例としてあげられる。

消去法で解こう。

講義

⑴　正。不動産の価格は、その不動産の効用が最高度に発揮される可能性に最も富む使用を前提として把握される価格を標準として形成される。これを**最有効使用の原則**という。

⑵　誤。収益還元法は、賃貸用不動産または賃貸以外の事業用不動産の価格を求める場合に特に有効であるが、**自用の不動産**（自分の住宅等）であっても、賃料を想定することによって、適用**できる**。500頁 3.

⑶　誤。鑑定評価の基本的な手法は、原価法・取引事例比較法・収益還元法に大別される（前半は○）。実際の鑑定評価に際しては、地域分析及び個別分析により把握した対象不動産に係る市場の特性等を適切に反映した**複数**の手法を適用すべきだ（後半が×）。

⑷　誤。限定価格とは、市場性を有する不動産で、市場が相対的に限定される場合の価格のことだ。ちなみに、本肢は**特定価格**についての説明だ。

正　解　⑴

収益還元法は、

➡　**自用の不動産**（自分の住宅等）であっても、賃料を想定することによって、適用**できる**（肢⑵）。

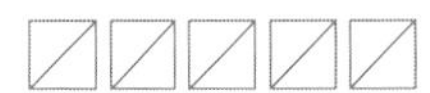

鑑定評価 [平16-29]

不動産の鑑定評価に関する次の記述のうち、不動産鑑定評価基準によれば、正しいものはどれか。

⑴ 不動産鑑定評価基準にいう「特定価格」とは、市場性を有する不動産について、法令等による社会的要請を背景とする鑑定評価目的の下で、正常価格の前提となる諸条件を満たさないことにより正常価格と同一の市場概念の下において形成されるであろう市場価値と乖離することになる場合における不動産の経済価値を適正に表示する価格をいう。

⑵ 鑑定評価は、対象不動産の現況を所与の条件としなければならず、依頼目的に応じて想定上の条件を付すことはできない。

⑶ 鑑定評価に当たって必要とされる取引事例は、当該事例に係る取引の事情が正常なものでなければならず、特殊な事情の事例を補正して用いることはできない。

⑷ 収益還元法は、対象不動産が将来生み出すであろうと期待される純収益の現在価値の総和を求めることにより対象不動産の試算価格を求める手法であるため、自用の不動産には適用することはできない。

「特定価格」は「正常価格」とは異なる。

講義

⑴ 正。「特定価格」とは、市場性を有する不動産について、法令等による社会的要請を背景とする鑑定評価目的の下で、正常価格の前提となる**諸条件を満たさない**ことにより正常価格と同一の市場概念の下において形成されるであろう**市場価値と乖離**することになる場合における不動産の経済価値を適正に表示する価格をいう。例えば、民事再生法に基づいての早期売却を前提とした価格を求める場合等だ（早期売却、つまり売り急ぐわけだから、少し安くなるというわけだ）。

⑵ 誤。鑑定評価をするに当たって依頼目的に応じて対象不動産に**想定上の条件**を付けてOKだ（価格形成要因のうち地域要因・個別的要因について想定上の条件を設定する場合がある）。

⑶ 誤。鑑定評価をするに当たって必要とされる取引事例において、特殊な事情を含んでいても、**適切な補正**を行えば用いてOKだ。

⑷ 誤。収益還元法は、**自用の不動産**（自分の住宅等）であっても、賃料を想定することによって、適用**できる**。

500頁3.

正　解　⑴

4つの価格

① 正常価格 ➡ 市場性を**有する**不動産＋**合理的**と考えられる条件を満たす市場の場合（一般的な不動産の価格だ）

② 限定価格 ➡ 市場性を**有する**不動産＋市場が**相対的**に限定される場合（土地を借りている借地権者が、その借りている土地を買い取る場合の価格等だ）

③ 特定価格 ➡ 市場性を**有する**不動産＋正常価格の前提となる**諸条件を満たさない**＋**市場価値と乖離する**場合（民事再生法に基づいての早期売却を前提とした価格等だ）（肢⑴）

④ 特殊価格 ➡ 市場性を**有しない**不動産（重要文化財等の価格だ）

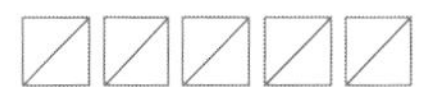

鑑定評価　[平28-25]

不動産の鑑定評価に関する次の記述のうち、不動産鑑定評価基準によれば、正しいものはどれか。

⑴　不動産の鑑定評価によって求める価格は、基本的には正常価格であるが、市場性を有しない不動産については、鑑定評価の依頼目的及び条件に応じて限定価格、特定価格又は特殊価格を求める場合がある。

⑵　同一需給圏とは、一般に対象不動産と代替関係が成立して、その価格の形成について相互に影響を及ぼすような関係にある他の不動産の存する圏域をいうが、不動産の種類、性格及び規模に応じた需要者の選好性によって、その地域的範囲は狭められる場合もあれば、広域的に形成される場合もある。

⑶　鑑定評価の各手法の適用に当たって必要とされる取引事例等については、取引等の事情が正常なものと認められるものから選択すべきであり、売り急ぎ、買い進み等の特殊な事情が存在する事例を用いてはならない。

⑷　収益還元法は、対象不動産が将来生み出すであろうと期待される純収益の現在価値の総和を求めることにより対象不動産の試算価格を求める手法であるが、市場における土地の取引価格の上昇が著しいときは、その価格と収益価格との乖離が増大するものであるため、この手法の適用は避けるべきである。

同じ範囲ではない。

講義

(1) 誤。鑑定評価によって求める価格の種類は、1 正常価格、2 限定価格、3 特定価格、4 特殊価格の4つがある。このうち、市場性を**有しない**不動産についての価格は、**特殊価格**だけだ（残りの3つは、市場性を有する不動産についての価格だ）。だから、限定価格と特定価格は、市場性を有する不動産の価格の話なので、「市場性を有しない不動産については～限定価格、特定価格～を求める場合がある」とある本肢は×だ。

(2) 正。同一需給圏は、不動産の種類、性格及び規模に応じた需要者の選好性によってその地域的範囲を異にするものであるから、その種類、性格及び規模に応じて需要者の選好性を的確に把握した上で**適切に判定**する必要がある。だから、地域的範囲は、狭められる場合もあれば、広域的に形成される場合もある。

(3) 誤。売り急ぎ、買い進み等の特殊な事情があっても、正常なものに**補正**できるのであれば用いることができる。だから、「用いてはならない」とある本肢は×だ。 過 平成16年第29問(3)

(4) 誤。市場における土地の取引価格の上昇が著しいときは、取引価格と収益価格との乖離が増大するものであるので、先走りがちな取引価格に対する有力な験証手段として、収益還元法が**活用されるべき**である。だから、「避けるべきである」とある本肢は×だ。

正 解 (2)

キーワード

1 正常価格 ➡ 市場性を有する＋**合理的**と考えられる条件
2 限定価格 ➡ 市場性を有する＋**相対的**に限定
3 特定価格 ➡ 市場性を有する＋**諸条件を満たさない**
4 特殊価格 ➡ 市場性を**有しない**

コメント 「市場性を**有しない**」というキーワードがあるのは、特殊価格だけ（肢(1)）。

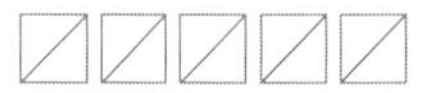

鑑定評価 [平19-29]

不動産の鑑定評価に関する次の記述のうち、不動産鑑定評価基準によれば、誤っているものはどれか。

⑴ 不動産の価格を求める鑑定評価の基本的な手法は、原価法、取引事例比較法及び収益還元法に大別され、原価法による試算価格を積算価格、取引事例比較法による試算価格を比準価格、収益還元法による試算価格を収益価格という。

⑵ 取引事例比較法の適用に当たって必要な取引事例は、取引事例比較法に即応し、適切にして合理的な計画に基づき、豊富に秩序正しく収集し、選択すべきであり、投機的取引であると認められる事例等適正さを欠くものであってはならない。

⑶ 再調達原価とは、対象不動産を価格時点において再調達することを想定した場合において必要とされる適正な原価の総額をいう。

⑷ 収益還元法は、対象不動産が将来生み出すであろうと期待される純収益の現在価値の総和を求めることにより対象不動産の試算価格を求める手法であり、このうち、一期間の純収益を還元利回りによって還元する方法をDCF（Discounted Cash Flow）法という。

消去法で解くのがイイかも。

講義

⑴　正。不動産の価格を求める鑑定評価の基本的な手法は、①**原価法**（積算価格を求める方法）、②**取引事例比較法**（比準価格を求める方法）、③**収益還元法**（収益価格を求める方法）の3つだ。　500頁

⑵　正。投機的にされた取引と比較してもキチンとした価格は出せない。だから、取引事例が投機的取引であると認められる事例等**適正さを欠くもの**であってはならない。　500頁 2.

⑶　正。**再調達原価**とは、対象不動産を価格時点において再調達することを想定（＝同じような不動産を新たに作るとしたらいくらかかるかを算定）した場合において必要とされる原価の総額のことだ。　500頁 1.

⑷　誤。収益価格を求める方法には、一期間の純収益を還元利回りによって還元する方法（**直接還元法**）と、連続する複数の期間に発生する純収益及び復帰価格を、その発生時期に応じて現在価値に割り引き、それぞれを合計する方法（**DCF法**）の2つがある。「一期間の純収益を還元利回りによって還元する方法」は**直接還元法**なので、本肢は×だ。　500頁 3.

正解　⑷

不動産の価格を求める鑑定評価の手法（肢⑴）

① **原価法** ➡ 積算価格を求める方法
② **取引事例比較法** ➡ 比準価格を求める方法
③ **収益還元法** ➡ 収益価格を求める方法

鑑定評価 [平24-25]

不動産の鑑定評価に関する次の記述のうち、不動産鑑定評価基準によれば、誤っているものはどれか。

⑴ 不動産の価格を形成する要因とは、不動産の効用及び相対的稀少性並びに不動産に対する有効需要の三者に影響を与える要因をいう。不動産の鑑定評価を行うに当たっては、不動産の価格を形成する要因を明確に把握し、かつ、その推移及び動向並びに諸要因間の相互関係を十分に分析すること等が必要である。

⑵ 不動産の鑑定評価における各手法の適用に当たって必要とされる事例は、鑑定評価の各手法に即応し、適切にして合理的な計画に基づき、豊富に秩序正しく収集、選択されるべきであり、例えば、投機的取引と認められる事例は用いることができない。

⑶ 取引事例比較法においては、時点修正が可能である等の要件をすべて満たした取引事例について、近隣地域又は同一需給圏内の類似地域に存する不動産に係るもののうちから選択するものとするが、必要やむを得ない場合においては、近隣地域の周辺の地域に存する不動産に係るもののうちから選択することができる。

⑷ 原価法における減価修正の方法としては、耐用年数に基づく方法と、観察減価法の二つの方法があるが、これらを併用することはできない。

より正確な価格を求めるにはどうすればいいのか？

講義

⑴ 正。不動産の価格を形成する要因とは、①**不動産の効用** ②**相対的稀少性** ③不動産に対する**有効需要**の三者に影響を与える要因のことだ（前半は○）。不動産の鑑定評価を行うに当たっては、不動産の価格を形成する要因を明確に把握し、かつ、その推移・動向・諸要因間の相互関係を十分に分析すること等が必要だ（後半も○）。

⑵ 正。不動産の鑑定評価における各手法の適用に当たって必要とされる事例は、鑑定評価の各手法に即応し、適切にして合理的な計画に基づき、豊富に秩序正しく収集、選択されるべきだ。だから、**投機的取引**と認められる事例を用いてはダメだ。

⑶ 正。取引事例比較法においては、時点修正が可能である等の要件をすべて満たした取引事例について、近隣地域または同一需給圏内の類似地域に存する不動産から選択するものとする。しかし、**必要やむを得ない場合**においては、**近隣地域の周辺の地域**に存する不動産から選択してOKだ。

⑷ 誤。原価法における減価修正の方法としては、耐用年数に基づく方法と、観察減価法の二つの方法があるが、この二つの方法を**併用する**ことになっている。

以上全体につき、500頁以下

正解 ⑷

原価法における減価修正の方法

➡ ① **耐用年数**に基づく方法と ② **観察減価法**の二つの方法がある 注意！

注意！ この二つの方法を**併用する**ものとされている（肢⑷）。

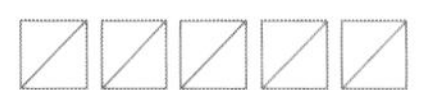

鑑定評価 [令3-25]

不動産の鑑定評価に関する次の記述のうち、不動産鑑定評価基準によれば、誤っているものはどれか。

⑴ 不動産鑑定士の通常の調査の範囲では、対象不動産の価格への影響の程度を判断するための事実の確認が困難な特定の価格形成要因がある場合、鑑定評価書の利用者の利益を害するおそれがないと判断されるときに限り、当該価格形成要因について調査の範囲に係る条件を設定することができる。

⑵ 対象不動産を価格時点において再調達することを想定した場合において必要とされる適正な原価の総額を再調達原価というが、建設資材、工法等の変遷により、対象不動産の再調達原価を求めることが困難な場合には、対象不動産と同等の有用性を持つものに置き換えて求めた原価を再調達原価とみなすものとする。

⑶ 取引事例等に係る取引が特殊な事情を含み、これが当該取引事例等に係る価格等に影響を及ぼしている場合に、適切に補正することを時点修正という。

⑷ 不動産の鑑定評価によって求める賃料は、一般的には正常賃料又は継続賃料であるが、鑑定評価の依頼目的に対応した条件により限定賃料を求めることができる場合がある。

事情補正の話だ。

講義

⑴　正。不動産鑑定士の通常の調査の範囲では、対象不動産の価格への影響の程度を判断するための事実の確認が困難な特定の価格形成要因がある場合、鑑定評価書の利用者の**利益を害するおそれがない**と判断されるときに限り、当該価格形成要因について調査の範囲に係る条件（調査範囲等条件）を設定することができる。

⑵　正。建設資材、工法等の変遷により、対象不動産の再調達原価を求めることが困難な場合には、対象不動産と同等の有用性を持つものに**置き換えて**求めた原価（置換原価）を再調達原価とみなすものとする。

⑶　誤。取引事例等に係る取引等が特殊な事情を含み、これが当該取引事例等に係る価格等に影響を及ぼしているときは適切に補正しなければならない。これを**事情補正**という。本肢は事情補正の話なのに「時点修正という」となっているから×だ。

⑷　正。不動産の鑑定評価によって求める賃料は、一般的には正常賃料または継続賃料であるが、**限定賃料**を求めることができる場合がある。

以上全体につき、図 500 頁以下

（正　解）⑶

調査範囲等の条件は、
➡　鑑定評価書の利用者の**利益を害するおそれがない**と判断されるときに限り、設定することができる（肢⑴）。

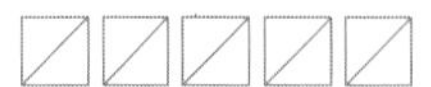

鑑定評価 [令5-25]

不動産の鑑定評価に関する次の記述のうち、不動産鑑定評価基準によれば、正しいものはどれか。

⑴ 原価法は、価格時点における対象不動産の収益価格を求め、この収益価格について減価修正を行って対象不動産の比準価格を求める手法である。

⑵ 原価法は、対象不動産が建物又は建物及びその敷地である場合には適用することができるが、対象不動産が土地のみである場合においては、いかなる場合も適用することができない。

⑶ 取引事例比較法における取引事例が、特殊事情のある事例である場合、その具体的な状況が判明し、事情補正できるものであっても採用することは許されない。

⑷ 取引事例比較法は、近隣地域若しくは同一需給圏内の類似地域等において対象不動産と類似の不動産の取引が行われている場合又は同一需給圏内の代替競争不動産の取引が行われている場合に有効である。

同一需給圏内の代替競争不動産に係るものでもOKだ。

講義

(1) 誤。原価法は、価格時点における対象不動産の「**再調達原価**」を求め、この再調達原価について減価修正を行って対象不動産の「**試算価格**」を求める手法だ。本肢は「収益価格」という部分と「比準価格」という部分が×だ。ちなみに、「収益価格」は原価法ではなく、収益還元法の話であり、「比準価格」は取引事例比較法の話だ。 過 平成22年第25問(1)

(2) 誤。原価法は、対象不動産が**土地のみ**である場合においても、再調達原価を適切に求めることができるときは、適用することが**できる**。

過 平成22年第25問(1)

(3) 誤。取引事例が、特殊事情のある事例である場合でも、その具体的な状況が判明しており、**事情補正**できるものであれば、採用することができる。 過 令和3年第25問(4)

(4) 正。取引事例比較法は、①近隣地域・**同一需給圏**内の**類似地域**等において対象不動産と類似の不動産の取引が行われている場合、または②同一需給圏内の代替競争不動産の取引が行われている場合に有効だ。

正 解 (4)

原価法は、

① 対象不動産が建物または建物及びその敷地である場合において、再調達原価の把握及び減価修正を適切に行うことができるときに有効だ。

② 対象不動産が**土地のみ**である場合においても、再調達原価を適切に求めることができるときは、適用することが**できる**（肢(2)）。

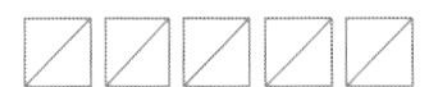

不当景品類及び不当表示防止法　[平23-47]

宅地建物取引業者が行う広告等に関する次の記述のうち、不当景品類及び不当表示防止法（不動産の表示に関する公正競争規約を含む。）の規定によれば、正しいものはどれか。

⑴　分譲宅地（50区画）の販売広告を新聞折込チラシに掲載する場合、1区画当たりの最低価格、最高価格及び最多価格帯並びにその価格帯に属する販売区画数を表示すれば足りる。

⑵　新築分譲マンションの販売において、モデル・ルームは、不当景品類及び不当表示防止法の規制対象となる「表示」には当たらないため、実際の居室には付属しない豪華な設備や家具等を設置した場合であっても、当該家具等は実際の居室には付属しない旨を明示する必要はない。

⑶　建売住宅の販売広告において、実際に当該物件から最寄駅まで歩いたときの所要時間が15分であれば、物件から最寄駅までの道路距離にかかわらず、広告中に「最寄駅まで徒歩15分」と表示することができる。

⑷　分譲住宅の販売広告において、当該物件周辺の地元住民が鉄道会社に駅の新設を要請している事実が報道されていれば、広告中に地元住民が要請している新設予定時期を明示して、新駅として表示することができる。

すべてを表示しなくてもOKなものがある。

講義

⑴　正。宅地建物の価格については、パンフレット等を除き、**最低価格**と**最高価格**だけ表示すればOK。ただし、販売物件数が10以上なら、**最多価格帯**とその**数**も表示しないとダメ。　504頁⑶②

⑵　誤。物件自体だけではなく、**モデル・ルーム**も規制の対象になる。だから、モデル・ルームに、実際の居室には付属しない家具等を設置した場合は、当該家具等は実際の居室には付属しない旨を明示しなければならない。

⑶　誤。駅から徒歩何分という表示では、道路距離**80ｍ**を1分として表示しなければならない。　503頁⑵①

⑷　誤。売却する物件の近くに新駅ができる予定の広告は、**運行主体**（鉄道会社）の公表したものを新設予定時期を明示して表示する場合に限ってOK。　504頁⑶①

正解　⑴

多数の宅地建物の販売広告

次の3つを表示すればOK（パンフレット等を除く）（肢⑴）。

① **最低**価格
② **最高**価格
③ **最多**価格帯とその**数**（販売物件数が10以上の場合に必要）

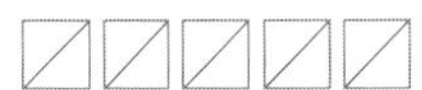

不当景品類及び不当表示防止法 [令4-47]

宅地建物取引業者が行う広告に関する次の記述のうち、不当景品類及び不当表示防止法（不動産の表示に関する公正競争規約を含む。）の規定によれば、正しいものはどれか。

⑴ 物件からスーパーマーケット等の商業施設までの徒歩所要時間は、道路距離 80 mにつき 1 分間を要するものとして算出し、1 分未満の端数が生じたときは、端数を切り捨てて表示しなければならない。

⑵ インターネット上に掲載した賃貸物件の広告について、掲載直前に契約済みとなっていたとしても、消費者からの問合せに対して既に契約済みであり取引できない旨を説明すれば、不当表示に問われることはない。

⑶ マンションの管理費について、住戸により管理費の額が異なる場合において、その全ての住宅の管理費を示すことが困難であるときは、最高額のみを表示すればよい。

⑷ 建築条件付土地の取引の広告においては、当該条件の内容、当該条件が成就しなかったときの措置の内容だけでなく、そもそも当該取引の対象が土地であることも明らかにして表示しなければならない。

これを忘れたらお話にならないのでは？

講義

⑴　誤。「○○から徒歩何分」という表示では、道路距離 80 m を 1 分として表示しなければならない。そして、1 分未満の端数が生じたときは 1 分として計算する（つまり、端数を**切り上げて**表示しなければならない）。たとえば、道路距離 88 m は 1.1 分（1 分 6 秒）だが、端数を切り上げる必要があるので、2 分と表示しなければならない。

503 頁⑵ ① 注!

⑵　誤。物件は存在するが、実際には**取引の対象となり得ない**物件に関する表示はしてはならない。契約済みの物件はこれに当たるから表示したらダメだ。

⑶　誤。管理費については、原則として、1 戸当たりの月額を表示しなければならない。ただし、例外として、住戸により管理費の額が異なる場合において、そのすべての住宅の管理費を示すことが困難であるときは、「**最低額**及び**最高額**」のみで表示することができる。「最高額」のみの表示ではダメだ。

504 頁 ⑶ ② 注!

⑷　正。建築条件付土地の取引については、① 取引の対象が**土地**である旨、② 条件の内容、③ 条件が成就しなかったときの措置の内容を明示して表示しなければならない。

正　解　⑷

建築条件付土地の取引については、次の①～③を明示して表示しなければならない（肢⑷）。

① 取引の対象が**土地**である旨
② 条件の内容
③ 条件が成就しなかったときの措置の内容

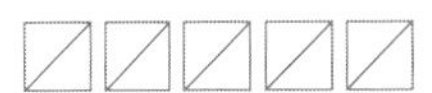

不当景品類及び不当表示防止法　[平21-47]

宅地建物取引業者が行う広告等に関する次の記述のうち、不当景品類及び不当表示防止法（不動産の表示に関する公正競争規約の規定を含む。）によれば、正しいものはどれか。

⑴　平成16年4月1日に建築され、平成23年4月1日に増築された既存住宅を令和6年4月1日から販売する場合、当該増築日を起算点として「築13年」と表示してもよい。

⑵　建築基準法で規定する道路に2m以上接していない土地に建築物を建築しようとしても、原則として建築基準法第6条第1項の確認を受けることはできないため、「建築不可」又は「再建築不可」と明示しなくてもよい。

⑶　新築賃貸マンションの賃料について、標準的な1住戸1か月当たりの賃料を　表示すればよい。

⑷　宅地の造成又は建物の建築に関する工事の完了前であっても、宅地建物取引業法第33条に規定する許可等の処分があった後であれば、当該工事に係る宅地又は建物の内容又は取引条件その他取引に関する表示をしてもよい。

処分の後ならOK！

講義

⑴　誤。建物の**建築経過年数**について、実際のものよりも**短い**と誤認されるおそれのある表示をしてはならない。だから、築年数を表示する場合は、増築日ではなく、建築日を起算点として表示しなければならない。

⑵　誤。**接道義務**に違反する土地の広告では、原則として建物を建築できない旨（「再建築不可」または「建築不可」）を表示しないと不当表示になる。

503頁 3

⑶　誤。新築賃貸マンションの賃料については、パンフレット等を除き、「**最低賃料**」と「**最高賃料**」を表示することができる。「標準的な賃料」のみで表示することはできない。

504頁 ⑶ 2 注!

⑷　正。宅建業法33条の許可等の処分（**開発許可**や**建築確認**などのこと）があった後は、工事中の宅地または建物の内容や取引条件等に関する広告表示をしてもOKだ。

正　解　⑷

未完成物件については、**建築確認**（建物の場合）、**開発許可**（宅地の場合）等の後は、

➡ 広告や契約ができる（宅建業法の話）。

➡ 内容や取引条件等に関する広告表示ができる（不当景品類及び不当表示防止法の話）（肢⑷）。

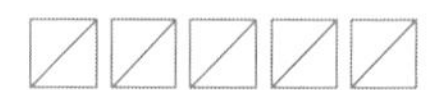

不当景品類及び不当表示防止法 [令1-47]

宅地建物取引業者が行う広告に関する次の記述のうち、不当景品類及び不当表示防止法（不動産の表示に関する公正競争規約を含む。）の規定によれば、正しいものはどれか。

⑴　土地を販売するに当たり、購入者に対し、購入後一定期間内に当該土地に建物を建築することを条件としていても、建物建築の発注先を購入者が自由に選定できることとなっていれば、当該土地の広告に「建築条件付土地」と表示する必要はない。

⑵　新聞折込チラシにおいて新築賃貸マンションの賃料を表示する場合、標準的な1住戸1か月当たりの賃料を表示すれば、不当表示に問われることはない。

⑶　改築済みの中古住宅については、改築済みである旨を必ず表示しなければならない。

⑷　分譲住宅について、住宅の購入者から買い取って再度販売する場合、当該住宅が建築工事完了後1年未満で居住の用に供されたことがないものであるときは、広告に「新築」と表示しても、不当表示に問われることはない。

建築工事完了後1年未満で、未使用なら新築との表示OK。

講義

⑴　誤。購入後一定期間内に土地に建物を建築することを条件としているのだから、**建築条件付土地**だ。だから、発注先を購入者が自由に選定できることとなっていても、建築条件付土地と表示しなければならない。

⑵　誤。新築賃貸マンションの賃料については、パンフレット等を除き、1住戸当たりの「**最低賃料**」と「**最高賃料**」を表示すればよい。「標準的な賃料」の表示ではダメだ。　過 平成21年第47問⑶

⑶　誤。増築・改築・改装・改修済みである旨は表示しなくても**よい**。だから、「必ず表示しなければならない」とある本肢は×だ。なお、増築・改築・改装・改修済みであることを表示する場合は、増築・改築・改装・改修の**内容**と**時期**を明示しなければならない（増築・改築・改装・改修済みであることは表示してもよいし、表示しなくてもよい。ただし、増築・改築・改装・改修済みであることを表示するのであれば、増築・改築・改装・改修の内容と時期を明示しなければならない、ということ）。

⑷　正。①建築工事完了後**1年**未満で、②**未使用**なら新築と表示することができる。本肢の建物は①②の要件を満たしているので、新築と表示することができる。　503頁 ⑵ 2

正　解　⑷

増築・改築・改装・改修

1　増築・改築・改装・改修したことは、表示しなくても**よい**（肢⑶）。

2　増築・改築・改装・改修したことを表示する場合は、その**内容**と**時期**を明示しなければならない。

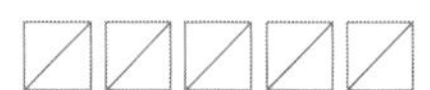

不当景品類及び不当表示防止法　[平22-47]

宅地建物取引業者が行う広告等に関する次の記述のうち、不当景品類及び不当表示防止法（不動産の表示に関する公正競争規約を含む。）の規定によれば、正しいものはどれか。

⑴　路地状部分のみで道路に接する土地を取引する場合は、その路地状部分の面積が当該土地面積の50％以上を占めていなければ、路地状部分を含む旨及び路地状部分の割合又は面積を明示せずに表示してもよい。

⑵　不動産物件について表示する場合、当該物件の近隣に、現に利用できるデパートやスーパーマーケット等の商業施設が存在することを表示する場合は、当該施設までの徒歩所要時間を明示しても、道路距離を明示しなかったときは、不当表示に問われることがある。

⑶　傾斜地を含むことにより当該土地の有効な利用が著しく阻害される場合は、原則として、傾斜地を含む旨及び傾斜地の割合又は面積を明示しなければならないが、マンションについては、これを明示せずに表示してもよい。

⑷　温泉法による温泉が付いたマンションであることを表示する場合、それが温泉に加温したものである場合であっても、その旨は明示せずに表示してもよい。

マンションは特別扱い。

講義

(1) 誤。路地状部分のみで道路に接する土地を取引する場合は、その路地状部分の面積が当該土地面積のおおむね**30%**以上を占めるときは、路地状部分を含む旨および路地状部分の割合または面積を明示しなければならない。

(2) 誤。デパート、スーパーマーケット、コンビニエンスストア、商店等の商業施設は、現に利用できるものを物件からの**道路距離**または**徒歩所要時間**を明示して表示しなければならない。道路距離か徒歩所要時間のどちらか一方でOKなので、本肢は不当表示にならない。

(3) 正。傾斜地を含むことにより当該土地の有効な利用が著しく阻害される場合は、原則として、傾斜地を含む旨および傾斜地の割合または面積を明示しなければならない。しかし、**マンション**については、これらを明示しないでOKだ。

(4) 誤。温泉に**加温**したものについては、その旨を明示して表示しなければならない。

以上全体につき、502頁以下

正解 (3)

傾斜地を含むことにより当該土地の有効な利用が著しく阻害される場合は、

1. 原則 ➡ 傾斜地を含む旨および傾斜地の割合または面積を明示しなければならない。
2. 例外 ➡ **マンション**については、傾斜地を含む旨および傾斜地の割合または面積を明示する必要はない（肢(3)）。

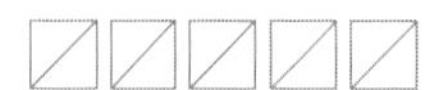

不当景品類及び不当表示防止法 [平29-47]

宅地建物取引業者がインターネット不動産情報サイトにおいて行った広告表示に関する次の記述のうち、不当景品類及び不当表示防止法（不動産の表示に関する公正競争規約を含む。）の規定によれば、正しいものはどれか。

⑴ 物件の所有者に媒介を依頼された宅地建物取引業者Aから入手した当該物件に関する情報を、宅地建物取引業者Bが、そのままインターネット不動産情報サイトに表示し広告を行っていれば、仮に入手した物件に関する情報が間違っていたとしても不当表示に問われることはない。

⑵ 新築の建売住宅について、建築中で外装が完成していなかったため、当該建売住宅と構造、階数、仕様が同一ではないが同じ施工業者が他の地域で手掛けた建売住宅の外観写真を、施工例である旨を明記して掲載した。この広告表示が不当表示に問われることはない。

⑶ 取引しようとする賃貸物件から最寄りの甲駅までの徒歩所要時間を表示するため、当該物件から甲駅までの道路距離を 80 mで除して算出したところ 5.25 分であったので、1 分未満を四捨五入して「甲駅から 5 分」と表示した。この広告表示が不当表示に問われることはない。

⑷ 新築分譲マンションについて、パンフレットには当該マンションの全戸数の専有面積を表示したが、インターネット広告には当該マンションの全戸数の専有面積のうち、最小面積及び最大面積のみを表示した。この広告表示が不当表示に問われることはない。

パンフレットなら、全戸の専有面積の表示が必要だが……。

講義

(1) 誤。広告を見たお客さんの立場からすれば、Bの事情（Aから入手した情報をそのまま表示した）は、関係ない。だから、情報が間違っていたら、**Bが不当表示**に問われることがある。

(2) 誤。取引する建物が未完成等のため、その建物の写真または動画を用いることができない事情がある場合は、取引する建物を施工する者が過去に施工した建物であり、かつ、建物の外観が取引する建物と構造・階数・仕様が**同一であって**、規模・形状・色等が類似するものである限り、他の建物の写真または動画を用いることができる（なお、写真の場合は写真に接する位置に、動画の場合は画像中に他の建物である等を明示する必要あり）。本肢は「同一ではない」写真なのでアウトだ。

(3) 誤。駅から徒歩何分という表示では、道路距離 80 mを 1 分として表示しなければならない。そして、1 分未満の**端数**が生じたときは**1 分間**として計算しなければならない（四捨五入するのではない。端数が少しでもあれば**切り上げる**）。だから、算出して 5.25 分の場合は、端数部分を切り上げて 6 分と表示しなければならない。 503 頁 (2) 1 注!

(4) 正。新築分譲マンションの広告については、**パンフレット**等では、**全戸数の専有面積**を表示する必要があるが、パンフレット等以外（新聞折込みチラシ、新聞・雑誌広告、**インターネット広告**等）では、**最小**面積と**最大**面積のみの表示で OK だ。

(正 解) (4)

新築分譲マンションの広告

1 **パンフレット**等　　**全戸数の専有面積**の表示が必要（肢 (4)）。

2 パンフレット等以外　**最小**面積と**最大**面積のみで OK。

注意！ パンフレット等以外とは、新聞折込みチラシ、新聞・雑誌広告、**インターネット広告**等のこと（肢 (4)）。

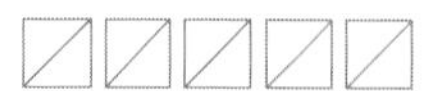

不当景品類及び不当表示防止法 [平26-47]

宅地建物取引業者が行う広告に関する次の記述のうち、不当景品類及び不当表示防止法（不動産の表示に関する公正競争規約を含む。）の規定によれば、正しいものはどれか。

⑴ 建築基準法第28条（居室の採光及び換気）の規定に適合した採光及び換気のための窓等がなくても、居室として利用できる程度の広さがあれば、広告において居室として表示できる。

⑵ 新築分譲マンションの販売広告において、住戸により修繕積立金の額が異なる場合であって、全ての住戸の修繕積立金を示すことが困難であるときは、全住戸の平均額のみ表示すればよい。

⑶ 私道負担部分が含まれている新築住宅を販売する際、私道負担の面積が全体の5%以下であれば、私道負担部分がある旨を表示すれば足り、その面積までは表示する必要はない。

⑷ 建築工事に着手した後に、その工事を相当の期間にわたり中断していた新築分譲マンションについては、建築工事に着手した時期及び中断していた期間を明瞭に表示しなければならない。

お客さんの立場になって考えよう。

講義

(1) 誤。建築基準法で決められた採光・換気のための窓等がない部屋を「居室」と表示することはできない。このような部屋は、「**納戸**」等と表示しなければならない。

(2) 誤。住戸により修繕積立金の額が異なる場合において、そのすべての住宅の修繕積立金を示すことが困難であるときは、**最低額**と**最高額**だけ表示すればよい。平均額のみを表示すればよいのではない。

504頁 (3) 2 注!

(3) 誤。私道負担部分がある場合は、私道負担部分の**面積**まで表示しないと不当表示になる。たとえ、私道負担面積が全体の5%以下であっても、面積の表示を省略することはできない。 503頁 6

(4) 正。建築工事に着手した後に、工事を相当の期間にわたり中断していた新築住宅・新築分譲マンションについては、1 建築工事に**着手した時期**と 2 **中断していた期間**を明示しなければならない。

正 解 (4)

管理費・共益費・修繕積立金
➡ すべての物件について、いくらかを示すことが困難であるときは、**最低額**と**最高額**のみで表示することができる(肢(2))。

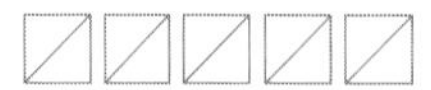

不当景品類及び不当表示防止法　[平25-47]

宅地建物取引業者が行う広告に関する次の記述のうち、不当景品類及び不当表示防止法（不動産の表示に関する公正競争規約を含む。）の規定によれば、正しいものはどれか。

⑴　新築分譲マンションの販売広告で完成予想図により周囲の状況を表示する場合、完成予想図である旨及び周囲の状況はイメージであり実際とは異なる旨を表示すれば、実際に所在しない箇所に商業施設を表示するなど現況と異なる表示をしてもよい。

⑵　宅地の販売広告における地目の表示は、登記簿に記載されている地目と現況の地目が異なる場合には、登記簿上の地目のみを表示すればよい。

⑶　住戸により管理費が異なる分譲マンションの販売広告を行う場合、全ての住戸の管理費を示すことが広告スペースの関係で困難なときには、1住戸当たりの月額の最低額及び最高額を表示すればよい。

⑷　建築工事完了後８か月しか経過していない分譲住宅については、入居の有無にかかわらず新築分譲住宅と表示してもよい。

スペースがないのだから……。

講義

(1) 誤。完成予想図により周囲の状況を表示する場合、**現況と異なる表示**をしてはならない。たとえ、「イメージであり実際とは異なります」と表示しても、現況と異なる表示をしてはダメだ。

(2) 誤。登記簿に記載されている地目と現況の地目が異なる場合は、登記簿上の地目と現況の地目を**併記**する必要がある。

(3) 正。マンションの管理費が住戸により異なる場合において、すべての住戸の管理費を示すことが困難であるときは、**最低額**と**最高額**を表示すればOKだ。
504頁(3) 2 注!

(4) 誤。新築と表示できるのは、建築工事完了後1年未満で**未使用**の建物だけだ。
503頁(2) 2

正　解　(3)

マンションの管理費が住戸により異なる場合において、すべての住戸の管理費を示すことが困難であるときは ➡ **最低額**と**最高額**を表示すればOK(肢(3))。

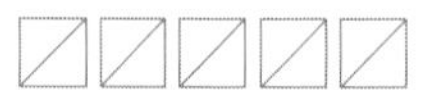

不当景品類及び不当表示防止法　【令2-47】

宅地建物取引業者が行う広告に関する次の記述のうち、不当景品類及び不当表示防止法（不動産の表示に関する公正競争規約を含む。）の規定によれば、正しいものはどれか。

⑴　路地状部分（敷地延長部分）のみで道路に接する土地であって、その路地状部分の面積が当該土地面積のおおむね30％以上を占める場合には、路地状部分を含む旨及び路地状部分の割合又は面積を明示しなければならない。

⑵　新築住宅を販売するに当たり、当該物件から最寄駅まで実際に歩いたときの所要時間が15分であれば、物件から最寄駅までの道路距離にかかわらず、広告中に「最寄駅まで徒歩15分」と表示することができる。

⑶　新築分譲住宅を販売するに当たり、予告広告である旨及び契約又は予約の申込みには応じられない旨を明瞭に表示すれば、当該物件が建築確認を受けていなくても広告表示をすることができる。

⑷　新築分譲マンションを販売するに当たり、住戸により管理費の額が異なる場合であって、すべての住戸の管理費を示すことが広告スペースの関係で困難なときは、全住戸の管理費の平均額を表示すればよい。

含む旨の明示だけではダメ。

講義

(1) 正。路地状部分のみで道路に接する土地であって、その路地状部分の面積が土地面積のおおむね30%以上を占める場合には、[1] 路地状部分を含む旨と [2] 路地状部分の**割合または面積**を明示しなければならない。

過 平成22年第47問(1)

(2) 誤。駅から徒歩何分という表示では、道路距離**80 m**を1分として表示しなければならない。実際に歩いたときの所要時間を基準にしてはダメだ。

503頁(2)[1]

(3) 誤。建築確認を受けた**後**でなければ、広告は**できない**。たとえ、予告広告である旨および契約または予約の申込みには応じられない旨を明瞭に表示してもダメだ。

331頁(3)

(4) 誤。マンションの管理費が住戸により異なる場合において、すべての住戸の管理費を示すことが困難であるときは、**最低額**と**最高額**のみで表示することができる（最低額と最高額を表示すればOKだ）。平均額の表示ではダメだ。

504頁(3)[2] 注!

正解 (1)

路地状部分の面積が土地面積のおおむね30%以上を占める場合には、
[1] 路地状部分を含む旨と
[2] 路地状部分の**割合または面積**
を明示しなければならない（肢(1)）。

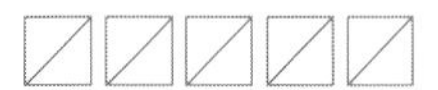

不当景品類及び不当表示防止法 [平30-47]

宅地建物取引業者が行う広告に関する次の記述のうち、不当景品類及び不当表示防止法（不動産の表示に関する公正競争規約を含む。）の規定によれば、正しいものはどれか。

⑴ 新築分譲住宅について、価格Aで販売を開始してから2か月以上経過したため、価格Aから価格Bに値下げをすることとし、価格Aと価格Bを併記して、値下げをした旨を表示する場合、値下げ金額が明確になっていれば、価格Aの公表日や値下げした日を表示する必要はない。

⑵ 土地上に古家が存在する場合に、当該古家が、住宅として使用することが可能な状態と認められる場合であっても、古家がある旨を表示すれば、売地と表示して販売しても不当表示に問われることはない。

⑶ 新築分譲マンションの広告において、当該マンションの完成図を掲載する際に、敷地内にある電柱及び電線を消去する加工を施した場合であっても、当該マンションの外観を消費者に対し明確に示すためであれば、不当表示に問われることはない。

⑷ 複数の売買物件を1枚の広告に掲載するに当たり、取引態様が複数混在している場合には、広告の下部にまとめて表示すれば、どの物件がどの取引態様かを明示していなくても不当表示に問われることはない。

使用することが可能な状態でも、同じルール。

講義

(1) 誤。二重価格表示をする場合は、過去の販売価格の**公表日**と**値下げした日**を表示しなければならない（価格Aの公表日と値下げした日を表示することが必要だ）。

(2) 正。土地取引において、その土地上に**古家**・廃屋等が存在するときは、その旨を表示することが必要だ。本肢は「古家がある旨」をキチンと表示している。だから、不当表示に問われることはない。 503頁 4

(3) 誤。宅地または建物のコンピュータグラフィックス・見取図・完成図・完成予想図は、その旨を明示して用い、物件の周囲の状況について表示するときは、**現況に反する**表示をしてはならない。本肢は「電柱及び電線を消去する加工を施している（現況に反する表示をしている）」のでアウトだ。

(4) 誤。**取引態様**は、「売主」・「貸主」・「代理」・「媒介」（「仲介」）の**別**をこれらの用語を用いて表示しなければならない。そして、取引態様が複数混在している場合には、どの物件がどの取引態様かを表示しなければならない。

正　解　(2)

二重価格表示をする場合のルール

二重価格表示をする場合、次の1～3等の要件を満たさなければならない。

1　過去の販売価格の**公表日**と**値下げした日**を明示すること（肢(1)）。

2　比較対照価格に用いる過去の販売価格は、値下げの**直前**の価格であって、値下げ前**2か月**以上にわたり実際に販売のために公表していた価格であること。

3　値下げの日から**6か月**以内に表示するものであること。

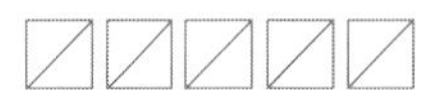

不当景品類及び不当表示防止法　[令3-47]

宅地建物取引業者が行う広告に関する次の記述のうち、不当景品類及び不当表示防止法（不動産の表示に関する公正競争規約を含む。）の規定によれば、正しいものはどれか。

⑴　住宅の居室の広さを畳数で表示する場合には、畳1枚当たりの広さにかかわらず、実際に当該居室に敷かれている畳の数を表示しなければならない。

⑵　団地（一団の宅地又は建物をいう。）と駅との間の道路距離又は所要時間は、取引する区画のうち駅から最も近い区画を起点として算出した数値とともに、駅から最も遠い区画を起点として算出した数値も表示しなければならない。

⑶　新築分譲マンションを完成予想図により表示する場合、完成予想図である旨を表示すれば、緑豊かな環境であることを訴求するために周囲に存在しない公園等を表示することができる。

⑷　新築分譲住宅の販売に当たって行う二重価格表示は、実際に過去において販売価格として公表していた価格を比較対照価格として用いて行うのであれば、値下げした日から1年以内の期間は表示することができる。

最も近い区画だけではダメ。

講義

⑴　誤。**住宅**の居室の広さを畳数で表示する場合においては、畳１枚当たりの広さは 1.62㎡以上の広さがあるという意味で用いなければならない。だから、「畳１枚当たりの広さにかかわらず～」とある本肢は×だ。

⑵　正。団地と駅その他の施設との間の道路距離または所要時間は、駅その他の施設から最も**近い**区画を起点として算出した数値とともに、最も**遠い**区画を起点として算出した数値も表示しなければならない。たとえば、複数棟販売する場合において「○○駅まで○○ｍ（○○駅まで徒歩○分）」と表示するときは、駅から最も近い棟からの道路距離・所要時間だけでなく、駅から最も遠い棟からの道路距離・所要時間も表示しなければならないということ。

⑶　誤。宅地建物のコンピュータグラフィックス、見取図、完成図または完成予想図は、その旨を明示して用い、当該物件の周囲の状況について表示するときは、現況に**反する**表示をしてはならない。だから、周囲に存在しない公園等を表示（つまり、現況に反する表示）することはできない。

⑷　誤。二重価格表示は、値下げした日から**６カ月**以内に表示するものであることが必要だ（値下げした日から６カ月以内の期間は二重価格を表示することができる）。たとえば、４月１日に 3,000万円の物件を 2,500万円に値下げしたら、そこから６カ月（つまり、９月 30 日まで）、「値下げしました。旧価格 3,000万円（旧価格公表日○○年○月○日）　→　新価格 2,500万円（新価格公表日○○年４月１日）」という二重価格表示をすることができる。

以上全体につき、502 頁以下

正　解　⑵

各種施設までの道路距離・所要時間（販売数が２以上）
➡　最も**近い**住戸（区画）からの表示だけでなく、最も**遠い**住戸（区画）からの表示も必要（肢⑵）

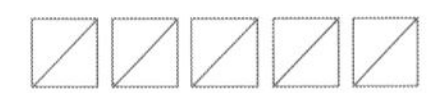

不当景品類及び不当表示防止法 [平27-47]

宅地建物取引業者が行う広告に関する次の記述のうち、不当景品類及び不当表示防止法（不動産の表示に関する公正競争規約を含む。）の規定によれば、正しいものはどれか。

⑴ 新築分譲マンションを数期に分けて販売する場合に、第1期の販売分に売れ残りがあるにもかかわらず、第2期販売の広告に「第1期完売御礼！いよいよ第2期販売開始！」と表示しても、結果として第2期販売期間中に第1期の売れ残り分を売り切っていれば、不当表示にはならない。

⑵ 新築分譲マンションの広告に住宅ローンについても記載する場合、返済例を表示すれば、当該ローンを扱っている金融機関について表示する必要はない。

⑶ 販売しようとしている土地が、都市計画法に基づく告示が行われた都市計画施設の区域に含まれている場合は、都市計画施設の工事が未着手であっても、広告においてその旨を明示しなければならない。

⑷ 築15年の企業の社宅を買い取って大規模にリフォームし、一棟リノベーションマンションとして販売する場合、「新発売」と表示して広告を出すことはできない。

お客さんを守るためには……。

講義

⑴　誤。物件について、完売していないのに**完売したと誤認**されるおそれのある表示をしてはダメだ。第１期の販売分に売れ残りがあるのに、「第１期完売御礼！」と表示したら、完売したと誤認されるおそれがあるから、不当表示だ。

⑵　誤。住宅ローンについて記載する場合、①**金融機関**の名称・商号または都市銀行・地方銀行・信用金庫等の種類、②借入金の利率及び利息を徴する方法または**返済例**を表示しなければならない（①と②の両方の表示が必要）。本肢は返済例（つまり②）を表示すれば、①の表示は不要といっているので×だ。

⑶　正。販売しようとしている土地が、都市計画法に基づく告示が行われた**都市計画施設の区域**に含まれている場合、工事が未着手であっても、その旨を明示しなければならない。

⑷　誤。新たに造成された宅地や新築の住宅だけでなく、**一棟リノベーションマンション**（建物全体を改装・改修したマンションのこと）についても、要件を満たせば「新発売」と表示することができる。

以上全体につき、502 頁以下

正　解　⑶

新発売とは、次の①～③について、一般消費者に対し、初めて購入の申込みの勧誘を行うことをいう。

①　新たに造成された宅地

②　新築の住宅

③　**一棟リノベーションマンション**（肢⑷）

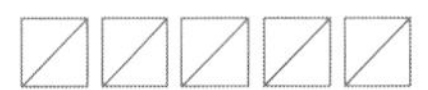

不当景品類及び不当表示防止法　[令5-47]

宅地建物取引業者が行う広告に関する次の記述のうち、不当景品類及び不当表示防止法（不動産の表示に関する公正競争規約を含む。）の規定によれば、正しいものはどれか。

⑴　実際には取引する意思がない物件であっても実在するものであれば、当該物件を広告に掲載しても不当表示に問われることはない。

⑵　直線距離で 50m 以内に街道が存在する場合、物件名に当該街道の名称を用いることができる。

⑶　物件の近隣に所在するスーパーマーケットを表示する場合は、物件からの自転車による所要時間を明示しておくことで、徒歩による所要時間を明示する必要がなくなる。

⑷　一棟リノベーションマンションについては、一般消費者に対し、初めて購入の申込みの勧誘を行う場合であっても、「新発売」との表示を行うことはできない。

直線距離で 50 m以内に存在するなら、街道の名称を用いて OK だ。

講義

(1) 誤。物件は存在するが、実際には**取引する意思がない**物件に関する表示をしたらおとり広告だ。おとり広告は不当表示になる。 504頁(3) 4

(2) 正。直線距離で**50 m**以内に街道が存在する場合、物件名に当該街道の名称を用いることができる（例 ○○街道マンション）。

(3) 誤。デパート、スーパーマーケット、コンビニエンスストア、商店等の商業施設は、現に利用できるものを物件からの「**道路距離**」または「**徒歩による所要時間**」を明示して表示することが必要だ。「**自転車**による所要時間」の明示ではダメだ。 平成22年第47問(2)

(4) 誤。一棟リノベーションマンションについては、一般消費者に対し、**初めて**購入の申込みの勧誘を行う場合、「新発売」との表示を行うことができる。ちなみに、一棟リノベーションマンションとは、一棟の建物全体を改装または改修し、マンションとして住戸ごとに取引するものであって、工事完了前のもの、もしくは工事完了後**1年**未満のもので、かつ、工事完了後居住の用に供されていないもののことだ。

平成27年第47問(4)

正 解 (2)

おとり広告

次の1～3がおとり広告だ。

1 物件が存在**しない**ため、実際には取引することができない物件に関する表示

2 物件は存在するが、実際には取引の対象となり得ない物件に関する表示

3 物件は存在するが、実際には**取引する意思がない**物件に関する表示（肢(1)）

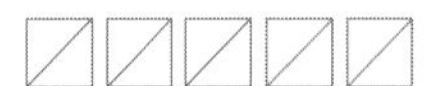

不当景品類及び不当表示防止法　[平24-47]

宅地建物取引業者が行う広告に関する次の記述のうち、不当景品類及び不当表示防止法（不動産の表示に関する公正競争規約を含む。）の規定によれば、正しいものはどれか。

⑴　宅地建物取引業者が自ら所有する不動産を販売する場合の広告には、取引態様の別として「直販」と表示すればよい。

⑵　改装済みの中古住宅について、改装済みである旨を表示して販売する場合、広告中には改装した時期及び改装の内容を明示しなければならない。

⑶　取引しようとする物件の周辺に存在するデパート、スーパーマーケット等の商業施設については、現に利用できるものでなければ広告に表示することはできない。

⑷　販売する土地が有効な利用が阻害される著しい不整形画地であっても、実際の土地を見れば不整形画地であることは認識できるため、当該土地の広告にはその旨を表示する必要はない。

お客さんの立場になって考えよう。

講義

(1) 誤。取引態様は、「売主」、「貸主」、「代理」、「媒介」（「仲介」）の別をこれらの用語を用いて表示しなければならない。だから、本肢の場合は、「**売主**」と表示しなければならない。「直販」と表示してもダメだ。

(2) 正。建物を**改装**したことを表示する場合は、改装をした**内容**及び**時期**を明示しなければならない。

(3) 誤。デパート、スーパーマーケット、コンビニエンスストア、商店等の商業施設は、現に利用できるものを物件からの道路距離または徒歩所要時間を明示して表示しなければならない。ただし、工事中である等その施設が将来確実に利用できると認められるものについては、その**整備予定時期**を明示して表示することができる。だから、「現に利用できるものでなければ広告に表示することはできない」と言い切っている本肢は×だ。

(4) 誤。土地の有効な利用が阻害される著しい**不整形画地**及び区画の地盤面が２段以上に分かれている等の著しく特異な地勢の土地については、その旨を明示しなければならない。

以上全体につき、502 頁以下

正　解　(2)

建物を増築・改築・改装・改修したことを表示する場合は、
➡　その**内容**及び**時期**を明示しなければならない（肢(2)）。

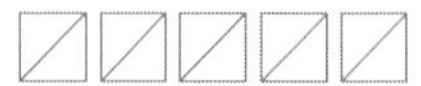

土　　　地　　　　　　　　　　　　　　　　　[平20-49]

土地の形質に関する次の記述のうち、誤っているものはどれか。

⑴　地表面の傾斜は、等高線の密度で読み取ることができ、等高線の密度が高い所は傾斜が急である。

⑵　扇状地は山地から平野部の出口で、勾配が急に緩やかになる所に見られ、等高線が同心円状になるのが特徴的である。

⑶　等高線が山頂に向かって高い方に弧を描いている部分は尾根で、山頂から見て等高線が張り出している部分は谷である。

⑷　等高線の間隔の大きい河口付近では、河川の氾濫により河川より離れた場所でも浸水する可能性が高くなる。

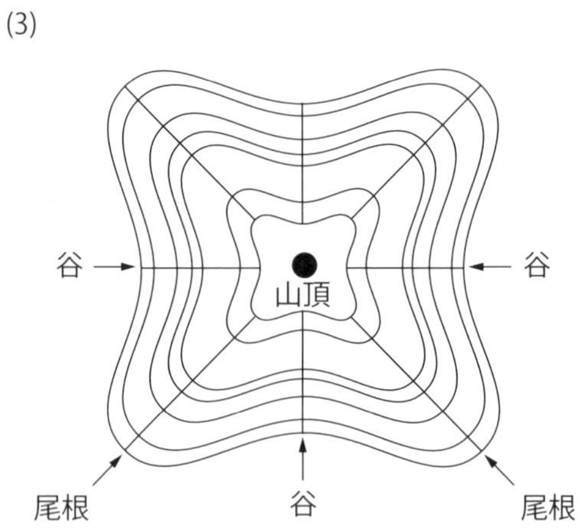

最低限の知識と想像力で解ける問題だ！

講義

(1)　正。等高線の密度が高い所は斜面の**傾斜が急**であり、等高線の密度が低い所は、斜面の傾斜が緩やかである。

(2)　正。扇状地とは、谷の出口に扇状に広がった微高地のことだ。そして、等高線は同心円状になるのが特徴である（扇状地は扇の形をしている微高地なのだから、その等高線は、トーゼン**同心円状**になる）。

(3)　誤。山頂に向かって高い方に**弧**を描いている部分は**谷**で、山頂から見て等高線が**張り出している**部分は**尾根**（一番高い部分の連なり）だ。本肢の記述は、逆になっているので×だ。

(4)　正。等高線の間隔が大きいということは、斜面の**傾斜が緩やか**であるということだ。斜面の傾斜が緩やかな河口付近では、河川の氾濫により河川より離れた場所でも浸水する可能性は高くなる。

以上全体につき、506 頁以下

正　解　(3)

等高線

①　密度が高い（等高線の**間隔が小さい**）➡ 傾斜が**急**だ（肢(1)）

②　密度が低い（等高線の**間隔が大きい**）➡ 傾斜が**緩やか**だ（肢(4)）

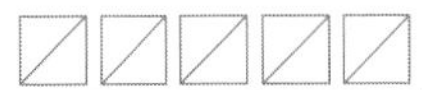

土　　地　　[平24-49]

土地に関する次の記述のうち、最も不適当なものはどれか。

⑴　台地は、一般的に地盤が安定しており、低地に比べ自然災害に対して安全度は高い。

⑵　台地や段丘上の浅い谷に見られる小さな池沼を埋め立てた所では、地震の際に液状化が生じる可能性がある。

⑶　丘陵地帯で地下水位が深く、砂質土で形成された地盤では、地震の際に液状化する可能性が高い。

⑷　崖崩れは降雨や豪雨などで発生することが多いので、崖に近い住宅では梅雨や台風の時期には注意が必要である。

液状化するには水が必要。

講義

⑴ 適　当。台地は、一般的に地盤が安定しており、**地震や洪水に強い**。だから、低地に比べ自然災害に対して**安全度は高い**。 507頁 4

⑵ 適　当。液状化現象とは、水を多く含む砂層の砂粒子が地震などで水中に浮遊したような状態になることをいう。要するに水分が多い地盤に起きる現象だ。台地や段丘上の浅い谷に見られる小さな池沼を**埋め立てた所**は、水分が多い地盤だ。だから、地震の際に**液状化**が生じる可能性がある。

⑶ 不適当。液状化については、肢⑵で説明したとおりだ。丘陵地帯は、**地震に強い**（ちなみに、洪水にも強い）。そして、地下水位が深く、砂質土（つまり水はけがいいということ）なのだから水分は少ない。だから、地震の際に**液状化**する可能性は**低い**。

⑷ 適　当。崖崩れは降雨や豪雨などで発生することが多いので、**崖に近い住宅**では梅雨や台風の時期には注意が必要だ。

正　解 ⑶

液状化する可能性は？

1 地下水位が浅い ➡ **高い**

2 地下水位が深い ➡ **低い**（肢⑶）

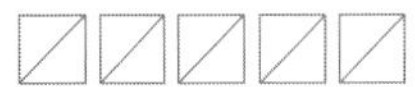

土　　地　　　　[平26-49]

土地に関する次の記述のうち、最も不適当なものはどれか。

⑴　旧河道は、地震や洪水などによる災害を受ける危険度が高い所である。

⑵　地盤の液状化は、地盤の条件と地震の揺れ方により、発生することがある。

⑶　沿岸地域は、津波や高潮などの被害を受けやすく、宅地の標高や避難経路を把握しておくことが必要である。

⑷　台地や丘陵の縁辺部は、豪雨などによる崖崩れに対しては、安全である。

はじっこの部分は崩れやすい。

講義

(1) 適　当。旧河道は過去に河川の流路だった土地だ。昔は河だったのだから、**軟弱な地盤**であり、地震や洪水などによる災害を受ける危険度が高い。

(2) 適　当。液状化は、**地盤の条件**（液状化は、水分の多い地盤で起きる）と地震の揺れ方により発生することがある。　過 平成 24 年第 49 問 (2)

(3) 適　当。沿岸地域は海に近い。だから、津波や高潮などの被害を受けやすい。したがって、宅地の**標高**や**避難経路**を把握しておくことが必要だ。

(4) 不適当。台地や丘陵地は、一般的に地盤が安定しており、安全度は高い。しかし、台地や丘陵地の**縁辺部**（はじっこの部分）は、くずれやすいから、**安全度は低い**。

ズ 507 頁 4

（正　解）(4)

常識とカンで解ける問題だ。このレベルの問題を間違えるともったいないぞ。

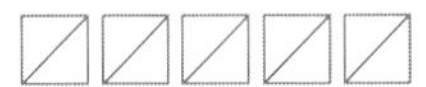

土　地　[平21-49]

土地に関する次の記述のうち、不適当なものはどれか。

(1) 山地の地形は、かなり急峻で大部分が森林となっている。

(2) 台地・段丘は、農地として利用され、また都市的な土地利用も多い。

(3) 低地は、大部分が水田として利用され、地震災害に対して安全である。

(4) 臨海部の低地は、水利、海陸の交通に恵まれているが、住宅地として利用するためには十分な防災対策が必要である。

軟弱な地盤は地震に弱い！

講義

(1) 適　当。山地の地形は、かなり急峻で、その大部分が**森林**だ。

(2) 適　当。台地・段丘は、農地として利用されている。また、台地・段丘は、地震や洪水に強いから、**宅地に向く**。宅地に向くので、都市的な土地利用も多い。

(3) 不適当。地盤が**軟弱**な低地も多い。だから、低地が「地震災害に対して安全である」とはいえない。

(4) 適　当。臨海部の低地は、軟弱なので、地震に弱い。また、臨海部なので、水害の危険性もある。だから、住宅地として利用するには十分な**防災対策が必要**だ。

以上全体につき、506頁以下

(正　解) (3)

常識とカンだけで解ける問題であるぞ！

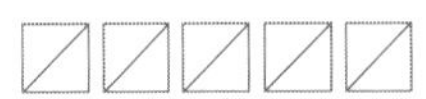

土　地　［令1-49］

土地に関する次の記述のうち、最も不適当なものはどれか。

⑴　台地、段丘は、農地として利用され、また都市的な土地利用も多く、地盤も安定している。

⑵　台地を刻む谷や台地上の池沼を埋め立てた所では、地盤の液状化が発生し得る。

⑶　台地、段丘は、水はけも良く、宅地として積極的に利用されているが、自然災害に対して安全度の低い所である。

⑷　旧河道や低湿地、海浜の埋立地では、地震による地盤の液状化対策が必要である。

台地・段丘は、水はけも良く、地盤も安定している。

講義

(1) 適　当。台地・段丘は、農地として利用され、また都市的な土地利用も多く、地盤も**安定**している。 507頁 4

(2) 適　当。台地は、地盤が安定しているので、自然災害に対して安全度が高い（災害に強い）。ただし、台地を刻む谷や台地上の池沼を**埋め立てた所**は、話が別だ。地震の際に液状化が発生し得る。 507頁 4

(3) 不適当。台地・段丘は、水はけも良く、宅地として積極的に利用されている（前半は適当）。そして、地盤が安定しているので、自然災害に対して安全度が**高い**（後半が不適当）。 507頁 4

(4) 適　当。旧河道（昔、河川だった所）・低湿地・海浜の埋立地は、地震の際に液状化が発生しやすい。だから、**液状化**対策が必要だ。

正　解　(3)

台地・段丘

1 水はけ ➡ **良い**（肢(3)）。

2 地盤 ➡ **安定**している（肢(1)）。

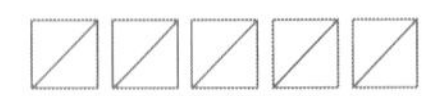

土　　地　[平28-49]

土地に関する次の記述のうち、最も不適当なものはどれか。

⑴　豪雨による深層崩壊は、山体岩盤の深い所に亀裂が生じ、巨大な岩塊が滑落し、山間の集落などに甚大な被害を及ぼす。

⑵　花崗(こう)岩が風化してできた、まさ土地帯においては、近年発生した土石流災害によりその危険性が再認識された。

⑶　山麓や火山麓の地形の中で、土石流や土砂崩壊による堆積でできた地形は危険性が低く、住宅地として好適である。

⑷　丘陵地や台地の縁辺部の崖崩れについては、山腹で傾斜角が25度を超えると急激に崩壊地が増加する。

正解肢はカンターンだ。

講義

⑴　適　当。斜面の表層がダメになるのが表層崩壊だ。そして、深層の地盤までもがダメになるのが深層崩壊だ（**深層崩壊**の方が**大災害**）。豪雨による深層崩壊は、大災害であり、山体岩盤の深い所に亀裂が生じ、巨大な岩塊が滑落し、山間の集落などに甚大な被害を及ぼす。

⑵　適　当。花崗岩が風化してできた、まさ土地帯においては、近年発生した**土石流災害**（平成26年に起きた広島市の土砂災害のこと）によりその**危険**性が再認識された。

⑶　不適当。山麓や火山麓の地形の中で、土石流や土砂崩壊による堆積でできた地形は危険性が高く、住宅地に**適していない**。

⑷　適　当。丘陵地や台地の縁辺部の崖崩れについては、山腹で傾斜角が**25度を超える**と急激に崩壊地が増加する。

以上全体につき、506頁以下

正　解　⑶

正解肢以外は少し難しかったが、**正解肢**が**常識とカン**で解けるものだった。だから、この問題を間違えると差をつけられてしまうぞ。

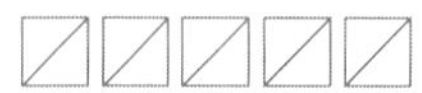

土　地　[令3-49]

土地に関する次の記述のうち、最も不適当なものはどれか。

⑴　森林は、木材資源としても重要で、水源涵養、洪水防止等の大きな役割を担っている。

⑵　活動度の高い火山の火山麓では、火山活動に伴う災害にも留意する必要がある。

⑶　林相は良好でも、破砕帯や崖錐等の上の杉の植林地は、豪雨に際して崩壊することがある。

⑷　崖錐や小河川の出口で堆積物の多い所等は、土石流の危険が少ない。

難しい用語が出てくるが、気にしてはダメ。常識で解ける問題だ。

講義

⑴　適　当。森林は、木材資源として重要だ（前半は適当）。そして、水源涵養（雨水等の水資源を貯留すること、水質を浄化すること等）、**洪水防止**等の大きな役割を担っている（後半も適当）。

⑵　適　当。活動度の高い火山の火山麓（火山のふもと）では、火山活動に伴う**災害**にも留意する必要がある。

⑶　適　当。林相（木の種類や生え方等からみた森林、林の状態のこと）は良好でも、破砕帯（断層運動により砕かれた岩石が帯状に連続して分布する部分）や崖錐（岩くずが落下し、堆積してできた半円錐状の地形）等の上の杉の植林地は、豪雨に際して**崩壊**することがある。

⑷　不適当。崖錐や小河川の出口で堆積物の多い所等は、土石流の危険が**多い**。本肢は「少ない」となっているので、不適当だ。

以上全体につき、506 頁以下

（正　解）⑷

土石流の危険性が多い（高い）所

1　谷出口に広がる扇状地

2　花崗岩が風化してできた、まさ土地帯

3　崖錐や小河川の出口で堆積物の多い所（肢⑷）

4　流域内で豪雨に伴う斜面崩壊の危険性の大きい所

5　急勾配の渓流に多量の不安定な砂礫の堆積がある所

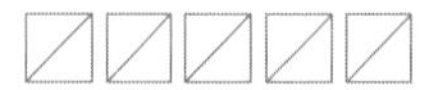

土　地 [平29-49]

土地に関する次の記述のうち、最も不適当なものはどれか。

⑴　扇状地は、山地から河川により運ばれてきた砂礫(れき)等が堆積して形成された地盤である。

⑵　三角州は、河川の河口付近に見られる軟弱な地盤である。

⑶　台地は、一般に地盤が安定しており、低地に比べ、自然災害に対して安全度は高い。

⑷　埋立地は、一般に海面に対して比高を持ち、干拓地に比べ、水害に対して危険である。

干拓地よりはまし。

講義

(1) 適　当。扇状地は、山地から河川により運ばれてきた**砂礫等**が堆積して形成された地盤だ。

(2) 適　当。三角州は、河川の河口付近に見られる**軟弱な地盤**だ。ちなみに、三角州は、地震時の液状化現象の発生に注意が必要な場所だ。ついでに覚えておこう。

(3) 適　当。台地は、一般に地盤が安定しており、地震や洪水に強い。だから、低地に比べ、自然災害に対しての**安全度は高い**。 507頁④

(4) 不適当。埋立地は、一般に海面に対して**比高**を持っている（水面より高いということ）。だから、埋立地は、水面より低い干拓地よりはまし。したがって、埋立地の方が水害に対して**安全**だ（干拓地の方が水害に対して危険だ）。 507頁⑤⑥

正　解 (4)

Point!

	水面より
埋立地	高い（肢(4)）
干拓地	低い

注意！ 埋立地の方が安全（干拓地の方が危険）（肢(4)）

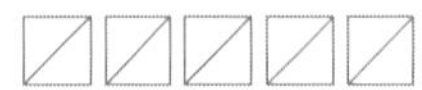

土　地　[令4-49]

土地に関する次の記述のうち、最も不適当なものはどれか。

⑴　台地の上の浅い谷は、豪雨時には一時的に浸水することがあり、注意を要する。

⑵　低地は、一般に洪水や地震などに対して強く、防災的見地から住宅地として好ましい。

⑶　埋立地は、平均海面に対し４～５ｍの比高があり護岸が強固であれば、住宅地としても利用が可能である。

⑷　国土交通省が運営するハザードマップポータルサイトでは、洪水、土砂災害、高潮、津波のリスク情報などを地図や写真に重ねて表示できる。

洪水や地震に弱い→住宅地として好ましくない。

講義

(1) 適　当。台地は、一般に水はけが**よく**地盤が**安定**している。ただし、台地の上の**浅い谷**は、豪雨時には一時的に浸水することがあり、注意を要する。

507頁④

(2) 不適当。低地は、一般に洪水や地震等に対して**弱い**。だから、防災的見地からは住宅地として**好ましくない**。

(3) 適　当。埋立地は、海や湖を土砂で埋めて造成した陸地だ。陸地ではあるが、もともとは海や湖だった場所だから、住宅地に適しているとはいえない。ただし、平均海面に対し4～5mの比高（水面より高いということ）があり護岸が**強固**であれば、住宅地としても利用が可能だ。

507頁⑥

(4) 適　当。国土交通省が運営するハザードマップポータルサイトでは、身のまわりの**災害リスク**を調べることできる。このサイトでは、洪水、土砂災害、高潮、津波の**リスク情報**等を地図や写真に重ねて表示できる。

正　解　(2)

台地（肢(1)）

1 一般に水はけが**よく**地盤が**安定**している（だから、洪水や地震に強い）。

2 ただし、台地の上の**浅い谷**は、豪雨時には一時的に浸水することがある。

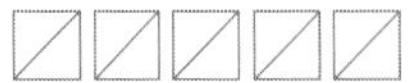

土　地　[平25-49]

日本の土地に関する次の記述のうち、最も不適当なものはどれか。

⑴　国土を山地と平地に大別すると、山地の占める比率は、国土面積の約75%である。

⑵　火山地は、国土面積の約7%を占め、山林や原野のままの所も多く、水利に乏しい。

⑶　台地・段丘は、国土面積の約12%で、地盤も安定し、土地利用に適した土地である。

⑷　低地は、国土面積の約25%であり、洪水や地震による液状化などの災害危険度は低い。

数字を知らなくても解ける問題だ。

講義

(1) 適　当。国土を山地と平地に大別すると、山地の占める比率は、国土面積の約 **75%** だ。

(2) 適　当。火山地は、国土面積の約 7% を占め、山林や原野のままの所も多く、**水利に乏しい**。

(3) 適　当。台地・段丘は、国土面積の約 12% で、**地盤も安定**し、土地利用に適した土地だ。

(4) 不適当。低地は、国土面積の約 **13%** であり、洪水や地震による液状化などの災害危険度は**高い**。

以上全体につき、506 頁以下

（正　解）(4)

数字（%）についての**知識がゼロ**でも、正解できる問題であるぞ。この問題は、正解して欲しいぞ（間違えると差をつけられてしまうぞ）。

土　地　[令2-49]

土地に関する次の記述のうち、最も不適当なものはどれか。

⑴　都市の中小河川の氾濫の原因の一つは、急速な都市化、宅地化に伴い、降雨時に雨水が短時間に大量に流れ込むようになったことである。

⑵　中小河川に係る防災の観点から、宅地選定に当たっては、その地点だけでなく、周辺の地形と防災施設に十分注意することが必要である。

⑶　地盤の液状化については、宅地の地盤条件について調べるとともに、過去の地形についても古地図などで確認することが必要である。

⑷　地形や地質的な条件については、宅地に適しているか調査する必要があるが、周辺住民の意見は聴かなくてよい。

意見を聴くのと聴かないの、どちらが良い？

講義

⑴ 適　当。都市の中小河川の氾濫の原因の一つは、急速な**都市化**、**宅地化**に伴い、降雨時に雨水が短時間に大量に流れ込むようになったことだ。

⑵ 適　当。中小河川に係る防災の観点から、宅地選定に当たっては、その地点だけでなく、**周辺の地形**と**防災施設**に十分注意することが必要だ。

⑶ 適　当。地盤の液状化については、宅地の地盤条件について調べるとともに、**過去の地形**についても古地図などで確認することが必要だ。たとえば、液状化については、一見安全な土地があるとする。ところが、この土地の過去の地形を調べてみると昔は河川だったことが判明した（旧河道）。過去の地形を調べたおかげで、液状化については危険だ、ということがわかったわけだ。

⑷ 不適当。地形や地質的な条件については、**宅地**に適しているか調査する必要がある（前半は適当）。そして、周辺住民の意見は聴いた方が良い（後半が不適当）。

以上全体につき、506頁 以下

（正　解）⑷

常識とカンで解ける問題だ。正答率も非常に高い。間違えたら差をつけられてしまうぞ。

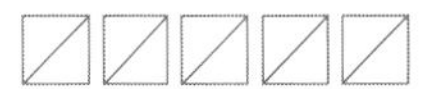

土　地　[令5-49]

土地に関する次の記述のうち、最も不適当なものはどれか。

⑴　自然堤防の後背湿地側の縁は、砂が緩く堆積していて、地下水位も浅いため、地震時に液状化被害が生じやすい地盤である。

⑵　谷底低地に軟弱層が厚く堆積している所では、地震動が凝縮されて、震動が小さくなる。

⑶　1923年の関東地震の際には、東京の谷底低地で多くの水道管や建物が被害を受けた。

⑷　大都市の近郊の丘陵地では、丘を削り谷部に盛土し造成宅地が造られたが、盛土造成に際しては、地下水位を下げるため排水施設を設け、締め固める等の必要がある。

谷底低地に関する肢が２つある。どちらかが正解肢ではないか。

講義

⑴　適　当。自然堤防とは河川の両側に自然にできた微高地のことだ。自然堤防の後背湿地側の縁（はじっこ）は、砂が緩く堆積していて、地下水位も浅いため、地震時に**液状化**被害が生じやすい地盤である。

⑵　不適当。谷底低地に軟弱層が厚く堆積している所では、地震動が増幅されて、震動が**大きく**なる。

⑶　適　当。谷底低地の地盤は**軟弱**だ。1923 年の関東地震の際には、東京の谷底低地で多くの水道管や建物が被害を受けた。

⑷　適　当。大都市の近郊の丘陵地では、丘を削り谷部に盛土し造成宅地が造られた。盛土による造成はキケンだ（がけ崩れ・土砂の流出による災害のキケン）。だから、盛土造成に際しては、地下水位を下げるため**排水施設**を設け、締め固める等の必要がある。

以上全体につき、 506 頁 以下

（正　解） ⑵

常識で解ける問題であるぞ。本問は正答率が高いので、間違えたら差を付けられてしまうぞ。

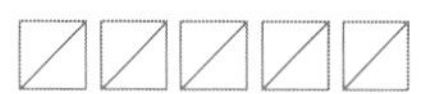

建　　物 ［平30-50］

建築物の構造に関する次の記述のうち、最も不適当なものはどれか。

⑴　木造建物を造る際には、強度や耐久性において、できるだけ乾燥している木材を使用するのが好ましい。

⑵　集成木材構造は、集成木材で骨組を構成したもので、大規模な建物にも使用されている。

⑶　鉄骨構造は、不燃構造であり、耐火材料による耐火被覆がなくても耐火構造にすることができる。

⑷　鉄筋コンクリート構造は、耐久性を高めるためには、中性化の防止やコンクリートのひび割れ防止の注意が必要である。

大空間の建物以外でも OK。

講義

⑴ 適　当。 木材は、**乾燥**している方が強度や耐久性が強い。だから、木造建物を造る際には、できるだけ乾燥している木材を使用するのが好ましい。

⑵ 適　当。 集成木材構造は、集成木材で骨組を構成したもので、**大規模な建物**（㊍ 体育館）にも使用されている。ちなみに集成木材とは、単板等を接着剤で張り合わせたもので、伸縮・変形・割れ等の生じにくい、強度の高い加工木材だ。

⑶ 不適当。 鉄骨構造は、不燃構造だ。しかし、耐火構造ではない（燃えないが熱には弱いのだ)。鉄骨構造を耐火構造にするためには、**耐火材料**による**耐火被覆**が必要なので、本肢は不適当だ。

⑷ 適　当。 鉄筋コンクリート構造とは、鉄筋をコンクリートで覆った構造のことだ。コンクリートが中性化したりひび割れて水が浸入したりすると中の鉄筋が錆びてしまう。そうなると鉄筋が膨張し、コンクリートを破壊してしまう危険がある。したがって、**中性化の防止**やコンクリートのひび割れを防止する必要があるというわけ。

（正　解） ⑶

鉄骨構造

1 不燃構造だ（肢⑶)。

2 耐火構造ではない。注意！

注意！ 耐火構造にするためには、**耐火材料**による被覆が必要だ（肢⑶)。

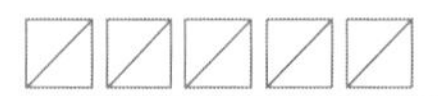

建　物 [平23-50]

建築物の構造に関する次の記述のうち、最も不適当なものはどれか。

(1) ラーメン構造は、柱とはりを組み合わせた直方体で構成する骨組である。

(2) トラス式構造は、細長い部材を三角形に組み合わせた構成の構造である。

(3) アーチ式構造は、スポーツ施設のような大空間を構成するには適していない構造である。

(4) 壁式構造は、柱とはりではなく、壁板により構成する構造である。

体育館を思い出せ！

講義

⑴ 適　当。ラーメン構造は、柱とはりを組み合わせた**直方体**で構成する骨組のことだ（ちなみに、ラーメンとは、ドイツ語で額縁のこと）。

⑵ 適　当。トラス式構造は、細長い部材を**三角形**に組み合わせた構成の構造だ。

⑶ 不適当。アーチ式構造は、**大空間**を構成するのに適している構造だ。だから、体育館やスポーツ施設を建設する場合に用いられる。

⑷ 適　当。壁式構造は、柱とはりではなく、**壁板**により構成する構造のことだ（壁板を組み合わせた箱状の骨組みのこと）。

以上全体につき、507 頁以下

正　解　⑶

1　ラーメン構造 ➡ **直方体**（肢⑴）
2　トラス式構造 ➡ **三角形**（肢⑵）
3　アーチ式構造 ➡ **大空間**（肢⑶）

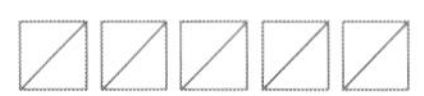

建　物　[平28-50]

建築物の構造に関する次の記述のうち、最も不適当なものはどれか。

(1)　鉄骨造は、自重が大きく、靭性が小さいことから、大空間の建築や高層建築にはあまり使用されない。

(2)　鉄筋コンクリート造においては、骨組の形式はラーメン式の構造が一般に用いられる。

(3)　鉄骨鉄筋コンクリート造は、鉄筋コンクリート造にさらに強度と靭性を高めた構造である。

(4)　ブロック造を耐震的な構造にするためには、鉄筋コンクリートの布基礎及び臥梁により壁体の底部と頂部を固めることが必要である。

話が真逆になっている肢がある。それが正解肢。

講義

⑴　不適当。鉄骨造は、自重が**小さく**（軽く）、靭性が**大きい**ことから、大空間の建築や高層建築に使用される。ちなみに、靭性とは粘り強さのことだ。

⑵　適　当。鉄筋コンクリート造においては、骨組の形式は**ラーメン構造**が一般に用いられる。ちなみに、ラーメン構造とは、柱とはりを組み合わせた直方体で構成する骨組のことだ。　過 平成23年第50問⑴

⑶　適　当。鉄骨鉄筋コンクリート造は、鉄筋コンクリート造にさらに**強度と靭性を高めた**構造だ（イメージ 鉄筋コンクリート造＋強度＋靭性➡鉄骨鉄筋コンクリート造）。

⑷　適　当。ブロック造は、そのままでは、トーゼン耐震性が低い。だから、ブロック造を耐震的な構造にするためには、**鉄筋コンクリート**の布基礎と臥梁（鉄筋コンクリート製の梁のこと）で底部と頂部を固めることが必要だ。要するに、耐震性を上げるため、下（底部）も上（頂部）も鉄筋コンクリートで補強しなさい、という話。

正　解　⑴

鉄骨造（肢⑴）

1　自重　➡小さい

2　靭性（粘り強さ）➡大きい

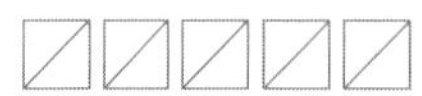

建　物　[平24-50]

建物の構造に関する次の記述のうち、最も不適当なものはどれか。

⑴　鉄筋コンクリート構造の中性化は、構造体の耐久性や寿命に影響しない。

⑵　木造建物の寿命は、木材の乾燥状態や防虫対策などの影響を受ける。

⑶　鉄筋コンクリート構造のかぶり厚さとは、鉄筋の表面からこれを覆うコンクリート表面までの最短寸法をいう。

⑷　鉄骨構造は、不燃構造であるが、火熱に遭うと耐力が減少するので、耐火構造にするためには、耐火材料で被覆する必要がある。

コンクリートが鉄筋を守る。

講義

(1) 不適当。コンクリートはアルカリ性だ。そして、コンクリートが中性化すると（＝アルカリ性が失われると）、鉄筋が錆びてしまう（要するに、アルカリ性のコンクリートが鉄筋を守っているのだが、アルカリ性が失われると、鉄筋を守ることができなくなり、その結果、鉄筋が錆びてしまう、ということ）。だから、**中性化**は、耐久性や寿命に**影響する**。

(2) 適　当。木材は、乾燥している方が強度が大きい。そして、防虫対策をしていれば、シロアリなどによる被害も受けにくくなる。だから、木造建物の寿命は、木材の**乾燥状態**や**防虫対策**などの影響を受ける。

(3) 適　当。鉄筋コンクリート構造の**かぶり厚さ**とは、鉄筋の表面からこれを覆うコンクリート表面までの**最短寸法**をいう。

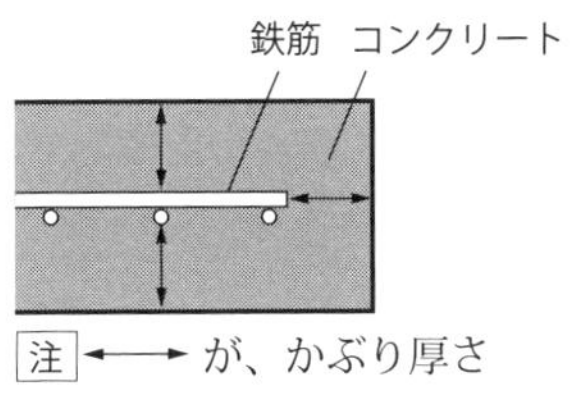

(4) 適　当。鉄骨構造は、不燃構造だが、火熱に遭うと耐力が減少するので、耐火構造にするためには、**耐火材料で被覆**する必要がある。

正　解 (1)

肢(1)は、「中性化」➡ つまり、性質が変化してしまったということ ➡ しかし、本文には、「構造体の耐久性や寿命に影響しないと書かれている ➡ 不適当なのではないか、と推理できたのではないか。

第4編 住宅金融支援機構／公示価格／不動産の鑑定評価の方法／不当景品類及び不当表示防止法／土地・建物／統計

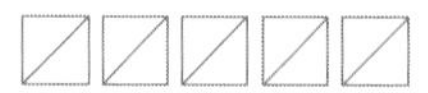

建　物 [令3-50]

建物の構造に関する次の記述のうち、最も不適当なものはどれか。

(1) 鉄骨構造は、主要構造の構造形式にトラス、ラーメン、アーチ等が用いられ、高層建築の骨組に適している。

(2) 鉄骨構造の床は既製気泡コンクリート板、プレキャストコンクリート板等でつくられる。

(3) 鉄骨構造は、耐火被覆や鋼材の加工性の問題があり、現在は住宅、店舗等の建物には用いられていない。

(4) 鉄骨構造は、工場、体育館、倉庫等の単層で大空間の建物に利用されている。

大空間の建物以外でも OK。

講義

⑴ 適　当。鉄骨構造は、主要構造の構造形式にトラス、ラーメン、アーチ等が用いられる（前半は適当）。また、自重が小さく（軽いということ）、靭性が大きい（粘り強いということ）。だから、**高層建築**の骨組に適している（後半も適当）。

⑵ 適　当。鉄骨構造の床は、既製気泡**コンクリート板**、プレキャストコンクリート板等でつくられる。

⑶ 不適当。鉄骨構造は、耐火被覆や鋼材の加工性の問題はあるが、住宅、店舗等の建物にも**用いられている**。

⑷ 適　当。鉄骨構造は、自重が小さく（軽いということ）、靭性が大きい（粘り強いということ）。だから、工場、体育館、倉庫等の**大空間**の建物に利用されている。

以上全体につき、 507 頁以下

正　解 ⑶

鉄骨構造は、自重が小さく、靭性が大きい。
➡ だから、**高層**建築や**大空間**の建築に適している（利用されている）（肢⑵⑷）。

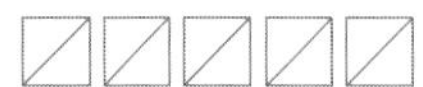

建　物　　［平29-50］

建物の構造と材料に関する次の記述のうち、最も不適当なものはどれか。

⑴　木材の強度は、含水率が小さい状態の方が低くなる。

⑵　鉄筋は、炭素含有量が多いほど、引張強度が増大する傾向がある。

⑶　常温、常圧において、鉄筋と普通コンクリートを比較すると、熱膨張率はほぼ等しい。

⑷　鉄筋コンクリート構造は、耐火性、耐久性があり、耐震性、耐風性にも優れた構造である。

乾燥している方が丈夫。

講義

(1)　不適当。木材の強度は、含水率が**小さい**（乾燥していること）状態の方が**高く**なる。要するに、乾燥している方が強度が高いということ。

(2)　適　当。鉄筋は、炭素含有量が**多い**ほど、引張強度が**増大**する傾向がある。

(3)　適　当。常温、常圧において、鉄筋と普通コンクリートを比較すると、熱膨張率は**ほぼ等しい**。

(4)　適　当。鉄筋コンクリート構造は、耐火性・耐久性があり、耐震性・耐風性にも**優れている**。

以上全体につき、513 頁以下

正　解　(1)

木材の含水率と強度

含水率	強度
大きい	低い（小さい）
小さい	高い（大きい）（肢(1)）

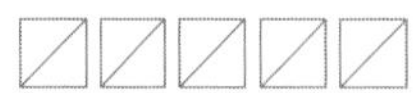

建　　物　[令5-50]

建物の構造と材料に関する次の記述のうち、最も不適当なものはどれか。

⑴　鉄筋コンクリート構造は、地震や風の力を受けても、躯体の変形は比較的小さく、耐火性にも富んでいる。

⑵　鉄筋コンクリート構造は、躯体の断面が大きく、材料の質量が大きいので、建物の自重が大きくなる。

⑶　鉄筋コンクリート構造では、鉄筋とコンクリートを一体化するには、断面が円形の棒鋼である丸鋼の方が表面に突起をつけた棒鋼である異形棒鋼より、優れている。

⑷　鉄筋コンクリート構造は、コンクリートが固まって所定の強度が得られるまでに日数がかかり、現場での施工も多いので、工事期間が長くなる。

話が逆になっている肢を探せ！

講義

⑴ 適　当。鉄筋コンクリート構造は、その名の通り、鉄筋＋コンクリートだ（鉄筋をコンクリートで覆っている）。鉄筋は引張りに強く、コンクリートは圧縮に強い。だから、躯体の変形は比較的**小さい**（引張りに対しては引張りに強い鉄筋が、圧縮に対しては圧縮に強いコンクリートが受け持つから、変形は比較的小さくなるというわけ）。また、コンクリートは**耐火性**が強い。そのコンクリートで鉄筋を覆っているのだから、**耐火性**にも富んでいる。

⑵ 適　当。鉄筋コンクリート構造は、躯体の断面が**大きい**。また材料の質量が**大きい**（材料である鉄筋もコンクリートも重い）ので、建物の自重が**大きく**なる。

⑶ 不適当。鉄筋コンクリート構造では、鉄筋とコンクリートを一体化するには「表面に突起をつけた棒鋼である**異形棒鋼**」の方が、「断面が円形の棒鋼である丸鋼」より、**優れている**（突起がある方が、ない方より一体化する）。本肢は話が逆になっているから不適当だ（「異形棒鋼＞丸鋼」なのに、本肢は「異形棒鋼＜丸鋼」になっている）。

⑷ 適　当。鉄筋コンクリート構造は、コンクリートが固まって所定の強度が得られるまでに日数がかかり、現場での施工も**多い**。だから、工事期間が**長くなる**。

以上全体につき、507頁 以下

（正　解）⑶

鉄筋コンクリート構造

1 耐久性 ➡ ○（変形は比較的**小さい**）（肢⑴）

2 耐火性 ➡ ○（肢⑴）

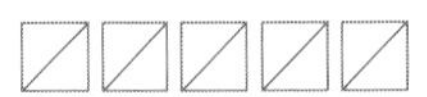

建　物　［平27-50］

建物の構造に関する次の記述のうち、最も不適当なものはどれか。

⑴　木造は湿気に強い構造であり、地盤面からの基礎の立上がりをとる必要はない。

⑵　基礎の種類には、直接基礎、杭基礎等がある。

⑶　杭基礎には、木杭、既製コンクリート杭、鋼杭等がある。

⑷　建物は、上部構造と基礎構造からなり、基礎構造は上部構造を支持する役目を負うものである。

「話が逆」を探せ！

講義

⑴　不適当。木造は湿気に**弱い**構造であり、地盤面からの基礎の立上がりをキチンととる必要がある。話が逆だ。

⑵　適　当。基礎には、杭を打ち込むパターンの基礎（**杭基礎**）と杭を打ち込まないパターンの基礎（**直接基礎**）等がある。

⑶　適　当。**杭基礎**には、木杭、既製コンクリート杭、鋼杭等がある（杭を打ち込むパターンの基礎のことを杭基礎というが、杭の種類に、木・コンクリート・鋼等がある、という話）。

⑷　適　当。建物は、上部構造と基礎構造からなり、基礎構造は上部構造を**支持**する役目を負うものだ。

以上全体につき、507 頁以下

正　解　(1)

基礎の知識が０（ゼロ）でも、正解肢の肢⑴がカンターンなので、正解できる問題であるぞ。

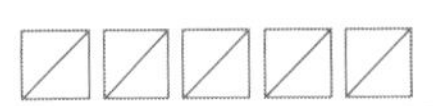

建　物 ［令2-50］

建築物の構造に関する次の記述のうち、最も不適当なものはどれか。

⑴　建物の構成は、大きく基礎構造と上部構造からなっており、基礎構造は地業と基礎盤から構成されている。

⑵　基礎の種類には、基礎の底面が建物を支持する地盤に直接接する直接基礎と、建物を支持する地盤が深い場合に使用する杭基礎（杭地業）がある。

⑶　直接基礎の種類には、形状により、柱の下に設ける独立基礎、壁体等の下に設けるべた基礎、建物の底部全体に設ける布基礎（連続基礎）等がある。

⑷　上部構造は、重力、風力、地震力等の荷重に耐える役目を負う主要構造と、屋根、壁、床等の仕上げ部分等から構成されている。

説明が入れ替わっているものがある。それが正解肢。

講義

(1) 適　当。建物の構成は、大きく**基礎構造**と上部構造からなっている。そして、基礎構造は地業と基礎盤から構成されている。

(2) 適　当。基礎の種類には、基礎の底面が建物を支持する地盤に直接接する**直接基礎**と、建物を支持する地盤が深い場合に使用する**杭基礎**（杭地業）がある。

(3) 不適当。直接基礎の種類には、形状により、柱の下に設ける**独立基礎**、壁体等の下に設ける**布基礎**（連続基礎）、建物の底部全体に設ける**べた基礎**等がある。本肢は布基礎とべた基礎の説明が入れ替わっているので不適当だ。

(4) 適　当。肢(1)の解説にあるように、建物の構成は、大きく基礎構造と上部構造からなっている。そして、上部構造は、重力、風力、地震力等の荷重に耐える役目を負う**主要構造**と、屋根、壁、床等の**仕上げ部分**等から構成されている。

以上全体につき、507 頁 以下

正　解 (3)

直接基礎の種類（肢(3)）

1 **独立基礎** ➡ 柱の下に設ける基礎。
2 **布基礎** ➡ 壁体等の下に設ける基礎。
3 **べた基礎** ➡ 建物の底部全体に設ける基礎。

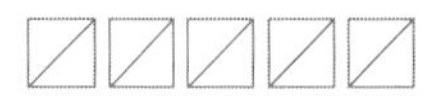

建　物　[平25-50]

建築の構造に関する次の記述のうち、最も不適当なものはどれか。

(1) 耐震構造は、建物の柱、はり、耐震壁などで剛性を高め、地震に対して十分耐えられるようにした構造である。

(2) 免震構造は、建物の下部構造と上部構造との間に積層ゴムなどを設置し、揺れを減らす構造である。

(3) 制震構造は、制震ダンパーなどを設置し、揺れを制御する構造である。

(4) 既存不適格建築物の耐震補強として、制震構造や免震構造を用いることは適していない。

常識＋消去法。

講義

⑴　適　当。**耐震構造**は、建物の柱、はり、耐震壁などで**剛性を高め**（変形しにくくすること）、地震に対して十分耐えられるようにした構造だ。

⑵　適　当。**免震構造**は、建物の下部構造と上部構造との間に積層ゴムなどを設置し、**揺れを減らす**構造だ（要するに、積層ゴムのおかげで、建物に揺れが伝わりにくくなるのだ）。

⑶　適　当。**制震構造**は、制震ダンパーなどを設置し、**揺れを制御**する構造だ（要するに、制震ダンパーという装置が地震のエネルギーを吸収してくれるおかげで、揺れが制御されるのだ）。

⑷　不適当。既存不適格建築物の耐震補強として、制震構造や免震構造を**用いることができる**。だから、「用いることは適していない」と言い切っている本肢は不適当だ。

以上全体につき、507 頁以下

正　解　⑷

既存不適格建築物とは？

建築基準法という法律ができる前に建てられた建築物も日本に沢山ある（要するに、昔からある古い建築物だ）。古い建築物だから、トーゼン、建築基準法の規定に違反する場合が多い（事実上違法状態）。また、建築基準法が改正されることにより、既に建っている建築物が改正後の規定に違反してしまうということもある。しかし、建築物より後にできた（または、改正された）建築基準法の規定に違反するという理由で、「その建築物は建築基準法に違反するから建て直せ」というのも乱暴な話だ。そこで、事実上違法状態にあるけれども、とりあえずそのままでOK（建て直さなくてOK）ということになっている。この古い建築物のことを**既存不適格建築物**という（肢⑷）。

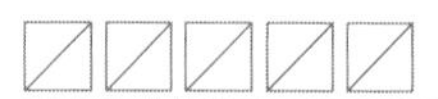

建　物　[令1-50]

建築物の構造に関する次の記述のうち、最も不適当なものはどれか。

⑴　地震に対する建物の安全確保においては、耐震、制震、免震という考え方がある。

⑵　制震は制振ダンパーなどの制振装置を設置し、地震等の周期に建物が共振することで起きる大きな揺れを制御する技術である。

⑶　免震はゴムなどの免震装置を設置し、上部構造の揺れを減らす技術である。

⑷　耐震は、建物の強度や粘り強さで地震に耐える技術であるが、既存不適格建築物の地震に対する補強には利用されていない。

3つとも既存不適格建築物の補強に利用されている。

講義

(1) 適　当。地震に対する建物の安全確保においては、①**耐震**（建物を頑丈にして地震に耐える）、②**制震**（揺れを制御する）、③**免震**（揺れを減らす）という3つの考え方がある。

(2) 適　当。制震は制振ダンパーなどの制振装置を設置し、地震等の周期に建物が共振することで起きる大きな揺れを**制御**する技術だ。

過 平成25年第50問(3)

(3) 適　当。免震はゴムなどの免震装置を設置し、上部構造の揺れを**減らす**技術だ。

過 平成25年第50問(2)

(4) 不適当。耐震は建物の**強度**や粘り強さで地震に耐える技術だ（前半は適当）。そして、耐震は既存不適格建築物の地震に対する補強に利用されている（後半が不適当）。

正　解 (4)

既存不適格建築物の地震に対する補強に利用されているか？

1 耐震 ➡ ○（肢(4)）

2 制震 ➡ ○

3 免震 ➡ ○

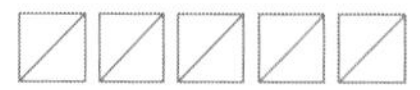

建　物　[平26-50]

建築物の構造と材料に関する次の記述のうち、最も不適当なものはどれか。

(1) 鉄筋コンクリート構造におけるコンクリートのひび割れは、鉄筋の腐食に関係する。

(2) モルタルは、一般に水、セメント及び砂利を練り混ぜたものである。

(3) 骨材とは、砂と砂利をいい、砂を細骨材、砂利を粗骨材と呼んでいる。

(4) コンクリートは、水、セメント、砂及び砂利を混練したものである。

似たような選択肢が２つある。怪しいぞ。

講義

(1) 適　当。コンクリートがひび割れると、ひびから水分が入ってくる。だから、鉄筋が錆びる（**腐食**する）。だから、コンクリートのひび割れは、鉄筋の腐食に関係する。

(2) 不適当。セメント＋水＋**砂**＝モルタルだ。砂利が入っていてはダメだ。肢(4)との違いに注意。

(3) 適　当。骨材とは、モルタルやコンクリート等を作る際に使用する砂や砂利のことだ。小さい方の**砂**のことを**細骨材**と呼び、大きい方の**砂利**のことを**粗骨材**と呼ぶ。

(4) 適　当。セメント＋水＋砂＋**砂利**＝コンクリートだ。肢(2)との違いに注意。

以上全体につき、 507 頁以下

正　解 (2)

1 モルタル　　➡ セメント＋水＋**砂**（**細骨材**）（肢(2)(3)）

2 コンクリート ➡ セメント＋水＋砂（細骨材）＋**砂利**（**粗骨材**）（肢(3)(4)）

コメント この問題は、難問だ。しかし、細かな知識が無くても、「砂利」という単語にさえ注目できれば、➡「モルタルは、外壁に塗ったりするものだよな……、だから、砂利が入っていたらマズイのでは？」とか「コンクリートには砂利が入っていても別に構わないような気がする……」と思い付くことができるので、正解を導き出すことは可能だ。

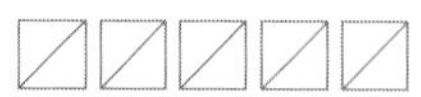

建　物 [令4-50]

建築物の構造に関する次の記述のうち、最も不適当なものはどれか。

⑴　木構造は、主要構造を木質系材料で構成するものであり、在来軸組構法での主要構造は、一般に軸組、小屋組、床組からなる。

⑵　在来軸組構法の軸組は、通常、水平材である土台、桁、胴差と、垂直材の柱及び耐力壁からなる。

⑶　小屋組は、屋根の骨組であり、小屋梁、小屋束、母屋、垂木等の部材を組み合わせた和小屋と、陸梁、束、方杖等の部材で形成するトラス構造の洋小屋がある。

⑷　軸組に仕上げを施した壁には、真壁と大壁があり、真壁のみで構成する洋風構造と、大壁のみで構成する和風構造があるが、これらを併用する場合はない。

難しい用語が並ぶが、カンで解ける問題だ。

講義

(1) 適　当。木構造は、主要構造を木質系材料で構成するものだ。在来軸組構法での主要構造は、一般に軸組、小屋組（屋根を支えるための骨組み）、床組（床を支えるための骨組み）からなる。

(2) 適　当。水平材とは水平に取り付けられたもので、垂直材とは垂直に取り付けられたものだ。在来軸組構法の軸組は、通常、**水平材**である土台・桁・胴差（上の階と下の階の間に入れる部材）と、**垂直材**の柱・耐力壁からなる。

(3) 適　当。小屋組は、屋根の骨組（屋根を支えるための骨組み）だ。小屋組みには、小屋梁・小屋束（束は短い柱をイメージすると良い。つまり、小屋束とは小屋梁と母屋を接続する短い柱）・母屋・垂木等の部材を組み合わせた**和小屋**と、陸梁（小屋組の最下部におかれる梁）・束・方杖（斜めに入れられる部材）等の部材で三角形を形成したトラス構造の**洋小屋**がある。

(4) 不適当。真壁（柱が見える壁）のみで構成するのが**和風構造**で、大壁（柱が隠れている壁）のみで構成するのが**洋風構造**だ。「真壁→和風、大壁→洋風」なのに、本肢は「真壁→洋風、大壁→和風」になっている（説明が逆になっている）から、不適当だ。また、真壁と大壁を併用する場合も**ある**ので、「併用する場合はない」と言い切っている部分も不適当だ。

以上全体につき、🔗507 頁 以下

正　解　(4)

難しい用語ばかりの問題だ。ただし、肢(4)の「併用する場合はない」と言い切っている部分に着目できれば ➡「用語の意味は分からないが、併用する場合もあるのでは？」➡「肢(4)は不適当」という道筋で正解にたどり付くことが可能だぞ。

読み方 ➡ 桁（けた）、胴差（どうさし）、真壁（しんかべ）、大壁（おおかべ）。

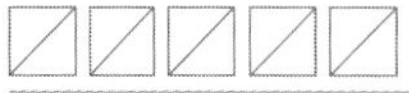

統　計　[令4-48]

次の記述のうち、正しいものはどれか。

⑴　建築着工統計調査報告（令和３年計。令和４年１月公表）によれば、令和３年の新設住宅の着工戸数のうち、持家は前年比で増加したが、貸家及び分譲住宅は前年比で減少した。

⑵　令和４年地価公示（令和４年３月公表）によれば、令和３年１月以降の１年間の住宅地の地価は、三大都市圏平均では下落したものの、それ以外の地方圏平均では上昇した。

⑶　令和４年版土地白書（令和４年６月公表）によれば、令和３年の全国の土地取引件数は約133万件となり、土地取引件数の対前年比は令和元年以降減少が続いている。

⑷　国土交通省の公表する不動産価格指数のうち、全国の商業用不動産総合の季節調整値は、2021年（令和３年）においては第１四半期から第４四半期まで連続で対前期比増となった。

本問は出題ミスのため、正解肢なし。

講義

⑴　誤。新設住宅の着工戸数は、持家も貸家も分譲住宅も前年比で**増加**した。「貸家及び分譲住宅は前年比で減少した」という部分が×だ。

⑵　誤。令和３年１月以降の１年間の住宅地の地価は、三大都市圏平均では**上昇**した（前半が×だ)。また、地方圏平均でも**上昇**した（後半は○だ)。

⑶　誤。令和３年の全国の土地取引件数は約133万件だ（前半は○)。平成30年の土地取引は約131万件、令和元年は約131万件、令和２年は約128万件、令和３年は約133万件だ（約131万件 →約131万件 → 約128万件 →約133万件)。前年比で**増加**している年もある。だから、「対前年比は令和元年以降減少が続いている」とある後半部分が×。

⑷　誤。不動産価格指数のうち、全国の商業用不動産総合の季節調整値は、第２四半期は対前期比でわずかに**減少**した。だから、「連続で対前期比増」とある本肢は×だ。

（正　解）　なし

肢⑷について

国土交通省発表のデータ改訂に伴い、第２四半期の対前期比は「増加」から「減少」に改訂された。そのため、当初（改訂前）は「正しい肢」であった肢⑷が「誤りの肢」となってしまった。

結局、問48は「正しい肢」がないため、正解肢のない問題となってしまった。なお、問48は全員正解として取り扱うことになった（救済措置)。

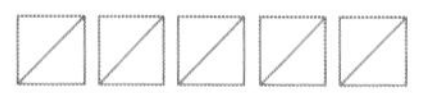

統　計　[令5-48]

次の記述のうち、誤っているものはどれか。

⑴　令和３年度宅地建物取引業法の施行状況調査（令和４年９月公表）によれば、令和４年３月末における宅地建物取引業者の全事業者数は14万業者を超え、８年連続で増加した。

⑵　令和５年地価公示（令和５年３月公表）によれば、令和４年１月以降の１年間の地価について、地方圏平均では、全用途平均、住宅地、商業地のいずれも２年連続で上昇し、工業地は６年連続で上昇した。

⑶　建築着工統計調査報告（令和４年計。令和５年１月公表）によれば、令和４年の民間非居住建築物の着工床面積は、前年と比較すると、工場及び倉庫は増加したが、事務所及び店舗が減少したため、全体で減少となった。

⑷　年次別法人企業統計調査（令和３年度。令和４年９月公表）によれば、令和３年度における不動産業の売上高営業利益率は11.1％と２年連続で前年度と比べ上昇し、売上高経常利益率も12.5％と２年連続で前年度と比べ上昇した。

数字が間違っている肢がある。それが正解肢だ。

講義

(1) 誤。令和４年３月末における宅建業者は約**12.9**万だ。14万業者を超えてはいないので、本肢は×だ。なお、８年連続で増加したという部分は○だ。

(2) 正。令和４年１月以降の１年間の地価について、地方圏平均では、全用途平均、住宅地、商業地のいずれも２年連続で**上昇**し、工業地は６年連続で**上昇**した。

(3) 正。令和４年の民間非居住建築物の着工床面積は、前年と比較すると、工場及び倉庫は**増加**したが、事務所及び店舗が**減少**したため、全体で**減少**となった。

(4) 正。令和３年度における不動産業の売上高営業利益率は11.1％と２年連続で前年度と比べ**上昇**し、売上高経常利益率も12.5％と２年連続で前年度と比べ**上昇**した。

正解 (1)

数字（宅建業者の数が約12.9万ということ）を知らないと、正解できない問題であった。間違えてもしょうがない。本問は正答率も低かった。

第４編　弱点表

項　目	番　号	難　度	正　解	自己採点
住宅金融支援機構	平 25-46	普通	(1)	
住宅金融支援機構	平 30-46	カンターン	(1)	
住宅金融支援機構	令　4-46	カンターン	(1)	
住宅金融支援機構	平 22-46	難しい	(3)	
住宅金融支援機構	平 24-46	難しい	(3)	
住宅金融支援機構	平 29-46	カンターン	(3)	
住宅金融支援機構	平 27-46	カンターン	(3)	
住宅金融支援機構	平 28-46	難しい	(2)	
住宅金融支援機構	令　3-46	難しい	(1)	
住宅金融支援機構	令　1-46	カンターン	(1)	
住宅金融支援機構	令　5-46	カンターン	(2)	
住宅金融支援機構	令　2-46	普通	(2)	
公示価格	平 18-29	カンターン	(4)	
公示価格	令　4-25	カンターン	(2)	
公示価格	平 21-25	普通	(2)	
公示価格	令　1-25	カンターン	(3)	
公示価格	平 14-29	普通	(3)	
公示価格	平 23-25	普通	(2)	
公示価格	平 27-25	普通	(1)	
公示価格	平 25-25	難しい	(3)	
公示価格	平 26-25	難しい	(1)	
鑑定評価	平 22-25	普通	(1)	

鑑定評価	令 2-25	普通	(4)	
鑑定評価	平 30-25	難しい	(1)	
鑑定評価	平 16-29	難しい	(1)	
鑑定評価	平 28-25	難しい	(2)	
鑑定評価	平 19-29	普通	(4)	
鑑定評価	平 24-25	普通	(4)	
鑑定評価	令 3-25	難しい	(3)	
鑑定評価	令 5-25	難しい	(4)	
不当景品類及び不当表示防止法	平 23-47	カンターン	(1)	
不当景品類及び不当表示防止法	令 4-47	カンターン	(4)	
不当景品類及び不当表示防止法	平 21-47	普通	(4)	
不当景品類及び不当表示防止法	令 1-47	難しい	(4)	
不当景品類及び不当表示防止法	平 22-47	普通	(3)	
不当景品類及び不当表示防止法	平 29-47	普通	(4)	
不当景品類及び不当表示防止法	平 26-47	カンターン	(4)	
不当景品類及び不当表示防止法	平 25-47	普通	(3)	
不当景品類及び不当表示防止法	令 2-47	カンターン	(1)	
不当景品類及び不当表示防止法	平 30-47	カンターン	(2)	
不当景品類及び不当表示防止法	令 3-47	難しい	(2)	
不当景品類及び不当表示防止法	平 27-47	カンターン	(3)	
不当景品類及び不当表示防止法	令 5-47	難しい	(2)	
不当景品類及び不当表示防止法	平 24-47	難しい	(2)	
土　地	平 20-49	普通	(3)	
土　地	平 24-49	カンターン	(3)	

土 地	平 26-49	カンターン	(4)	
土 地	平 21-49	カンターン	(3)	
土 地	令 1-49	カンターン	(3)	
土 地	平 28-49	カンターン	(3)	
土 地	令 3-49	カンターン	(4)	
土 地	平 29-49	カンターン	(4)	
土 地	令 4-49	カンターン	(2)	
土 地	平 25-49	カンターン	(4)	
土 地	令 2-49	カンターン	(4)	
建 物	令 5-49	カンターン	(2)	
建 物	平 30-50	カンターン	(3)	
建 物	平 23-50	カンターン	(3)	
建 物	平 28-50	カンターン	(1)	
建 物	平 24-50	カンターン	(1)	
建 物	令 3-50	カンターン	(3)	
建 物	平 29-50	カンターン	(1)	
建 物	令 5-50	カンターン	(3)	
建 物	平 27-50	カンターン	(1)	
建 物	令 2-50	難しい	(3)	
建 物	平 25-50	カンターン	(4)	
建 物	令 1-50	カンターン	(4)	
建 物	平 26-50	難しい	(2)	
建 物	令 4-50	カンターン	(4)	
統 計	令 4-48	—	—	
統 計	令 5-48	難しい	(1)	

5

第５編

税　　　法

1回解いたら check!
不安 完璧

不動産取得税 [平19-28]

不動産取得税に関する次の記述のうち、正しいものはどれか。

(1) 令和6年4月に土地を取得した場合に、不動産取得税の課税標準となるべき額が30万円に満たないときには不動産取得税は課税されない。

(2) 平成27年4月に建築された床面積200㎡の中古住宅を法人が取得した場合の当該取得に係る不動産取得税の課税標準の算定については、当該住宅の価格から1,200万円が控除される。

(3) 令和6年4月に商業ビルの敷地を取得した場合の不動産取得税の標準税率は、100分の3である。

(4) 不動産取得税は、不動産の取得に対して課される税であるので、相続により不動産を取得した場合にも課税される。

土地と住宅は同じ税率だ！

講義

(1)　誤。あまり安い不動産を取得した場合まで、いちいち課税する必要もない。だから、土地の場合、課税標準の金額が**10万円**未満のときは、不動産取得税が課されないことになっている。ちなみに、土地の課税標準の金額が30万円未満のときに、税金が課されないのは固定資産税の場合だ。ヒッカカらないように注意せよ！

513頁(3)

(2)　誤。新築住宅の場合は、個人が取得したときも、法人が取得したときも、課税標準が1,200万円引きになる。しかし、**中古住宅**の場合は、個人が取得したときは、最大で課税標準が1,200万円引きになるが、**法人**が取得したときは、課税標準は**割引されない**。

511頁 注!

(3)　正。不動産取得税の税率は、**土地**と住宅については、**3%**だ。ちなみに、住宅以外の家屋の税率は4%である。ついでに、覚えておこう。

510頁 注! 2

(4)　誤。不動産取得税が課されるのは、土地・家屋の①売買②交換③贈与④新築増改築の場合だ。**相続**の場合には、相続税が課されるから、**不動産取得税は課されない**。

513頁 注1

正解 (3)

肢(2)の詳しい話

課税標準が控除されるか？

	個人が取得	法人が取得
新築住宅	○	○
中古住宅	○	×

➡**法人**が**中古住宅**を取得した場合だけ控除なし（割引されない）。

不動産取得税　[平22-24]

不動産取得税に関する次の記述のうち、正しいものはどれか。

⑴　生計を一にする親族から不動産を取得した場合、不動産取得税は課されない。

⑵　交換により不動産を取得した場合、不動産取得税は課されない。

⑶　法人が合併により不動産を取得した場合、不動産取得税は課されない。

⑷　販売用に中古住宅を取得した場合、不動産取得税は課されない。

相続と法人の合併は同じ扱い。

講義

(1)　誤。不動産取得税が非課税になるのは、①**相続**や②法人の合併等の場合だ。生計を一にする親族から不動産を取得した場合は、不動産取得税が課される。

513頁(2) 注1

(2)　誤。不動産取得税が課されるのは土地・家屋の、①売買、②**交換**、③贈与、④新築増改築の場合だ。交換の場合も、不動産取得税が課されるので、×だ。

513頁 (2) ②

(3)　正。**法人の合併**の場合は、不動産取得税は課されない（例えば、甲土地を所有するA会社をB会社が吸収合併した場合、B会社は甲土地を取得することになるが、B会社は不動産取得税を払う必要はない）。

513頁(2) 注1

(4)　誤。不動産取得税が非課税になるのは、①**相続**や②法人の合併等の場合だ。販売用の中古住宅を取得した場合は、不動産取得税は課される。

513頁(2)

正　解　(3)

不動産取得税が課されない場合（非課税）

① **相続**

② **法人の合併**（肢(3)）

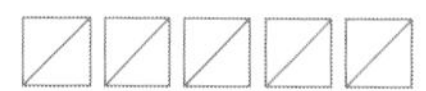

不動産取得税 [平30-24]

不動産取得税に関する次の記述のうち、正しいものはどれか。

⑴ 不動産取得税は、不動産の取得があった日の翌日から起算して３月以内に当該不動産が所在する都道府県に申告納付しなければならない。

⑵ 不動産取得税は不動産の取得に対して課される税であるので、家屋を改築したことにより当該家屋の価格が増加したとしても、新たな不動産の取得とはみなされないため、不動産取得税は課されない。

⑶ 相続による不動産の取得については、不動産取得税は課されない。

⑷ 一定の面積に満たない土地の取得については、不動産取得税は課されない。

相続の場合には、相続税が課される。

講義

(1)　誤。不動産取得税の納付方法は**普通徴収**だ（納税者に納税通知書が送られてくる。そして納税者はそれにしたがって、税金を納める）。

512頁 注2

(2)　誤。不動産取得税が課されるのは、土地・家屋の 1 売買 2 交換 3 贈与 4 **新築増改築**の場合だ。だから、**改築**の場合、不動産取得税は課される（価格が**増加**したら、増加した価格を課税標準として課される）。

513頁(2) 注3

(3)　正。不動産取得税が課されるのは、土地・家屋の 1 売買 2 交換 3 贈与 4 新築増改築の場合だ。だから、相続の場合は不動産取得税は**課されない**。

513頁(2) 注1

(4)　誤。課税標準となる**金額**が、一定未満（土地の場合は10万円未満、家屋の売買・交換・贈与の場合は一戸につき12万円未満、家屋の新築・増改築の場合は一戸につき23万円未満）の場合は、不動産取得税は課されない。一定の金額未満の場合に課されないのであって、一定の面積未満の場合に課されないのではない。

513頁(3)

正解　(3)

不動産取得税が課されるのは、土地・家屋の

1　売買

2　交換

3　贈与

4　**新築増改築**の場合だ。注意！

注意！　**改築**の場合は価格が**増加**したら、増加した価格を課税標準として課される（逆に言うと、価格が増加しなかったら、課されない）（肢(2)）。

第5編 税法

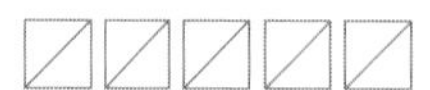

不動産取得税 [平18-28]

不動産取得税に関する次の記述のうち、正しいものはどれか。

⑴　令和６年４月に住宅以外の家屋を取得した場合、不動産取得税の標準税率は、100分の３である。

⑵　令和６年４月に宅地を取得した場合、当該取得に係る不動産取得税の課税標準は、当該宅地の価格の２分の１の額とされる。

⑶　不動産取得税は、不動産の取得に対して、当該不動産の所在する都道府県が課する税であるが、その徴収は特別徴収の方法がとられている。

⑷　令和６年４月に床面積250㎡である新築住宅に係る不動産取得税の課税標準の算定については、当該新築住宅の価格から1,200万円が控除される。

２分の１になるのは住宅、それとも土地？

講義

⑴　誤。**住宅以外**の家屋（店舗や事務所等）を取得した場合の不動産取得税の税率は、**100分の4**（4％）だ。ちなみに、住宅または土地を取得した場合の税率は100分の3（3％）である。 510頁 注! 2

⑵　正。**宅地**を取得した場合には、課税標準が**2分の1**になる。ちなみに、課税標準が2分の1になるのは、宅地についてであり、住宅を取得しても課税標準は2分の1にはならない。念のため。 511頁⑵

⑶　誤。不動産取得税は都道府県税だ。だから、前半部分は正しい。なお、不動産取得税の徴収は**普通徴収**の方法がとられている（納税者に納税通知書が送られてくる。そして納税者はそれにしたがって、税金を納める）。だから、後半部分が誤っている。 512頁 注2

⑷　誤。床面積が50㎡以上**240㎡以下**の新築**住宅**を取得した場合には、課税標準が**1,200万円引き**になる。だから、250㎡の新築住宅を取得しても課税標準は1,200万円引きにはならない。ちなみに、課税標準が1,200万円引きになるのは、住宅についてであり、宅地を取得しても課税標準は1,200万円引きにはならない。念のため。 511頁⑴

正　解　⑵

2つの課税標準

1　床面積が50㎡以上**240㎡以下**の新築住宅を取得した場合には、
　➡ 課税標準が**1,200万円**引きになる（肢⑷）。注意！

注意！ 中古の場合は、耐震基準に適合すること等一定の要件に該当することも必要だ。なお、控除額は最大で1,200万円だ（古いほど、この額が低くなる）。

2　宅地を取得した場合には、
　➡ 課税標準が**1/2**になる（肢⑵）。

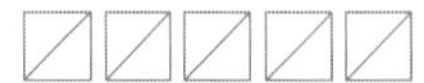

不動産取得税　[令5-24]

不動産取得税に関する次の記述のうち、正しいものはどれか。

⑴　不動産取得税の徴収については、特別徴収の方法によることができる。

⑵　不動産取得税は、目的税である。

⑶　不動産取得税は、不動産の取得に対し、当該不動産所在の市町村及び特別区において、当該不動産の取得者に課する。

⑷　不動産取得税は、市町村及び特別区に対して、課することができない。

国、都道府県、市町村、特別区等に対しては、課することができない。

講義

(1)　誤。不動産取得税の徴収方法は、**普通徴収**だ（納税者に納税通知書が送られてくる。そして、納税者はそれにしたがって、税金を納める）。

512頁 注2

(2)　誤。不動産取得税は目的税ではない。普通税だ。ちなみに、宅建士の試験で登場する税金は、所得税・登録免許税・印紙税・贈与税・相続税・不動産取得税・固定資産税・都市計画税だが、この中で、目的税なのは**都市計画税**だけだ（だから「都市計画税以外は普通税」と覚えておけばOK。それで解ける）。ちなみに、目的税とは使い道が決まっている税金（特定の経費に充てる税金）で、普通税とは使い道が決まっていない税金（一般の経費に充てる税金）のことだ。

(3)　誤。不動産取得税は、都道府県税だ。市町村税ではない。だから、不動産所在の**都道府県**において、不動産の取得者に課する。 512頁3.(1)

(4)　正。国、都道府県、**市町村**、特別区（東京都の23区のこと）等に対しては、不動産取得税を課することができない。

（正　解）(4)

宅建士の試験で登場する税金は、①所得税②登録免許税③印紙税④贈与税⑤相続税⑥不動産取得税⑦固定資産税⑧都市計画税だ。この８つの税金の中で目的税なのは、⑧の**都市計画税**だけだ。だから、「都市計画税➡目的税」、「都市計画税**以外➡**普通税」と覚えておけばOKだ。それで解ける（肢(2)）。

第5編　税法

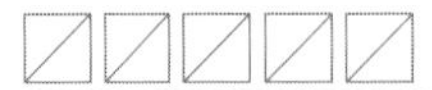

不動産取得税 [令3-24]

不動産取得税に関する次の記述のうち、正しいものはどれか。

⑴ 平成30年に新築された既存住宅（床面積210㎡）を個人が自己の居住のために取得した場合、当該取得に係る不動産取得税の課税標準の算定については、当該住宅の価格から1,200万円が控除される。

⑵ 家屋が新築された日から３年を経過して、なお、当該家屋について最初の使用又は譲渡が行われない場合においては、当該家屋が新築された日から３年を経過した日において家屋の取得がなされたものとみなし、当該家屋の所有者を取得者とみなして、これに対して不動産取得税を課する。

⑶ 不動産取得税は、不動産の取得があった日の翌日から起算して２か月以内に当該不動産の所在する都道府県に申告納付しなければならない。

⑷ 不動産取得税は、不動産を取得するという比較的担税力のある機会に相当の税負担を求める観点から創設されたものであるが、不動産取得税の税率は４％を超えることができない。

中古住宅であっても、平成９年４月１日以降に新築されたものは1,200万円引きになる。

講義

(1) 正。個人が床面積**50㎡**以上**240㎡**以下の既存（中古）住宅を自己の居住用に取得した場合、課税標準が100万円～1,200万円控除される（古いほど控除される額が低くなる。なお、平成９年４月１日以降に新築された場合は1,200万円控除される）。本肢の場合、平成30年に新築（平成９年４月１日以降に新築）されたのだから、1,200万円控除される。

511頁 注!

(2) 誤。新築された家屋については、新築後**６カ月**（業者が売り渡す新築住宅の場合は１年）を経過しても最初の使用または譲渡がない場合は、家屋の所有者を取得者とみなして、これ（家屋の所有者）に対して不動産取得税が課される。３年ではないので、本肢は×だ。 513頁 注2

(3) 誤。不動産取得税の納付方法は**普通徴収**だ（納税者に納税通知書が送られてくる。そして納税者はそれにしたがって、税金を納める）。申告納付ではないので、本肢は×だ。 512頁 注2

(4) 誤。不動産取得税の標準税率は４％だ。標準税率とは、通常の税率ことだ。そして、**財政上**その他の必要がある場合は、通常の税率である４％を超えることが**できる**。

510頁

正　解 (1)

課税標準の控除

1 新築住宅 ➡ 要件を満たせば、**1,200万円**控除される。

2 既存（中古）住宅 ➡ 要件を満たせば、100万円～**1,200万円**控除される。注意！

注意！ 平成９年４月１日以降に新築された場合は1,200万円控除される（肢(1)）。そして、これより古いほど控除される額が低くなる。

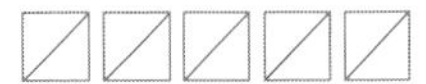

不動産取得税 [令2-24]

不動産取得税に関する次の記述のうち、正しいものはどれか。

(1) 令和６年４月に個人が取得した住宅及び住宅用地に係る不動産取得税の税率は３％であるが、住宅用以外の土地に係る不動産取得税の税率は４％である。

(2) 一定の面積に満たない土地の取得に対しては、狭小な不動産の取得者に対する税負担の排除の観点から、不動産取得税を課することができない。

(3) 不動産取得税は、不動産の取得に対して課される税であるので、家屋を改築したことにより、当該家屋の価格が増加したとしても、不動産取得税は課されない。

(4) 共有物の分割による不動産の取得については、当該不動産の取得者の分割前の当該共有物に係る持分の割合を超えない部分の取得であれば、不動産取得税は課されない。

超えるときは課されるが……。

講義

⑴ 誤。不動産取得税の税率は、住宅と土地は３％で、住宅以外の家屋は**４％**だ。 510頁 注！

⑵ 誤。一定の**金額**未満の土地の取得に対しては、不動産取得税は課されない（課税標準が**10万円**未満の土地の取得に対しては、不動産取得税は課されない）。課されるか課されないかの判断基準は「一定の金額」であって「一定の面積」ではないので、本肢は×だ。 513頁⑶

⑶ 誤。改築の場合は、**改築**により価格が**増加**したら、増加した価格を課税標準として、不動産取得税が課される（たとえば、3,000万円の家屋が改築によって4,000万円になったら、増加した価格である1,000万円を課税標準として不動産取得税が課される）。 513頁 注３

⑷ 正。共有物の分割による不動産の取得の場合は、分割前の持分の割合を**超える**部分の取得のときに、不動産取得税が課される。だから、**超えない**部分の取得のときは、不動産取得税は課されない。

正解 (4)

共有物の分割による不動産の取得

1 分割前の持分の割合を**超える**部分の取得 ➡ 課される。

2 分割前の持分の割合を**超えない**部分の取得 ➡ 課されない（肢(4)）。

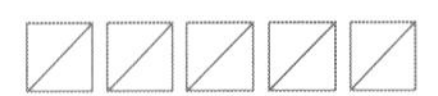

固定資産税 [平15-28]

固定資産税に関する次の記述のうち、正しいものはどれか。

(1) 年度の途中において土地の売買があった場合の当該年度の固定資産税は、売主と買主がそれぞれその所有していた日数に応じて納付しなければならない。

(2) 固定資産税における土地の価格は、地目の変換がない限り、必ず基準年度の価格を３年間据え置くこととされている。

(3) 固定資産税の納税義務者は、常に固定資産課税台帳に記載されている当該納税義務者の固定資産に係る事項の証明を求めることができる。

(4) 固定資産税の徴収方法は、申告納付によるので、納税義務者は、固定資産を登記した際に、その事実を市町村長に申告又は報告しなければならない。

例外が１つでもある場合は、「必ず～」とか「常に～」とかの記述は誤りになる。

講義

⑴　誤。固定資産税の納税義務者は、賦課期日である毎年**1月1日**現在に、固定資産税課税台帳に登録されている者だ。だから、年度の途中で売買があり所有者が変わっても、1月1日に所有者として登録されている者（本肢の場合は売主がこれに当たる）が納税義務者であり、その者が固定資産税を全額納めることになる。　514頁1.

⑵　誤。固定資産税の登録価格は、毎年評価換えをすると手間がかかりすぎるから、原則として**3年に1度**ずつ評価替えを行うことになっている。しかし、例外として地目の変換や廃置分合等の特別の事情がある場合は、基準年度から3年を経過しなくても見直されることになるので、「地目の変換がない限り、必ず基準年度の価格を3年間据え置くこととされている」と記述されている本肢は×だ。　514頁2.

⑶　正。固定資産税の納税義務者は、**常に**固定資産課税台帳に記載されている当該納税義務者の固定資産に係る事項の証明を求めることができる。本肢は、肢⑵と違って例外がないので、「常に……証明を求めることができる」と記述されている本肢は○だ。　516頁⑶ 注2

⑷　誤。固定資産税の納付方法は**普通徴収**だ（納税者に納税通知書が送られてくる。そして納税者はそれにしたがって、税金を納める）。申告納付ではないので、本肢は×だ。　512頁 注2

正解　⑶

肢⑵と肢⑶について

・肢⑵「必ず基準年度の価格を3年間据え置くこととされる。」
　➡ 例外があるから×。
・肢⑶「常に固定資産に係る事項の説明を求めることができる。」
　➡ 例外がないから○。

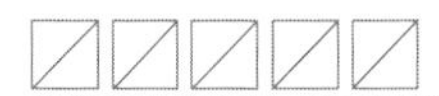

固定資産税 [平27-24]

固定資産税に関する次の記述のうち、正しいものはどれか。

⑴　令和６年１月15日に新築された家屋に対する令和６年度分の固定資産税は、新築住宅に係る特例措置により税額の２分の１が減額される。

⑵　固定資産税の税率は、1.7％を超えることができない。

⑶　区分所有家屋の土地に対して課される固定資産税は、各区分所有者が連帯して納税義務を負う。

⑷　市町村は、財政上その他特別の必要がある場合を除き、当該市町村の区域内において同一の者が所有する土地に係る固定資産税の課税標準額が30万円未満の場合には課税できない。

いちいち課税する必要なし。

講義

⑴　誤。令和６年度分の固定資産税は、令和６年**１月１日**に所有者として登録されている者等が納めることになる。ところが、本肢の建物が新築されたのは、令和６年１月15日だ（令和６年１月１日には、建物は、まだ存在していない＝令和６年１月１日に所有者として登録されている者等はいない）。だから、そもそも、令和６年度分の固定資産税を納める必要がないので、本肢は×だ。　514頁1.

⑵　誤。固定資産税の標準税率は、**1.4％**だ。しかし、市町村は、標準税率を超える税率を定めることができるから、税率が1.7％を超えることもできる。ちなみに、標準税率より低い税率を定めることもできる。　515頁4.

⑶　誤。区分所有家屋（区分所有建物）の土地に対して課される固定資産税は、各区分所有者が共有持分の割合で独立して（**連帯せずに**）納税義務を負う。　514頁1.

⑷　正。課税標準が、①**土地**の場合は**30万円**未満、②家屋の場合は**20万円**未満なら、課税されない。　515頁3.

（正　解）⑷

免税点

同じ市町村内において、同じ者が所有する固定資産の課税標準の合計が、次の金額未満の場合には、固定資産税は課されない。

①　土地　➡　**30万円**（肢⑷）

②　建物　➡　**20万円**

注意！　ただし、財政がピンチの場合（財政上その他特別の必要がある場合）は、市町村の条例で定めれば、①②の金額未満であっても課することができる。

第5編　税法

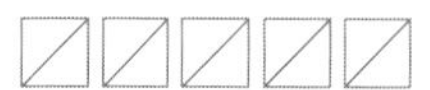

固定資産税 [平20-28]

固定資産税に関する次の記述のうち、正しいものはどれか。

⑴ 固定資産の所有者の所在が震災、風水害、火災等によって不明である場合には、その使用者を所有者とみなして固定資産課税台帳に登録し、その者に固定資産税を課することができる。

⑵ 市町村長は、一筆ごとの土地に対して課する固定資産税の課税標準となるべき額が、財政上その他特別の必要があるとして市町村の条例で定める場合を除き、30万円に満たない場合には、固定資産税を課することができない。

⑶ 固定資産税の課税標準は、原則として固定資産の価格であるが、この価格とは「適正な時価」をいうものとされており、固定資産の価格の具体的な求め方については、都道府県知事が告示した固定資産評価基準に定められている。

⑷ 市町村長は、毎年3月31日までに固定資産課税台帳を作成し、毎年4月1日から4月20日又は当該年度の最初の納期限の日のいずれか遅い日以後の日までの間、納税義務者の縦覧に供しなければならない。

使用者を所有者とみなす！

講義

(1) 正。市町村は、固定資産の所有者の所在が震災等の事由によって不明である場合においては、その**使用者を所有者とみなして**固定資産税を課することができる。 514頁 1. 上の 注!

(2) 誤。たとえ、一筆の土地の課税標準の額が、30万円未満でも、同じ市町村内において、同じ者が所有する複数の土地の課税標準の合計が30万円以上になるなら（例えば、Aさんが甲市に課税標準20万円のX地と課税標準10万円のY地を所有している場合)、課税される。課税されないのは、同じ市町村内において、同じ者が所有する複数の土地の課税標準の合計が**30万円未満**の場合だ（例えば、Aさんが甲市にX地とY地を所有していて、そのX地とY地の課税標準の合計が30万円未満なら課税されない)。 515頁 3.

(3) 誤。固定資産評価基準を告示するのは、**総務大臣**だ。知事が告示をするのではない。

(4) 誤。4月1日から4月20日または、その年度の最初の納付期限のいずれか遅い日以後の日までの間、縦覧に供しなければならないのは、**土地価格等縦覧帳簿**と**家屋価格等縦覧帳簿**だ。ちなみに、固定資産課税台帳はいつでも閲覧できる。

正 解 (1)

固定資産課税台帳と縦覧帳簿（土地価格等縦覧帳簿・家屋価格等縦覧帳簿）（肢(4)）

1 固定資産課税台帳 ➡ **いつでも**閲覧できる。

2 縦覧帳簿 ➡ 4月1日～**4月20日**または**最初の納期限**の日のいずれか遅い日以後の日までの間、縦覧できる。

固定資産税　[平29-24]

固定資産税に関する次の記述のうち、正しいものはどれか。

(1)　固定資産税は、固定資産が賃借されている場合、所有者ではなく当該固定資産の賃借人に対して課税される。

(2)　家屋に対して課する固定資産税の納税者が、その納付すべき当該年度の固定資産税に係る家屋について家屋課税台帳等に登録された価格と当該家屋が所在する市町村内の他の家屋の価格とを比較することができるよう、当該納税者は、家屋価格等縦覧帳簿をいつでも縦覧することができる。

(3)　固定資産税の納税者は、その納付すべき当該年度の固定資産課税に係る固定資産について、固定資産課税台帳に登録された価格について不服があるときは、一定の場合を除いて、文書をもって、固定資産評価審査委員会に審査の申出をすることができる。

(4)　令和６年１月１日現在において更地であっても住宅の建設が予定されている土地においては、市町村長が固定資産課税台帳に当該土地の価格を登録した旨の公示をするまでに当該住宅の敷地の用に供された場合には、当該土地に係る令和６年度の固定資産税について、住宅用地に対する課税標準の特例が適用される。

泣きつく相手は固定資産評価審査委員会。

講義

(1)　誤。固定資産税の納税義務者は、１月１日現在に、固定資産課税台帳に**所有者**として登録されている者だ。固定資産が賃借されている場合でも、賃借人に課税されるのではない（ＡがＢに賃借した場合、**所有者**である賃貸人Ａに課税される）。

514頁 1.

(2)　誤。縦覧帳簿（土地価格等縦覧帳簿・家屋価格等縦覧帳簿）を縦覧できるのは、４月１日～**4月20日**または**最初の納期限の日**のいずれか遅い日以後の日までの間だ（「例えば、最初の納期限の日が４月10日だったら、４月20日の方が遅いから、４月１日～４月20日以後の日」、「例えば、最初の納期限の日が４月30日だったら、最初の納期限の日の方が遅いから、４月１日～４月30日以後の日」が縦覧期間となる）。いつでも縦覧できるわけではないので、本肢は×だ。

過 平成20年第28問(4)

(3)　正。固定資産税の納税者は、固定資産課税台帳に登録された**価格**に不服があるときは、一定の場合を除いて、**文書**をもって、**固定資産評価審査委員会**に審査の申出をすることができる。

(4)　誤。**住宅用地**だと、課税標準が200㎡以下の部分（小規模住宅用地）は１/６、200㎡を超える部分は１/３になる。これが、住宅用地に対する課税標準の特例だ。本肢の土地は、令和６年１月１日現在においては**更地**だから（住宅用地ではないから）、令和６年度は、住宅用地に対する課税標準の特例の適用を受けることができない。

515頁 住宅用地の課税標準の特例

正　解　(3)

固定資産課税台帳に登録された**価格**に不服があるとき

➡　**文書**をもって、**固定資産評価審査委員会**に審査の申出をすることができる（肢(3)）。

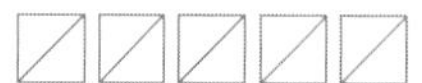

固定資産税 [令4-24]

固定資産税に関する次の記述のうち、正しいものはどれか。

⑴ 固定資産税の徴収については、特別徴収の方法によらなければならない。

⑵ 土地価格等縦覧帳簿及び家屋価格等縦覧帳簿の縦覧期間は、毎年4月1日から、4月20日又は当該年度の最初の納期限の日のいずれか遅い日以後の日までの間である。

⑶ 固定資産税の賦課期日は、市町村の条例で定めることとされている。

⑷ 固定資産税は、固定資産の所有者に課するのが原則であるが、固定資産が賃借されている場合は、当該固定資産の賃借権者に対して課される。

4月20日または最初の納期限の日のいずれか遅い日。

講義

⑴　誤。固定資産税の納付方法は、**普通徴収**だ（納税者に納税通知書が送られてくる。そして、納税者はそれにしたがって、税金を納める）。

512頁 注2

⑵　正。縦覧帳簿の縦覧期間は、４月１日～**４月20日**または**最初の納期限の日**のいずれか遅い日以後の日までの間だ。たとえば、最初の納期限の日が４月10日だったら、４月20日の方が遅いから、縦覧期間は「４月１日～４月20日以後の日」となる。最初の納期限の日が４月30日だったら、４月30日の方が遅いから、縦覧期間は「４月１日～４月30日以後の日」となる。

⑶　誤。賦課期日は１月１日であると**法律**（地方税法）で決まっている。市町村の条例で定めるわけではない。 514頁 1.

⑷　誤。固定資産税の納税義務者は、固定資産の**所有者**だ。賃借人は納税義務者ではない。たとえば、ＡがＢに賃借した場合、固定資産税は賃貸人（つまり所有者）のＡに課せられるのであり、賃借人のＢには課せられない。

514頁 1.

正　解　⑵

縦覧帳簿の縦覧期間は、

➡　４月１日～**４月20日**または**最初の納期限**の日のいずれか遅い日以後の日までの間だ（肢⑵）。

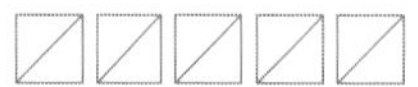

固定資産税　【令1-24】

固定資産税に関する次の記述のうち、地方税法の規定によれば、正しいものはどれか。

⑴　居住用超高層建築物（いわゆるタワーマンション）に対して課する固定資産税は、当該居住用超高層建築物に係る固定資産税額を、各専有部分の取引価格の当該居住用超高層建築物の全ての専有部分の取引価格の合計額に対する割合により按分した額を、各専有部分の所有者に対して課する。

⑵　住宅用地のうち、小規模住宅用地に対して課する固定資産税の課税標準は、当該小規模住宅用地に係る固定資産税の課税標準となるべき価格の３分の１の額とされている。

⑶　固定資産税の納期は、他の税目の納期と重複しないようにとの配慮から、４月、７月、12月、２月と定められており、市町村はこれと異なる納期を定めることはできない。

⑷　固定資産税は、固定資産の所有者に対して課されるが、質権又は100年より永い存続期間の定めのある地上権が設定されている土地については、所有者ではなくその質権者又は地上権者が固定資産税の納税義務者となる。

原則は所有者、例外あり。

講義

(1) 誤。居住用超高層建築物（いわゆるタワーマンション）に対して課する固定資産税は、専有部分の**床面積**の合計に対する割合により按分した額を、各専有部分の所有者に対して課する。なお、階層に応じた**補正**がされる（タワーマンションは、高層階ほど取引価格が高い。例えば、同じ広さなのに、１階は 5,000万円で、最上階は３億円なんてこともある。それなのに、面積当たりの固定資産税が同じでは不公平だ。だから、単純な按分ではなく、補正がされ、高層階ほど面積当たりの固定資産税が高くなる）。

514 頁 下の 注!

(2) 誤。住宅用地の課税標準は、200㎡以下の部分（小規模住宅用地）については **1/6** になる。ちなみに、200㎡を超える部分については 1/3 になる。

515 頁 住宅用地の課税標準の特例

(3) 誤。固定資産税の納期は、４月、７月、12 月、２月中において、市町村の条例で定めるのが原則だ。ただし、例外として、**特別の事情**がある場合は、異なる納期を定めることができる。だから、「異なる納期を定めることはできない」とある本肢は×だ。

(4) 正。固定資産税の納税義務者は、原則として、所有者だ。ただし、例外として、**質権**または **100 年**より永い存続期間の定めのある**地上権**が設定されている土地については、所有者ではなく、質権者または地上権者が納税義務者となる。

514 頁 1.

正　解 (4)

住宅用地の課税標準は、

1. 200㎡以下の部分（小規模住宅用地） ➡ **1/6** になる（肢(2)）。
2. 200㎡を超える部分 ➡ **1/3** になる。

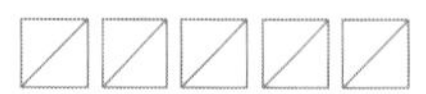

所得税 [平19-26]

租税特別措置法第36条の2の特定の居住用財産の買換えの場合の長期譲渡所得の課税の特例に関する次の記述のうち、正しいものはどれか。

⑴ 譲渡資産とされる家屋については、その譲渡に係る対価の額が5,000万円以下であることが、適用要件とされている。

⑵ 買換資産とされる家屋については、譲渡資産の譲渡をした日からその譲渡をした日の属する年の12月31日までに取得をしたものであることが、適用要件とされている。

⑶ 譲渡資産とされる家屋については、その譲渡をした日の属する年の1月1日における所有期間が5年を超えるものであることが、適用要件とされている。

⑷ 買換資産とされる家屋については、その床面積のうち自己の居住の用に供する部分の床面積が50㎡以上のものであることが、適用要件とされている。

「価格」と「期間」と「面積」の中で、適用要件が正しいものが1つあるぞ。

講義

⑴　誤。譲渡資産については、**1億円以下**であることが、適用要件とされている（1億円以下で売ったことが必要だ）。

⑵　誤。譲渡資産を譲渡した日の**前年**の1月1日～譲渡した日の**翌年**の12月31日までに、買換資産を取得していることが必要だ。

⑶　誤。譲渡資産については、譲渡した日の年の1月1日における所有期間が**10年を超えている**ことが必要だ。

⑷　正。買換資産については、**家屋**の床面積が**50㎡以上**であることが必要だ。ちなみに、買換資産については、**敷地**の面積が**500㎡以下**であることも必要だ。ついでに、覚えておこう。

以上全体につき、519頁以下

正　解　(4)

買換資産の面積要件（肢⑷）。

①　**家屋**の床面積が**50㎡以上**であり、かつ

②　**敷地の面積**が**500㎡以下**であること。

注意　譲渡資産については、面積用件はない（どんな広さでもOK）。

第5編　税法

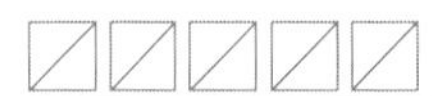

所　得　税　　[令1-23]

個人が令和６年中に令和６年１月１日において所有期間が10年を超える居住用財産を譲渡した場合のその譲渡に係る譲渡所得の課税に関する次の記述のうち、誤っているものはどれか。

⑴　その譲渡について収用交換等の場合の譲渡所得等の5,000万円特別控除の適用を受ける場合であっても、その特別控除後の譲渡益について、居住用財産を譲渡した場合の軽減税率の特例の適用を受けることができる。

⑵　居住用財産を譲渡した場合の軽減税率の特例は、その個人が令和４年において既にその特例の適用を受けている場合であっても、令和６年中の譲渡による譲渡益について適用を受けることができる。

⑶　居住用財産の譲渡所得の3,000万円特別控除は、その個人がその個人と生計を一にしていない孫に譲渡した場合には、適用を受けることができない。

⑷　その譲渡について収用等に伴い代替資産を取得した場合の課税の特例の適用を受ける場合には、その譲渡があったものとされる部分の譲渡益について、居住用財産を譲渡した場合の軽減税率の特例の適用を受けることができない。

控除と居住用財産を譲渡した場合の軽減税率は重ねてOK。

講義

(1) 正。「収用交換等の場合の5,000万円特別控除（収用の場合の5,000万円の特別控除）」と、「居住用財産を譲渡した場合の軽減税率の特例（居住用財産の長期譲渡所得の軽減税率）」は、重ねて適用を受けることができる。例えば、譲渡所得が8,000万円だった場合、5,000万円を控除し（8,000万円－5,000万円＝3,000万円になる）、この控除後の3,000万円に軽減税率である10％を掛けた300万円が税額になる、という話。

518頁 3.、521頁 7.、522頁 9.

(2) 誤。「居住用財産を譲渡した場合の軽減税率の特例」は、**前年または前々年**にその特例の適用を受けている場合は、受けることができない（つまり、受けることができるのは3年に1回だ）。本肢の場合、前々年の令和4年に適用を受けている。だから、受けることができない。

518頁 3.

(3) 正。「居住用財産の譲渡所得の3,000万円特別控除（居住用財産を譲渡した場合の3,000万円の特別控除）は、1 配偶者、2 **直系血族**（自分の祖父母、父母、子、孫等）、3 生計を一にしている親族、4 同族会社等に譲渡した場合は、適用を受けることができない。 518頁 4. (3) 1

(4) 正。「収用等に伴い代替資産を取得した場合の課税の特例」と、「居住用財産を譲渡した場合の軽減税率の特例」は、重ねて適用を受けることができない。

正解 (2)

「居住用財産を譲渡した場合の軽減税率の特例」と重ねて適用を受けることができるか？

1 居住用財産を譲渡した場合の3,000万円の特別控除 ➡ ○
2 収用の場合の5,000万円の特別控除 ➡ ○（肢(1)）

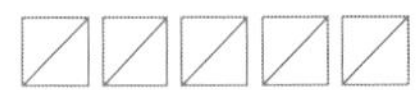

所　得　税　[平29-23]

所得税法に関する次の記述のうち、正しいものはどれか。

⑴　個人が台風により主として保養の用に供する目的で所有する別荘について受けた損失の金額（保険金等により補てんされる部分の金額を除く。）は、その損失を受けた日の属する年分又はその翌年分の譲渡所得の金額の計算上控除される。

⑵　建物の所有を目的とする土地の賃借権の設定の対価として支払を受ける権利金の金額が、その土地の価額の 10 分の 5 に相当する金額を超えるときは、不動産所得として課税される。

⑶　譲渡所得とは資産の譲渡による所得をいうので、不動産業者である個人が営利を目的として継続的に行っている土地の譲渡による所得は、譲渡所得として課税される。

⑷　個人が相続（限定承認に係るものを除く。）により取得した譲渡所得の基因となる資産を譲渡した場合における譲渡所得の金額の計算については、その資産をその相続の時における価額に相当する金額により取得したものとして計算される。

---

(2)

賃貸借
建物所有を目的とする（借地権）
土地
権利金　土地の価額の10分の5超
貸主
借主

(4)

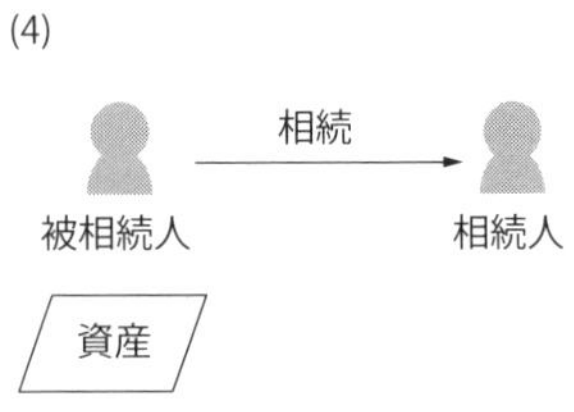

控除される➡税金が安くなる。

講義

⑴　正。居住者が、災害等により、**生活に通常必要でない資産**（例えば、別荘）について受けた損失の金額は、その損失を受けた日の属する年分またはその翌年分の**譲渡所得**の金額の計算上**控除**される。例えば、Aが自己所有の甲土地を譲渡して1,000万円もうけたとする（譲渡所得）。その一方で、災害によって別荘が壊れて1,000万円損したとする。この場合、1,000万円（譲渡所得）－1,000万円（別荘について受けた損失の金額）＝0となり、譲渡所得による税金は0になるということ。

⑵　誤。不動産を譲渡してもうけたら、譲渡所得として課税され、不動産を貸してもうけたら、不動産所得として課税されるのが原則だ（売った場合が譲渡所得で、**貸した**場合が**不動産所得**という話）。本肢の建物の所有を目的とする土地の賃借権（要するに、**借地権**のこと）は、貸した場合の話だが、権利金の金額が、土地の価額の**10分の5**を超えるときは、権利金は、不動産所得ではなく、**譲渡所得**として課税される。

⑶　誤。プロ（不動産業者）が営利を目的として継続的に行っている不動産の譲渡による所得は、**事業所得**をして課税される。ちなみに、シロートが不動産を譲渡した場合は、譲渡所得として課税される。

⑷　誤。例えば、Aが1,000万円で甲土地を取得したとする。そして、10年後にAが死亡して、相続人Bが甲土地を相続したが、Bが相続した時点で、甲土地は2,000万円の価値があったとする（要するに、値上がりしたわけだ）。この場合、「1,000万円（Aが甲土地を**買い入れたとき**の代金）」で取得したものとして計算される。「2,000万円（Bが相続した時における金額）」で取得したものとして計算されるのではない。

以上全体につき、516頁以下

正　解　⑴

借地権の場合の権利金（肢⑵）

権利金の金額が、土地の価額の10分の5以下の場合　➡　不動産所得

権利金の金額が、土地の価額の**10分の5超**の場合　➡　**譲渡所得**

コメント　例えば、1,000万円の土地を建物所有を目的として貸す場合、権利金が500万円以下のときは不動産所得になり、権利金が500万円を超えるときは譲渡所得になるということ。

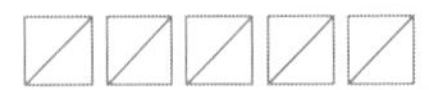

所　得　税　［令3-23］

所得税法に関する次の記述のうち、正しいものはどれか。

(1)　譲渡所得の特別控除額（50万円）は、譲渡益のうち、まず、資産の取得の日以後５年以内にされた譲渡による所得で政令で定めるものに該当しないものに係る部分の金額から控除し、なお控除しきれない特別控除額がある場合には、それ以外の譲渡による所得に係る部分の金額から控除する。

(2)　譲渡所得の金額の計算上、資産の譲渡に係る総収入金額から控除する資産の取得費には、その資産の取得時に支出した購入代金や購入手数料の金額は含まれるが、その資産の取得後に支出した設備費及び改良費の額は含まれない。

(3)　建物の全部の所有を目的とする土地の賃借権の設定の対価として支払を受ける権利金の金額が、その土地の価額の10分の５に相当する金額を超えるときは、不動産所得として課税される。

(4)　居住者がその取得の日以後５年以内に固定資産を譲渡した場合には、譲渡益から譲渡所得の特別控除額（50万円）を控除した後の譲渡所得の金額の２分の１に相当する金額が課税標準とされる。

短期（５年以内）が先、長期（５年超）は後。

講義

⑴ 正。所有期間が5年以内の場合が短期譲渡所得で、所有期間が5年を超えている場合が長期譲渡所得だ。総合課税の譲渡所得の特別控除額（50万円）は、まず、**短期**譲渡所得（資産の取得の日以後5年以内にされた譲渡による所得）から控除し、控除しきれない場合には、それ以外（「短期譲渡所得」以外、つまり、**長期**譲渡所得）から控除する。

⑵ 誤。取得費とは、①資産の取得時に支出した購入代金や購入手数料等と②**設備費**と③**改良費**の合計額だ。だから、取得費には、設備費、改良費の額は含まれる。

⑶ 誤。不動産の譲渡による所得が譲渡所得で、不動産の**貸付**による所得が**不動産**所得だ。だから、不動産を売って儲けがでたら譲渡所得として課税され、不動産を貸して儲けがでたら不動産所得として課税される。ただし、借地権の場合、権利金の額が土地の価額の**5/10**を超えるときは、**譲渡**所得として課税される（借地権、つまり不動産を貸す話だが、権利金の額が土地の価額の5/10を超えるときは、不動産所得ではなく譲渡所得として課税されるということ）。

⑷ 誤。①土地建物の場合→譲渡所得の特別控除額（50万円）については、控除できない。また、「1/2に相当する金額が課税標準とされる（要するに、課税標準が1/2になるということ）」という規定も**ない**。②土地建物以外の場合→譲渡所得の特別控除額（50万円）については、控除できる。そして、**長期**譲渡所得については、「1/2に相当する金額が課税標準とされる」 注意！ 短期譲渡所得については「1/2」にならない。①と②でルールが異なるが、本肢は「居住者が～固定資産」とあるから、①に関する問題だ（居住できる固定資産→すなわち、建物）。だから、譲渡所得の特別控除額（50万円）については、控除できないし、「1/2に相当する金額が課税標準とされる」こともない。

以上全体につき、516頁 以下

正 解 ⑴

1 不動産の譲渡による所得 ➡ 譲渡所得

2 不動産の**貸付**による所得 ➡ **不動産**所得

注意！ 借地権の場合、権利金の額が土地の価額の**5/10**を超えるときは、**譲渡**所得として課税される（権利金が5/10超なら譲渡所得、権利金が5/10以内なら不動産所得）（肢⑶）。

第5編 税法

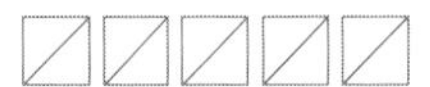

登録免許税 [平15-27]

住宅用家屋の所有権の移転の登記に係る登録免許税の税率の軽減措置の適用に関する次の記述のうち、正しいものはどれか。

⑴ この税率の軽減措置は、既存の木造の住宅用家屋を取得した場合において受ける所有権の移転の登記にも常に適用される。

⑵ この税率の軽減措置は、個人が自己の経営する会社の従業員の社宅として取得した住宅用家屋について受ける所有権の移転の登記にも適用される。

⑶ この税率の軽減措置は、贈与により取得した住宅用家屋について受ける所有権の移転の登記にも適用される。

⑷ この税率の軽減措置は、以前にこの措置の適用を受けたことのある者が新たに取得した住宅用家屋について受ける所有権の移転の登記にも適用される。

何回受けても OK ！

講義

⑴　誤。この税率の軽減措置（住宅用家屋の所有権移転登記の税率の軽減措置）は、家屋が[1]一定の**耐震基準**を満たしているか、または、[2]昭和57年1月1日以後に建築されたものであれば、適用を受けることができる。だから、本肢の住宅が[1]か[2]であれば適用を受けることができるが、[1]でも[2]でもなければ適用を受けることはできない。したがって、「常に～適用される」とある本肢は×だ。 525頁⑴[2]

⑵　誤。この税率の軽減措置は、個人が、**自分で住むため**の家屋に適用されるものだ。だから、個人が取得した場合であっても、自分で住むためではなく、社宅として利用する場合は、税率の軽減措置の適用を受けることはできない。 526頁⑶[2]

⑶　誤。この税率の軽減措置は、**売買**や競落の場合は、適用を受けることができるが、贈与の場合は、適用を受けることはできず、税率は低くはならない。 525頁⑴[注!]

⑷　正。この税率の軽減措置は、回数に制限はなく、**何回でも**受けることができる。したがって、以前にこの税率の軽減措置を受けたことがある者でも、再度税率の軽減措置の適用を受けてOKだ。 526頁⑶[5]

（正　解）⑷

住宅用家屋の所有権移転登記の税率軽減措置は、家屋が

➡ [1]　一定の**耐震基準**を満たしている場合、または、

[2]　昭和57年1月1日以後に建築されたものである場合

に適用を受けることができる（肢⑴）。

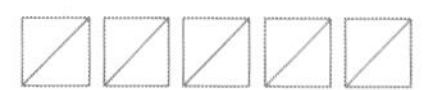

登録免許税 [平26-23]

住宅用家屋の所有権の移転登記に係る登録免許税の税率の軽減措置に関する次の記述のうち、正しいものはどれか。

⑴　この税率の軽減措置は、一定の要件を満たせばその住宅用家屋の敷地の用に供されている土地に係る所有権の移転の登記にも適用される。

⑵　この税率の軽減措置は、個人が自己の経営する会社の従業員の社宅として取得した住宅用家屋に係る所有権の移転の登記にも適用される。

⑶　この税率の軽減措置は、以前にこの措置の適用を受けたことがある者が新たに取得した住宅用家屋に係る所有権の移転の登記には適用されない。

⑷　この税率の軽減措置は、所有権の移転の登記に係る住宅用家屋が、一定の耐震基準に適合していても、床面積が50㎡未満の場合には適用されない。

サイズも関係する。

講義

(1)　誤。この税金が安くなる制度（住宅用家屋の税率軽減措置）は、住宅用の**家屋**についてだけのものであり、住宅用の土地には適用されない。

526 頁 4

(2)　誤。住宅用家屋の税率軽減措置は、個人が、**自分で住むため**の家屋にしか適用されない。だから、社宅として利用する場合は適用されない。

526 頁 2

(3)　誤。住宅用家屋の税率軽減措置は、**何回でも**受けることができる。だから、以前に適用を受けたことがある者が新たに取得した住宅用家屋の登記にも適用される。

526 頁 5

(4)　正。住宅用家屋の税率軽減措置は、床面積が **50㎡**未満の場合は適用されない。

525 頁 ②

正　解　(4)

住宅用家屋の税率軽減措置は、
1　何回でも受けられる（**回数制限なし**）（肢(3)）。
2　所得がどんなに高い人でも受けられる（**所得制限なし**）。
つまり、何回でも OK。お金持ちでも OK。

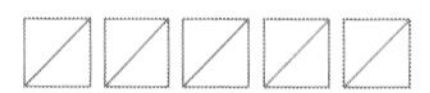

登録免許税　[平30-23]

住宅用家屋の所有権の移転登記に係る登録免許税の税率の軽減措置に関する次の記述のうち、正しいものはどれか。

⑴　個人が他の個人と共有で住宅用の家屋を購入した場合、当該個人は、その住宅用の家屋の所有権の移転登記について、床面積に自己が有する共有持分の割合を乗じたものが50㎡以上でなければ、この税率の軽減措置の適用を受けることができない。

⑵　この税率の軽減措置は、登記の対象となる住宅用の家屋の取得原因を限定しており、交換を原因として取得した住宅用の家屋について受ける所有権の移転登記には適用されない。

⑶　所有権の移転登記に係る住宅用の家屋が昭和 57 年 1 月 1 日以後に建築されたものであっても、一定の耐震基準に適合していない場合は、この税率の軽減措置の適用を受けることができない。

⑷　この税率の軽減措置の適用を受けるためには、登記の申請書に、その家屋が一定の要件を満たす住宅用の家屋であることについての税務署長の証明書を添付しなければならない。

売買・競落による取得に限る。

講義

(1) 誤。たとえば、夫と妻が共有で甲住宅を購入した場合、その甲住宅の床面積が**50㎡**以上あれば、税率の軽減措置の適用を受けることができる。甲住宅の床面積が**50㎡**以上あればOKであり、夫または妻の共有持分の割合を乗じたものが50㎡以上である必要はない。 525頁⑵②

(2) 正。税率の軽減措置の適用を受けることができるのは、**売買・競落**の場合だ。贈与・交換の場合は、適用を受けることはできない。

525頁⑴ 注!

(3) 誤。家屋が①一定の**耐震基準**を満たしているか、または、②昭和57年1月1日以後に建築されたものである場合に適用を受けることができる（つまり、①か②のどちらか一方でOK）。だから、昭和57年1月1日以後に建築された家屋であれば、この税率の軽減措置の適用を受けることができるので、本肢は×だ。

(4) 誤。税率の軽減措置の適用を受けるためには、登記の申請書に、その家屋が一定の要件を満たす住宅用の家屋であることについての**市町村長**等の証明書を添付しなければならない（必要なのは「**市町村長**等の証明書」であって、「税務署長の証明書」ではない）。

正　解　(2)

住宅用家屋の所有権移転登記の場合の税率の軽減措置

1. **売買・競落** ➡ ○
2. 贈与・交換 ➡ ×（肢(2)）
3. 相続・法人の合併 ➡ ×

○→適用される　×→適用されない

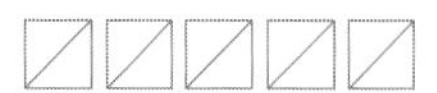

印　紙　税　[平21-24]

印紙税に関する次の記述のうち、正しいものはどれか。

(1)　「令和6年4月1日付建設工事請負契約書の契約金額3,000万円を5,000万円に増額する」旨を記載した変更契約書は、記載金額2,000万円の建設工事の請負に関する契約書として印紙税が課される。

(2)　「時価3,000万円の土地を無償で譲渡する」旨を記載した贈与契約書は、記載金額3,000万円の不動産の譲渡に関する契約書として印紙税が課される。

(3)　土地の売却の代理を行ったA社が「A社は、売主Bの代理人として、土地代金5,000万円を受領した」旨を記載した領収書を作成した場合、当該領収書は、売主Bを納税義務者として印紙税が課される。

(4)　印紙をはり付けることにより印紙税を納付すべき契約書について、印紙税を納付せず、その事実が税務調査により判明した場合には、納付しなかった印紙税額と同額に相当する過怠税が徴収される。

増加額が記載金額となる！

講 義

(1) 正。**増額**変更の場合は、**増加額**を記載金額として税額が定まる。

527 頁(3)

(2) 誤。贈与とはタダでものをあげることだ。タダなのだから、譲渡の対価となる金額はないことになる。そして、譲渡の対価となる金額はないのだから、贈与契約書は**記載金額のない**契約書として印紙税が課税されることになる。 528 頁 5. 2

(3) 誤。課税される文書を**作成した者**が、**納税義務者**となる。本肢の場合、文書を作成したのは代理人のA社なので、A社が納税義務者となる。

(4) 誤。本肢の場合、ペナルティーとして、納付しなかった印紙税の額＋納付しなかった印紙税の額の2倍の合計額（＝**3倍**。例えば、もともとの印紙税が1,000円だったとしたら、1,000円＋2,000円（2倍）＝3,000円(3倍))が過怠税として徴収される。 529 頁 6. 1

正 解 (1)

契約金額を変更する契約書

1 **増額**変更の場合は ➡ **増加額**を記載金額として税額が定まる（肢(1))。

2 **減額**変更の場合は ➡ 記載金額はないものとされ、税額は**一律200円**となる。

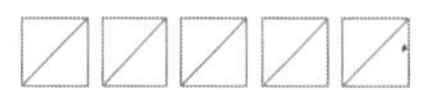

印 紙 税 [令5-23]

印紙税に関する次の記述のうち、正しいものはどれか。なお、以下の契約書はいずれも書面により作成されたものとする。

⑴ 売主Aと買主Bが土地の譲渡契約書を３通作成し、A、B及び仲介人Cがそれぞれ１通ずつ保存する場合、当該契約書３通には印紙税が課される。

⑵ 一の契約書に土地の譲渡契約（譲渡金額5,000万円）と建物の建築請負契約（請負金額6,000万円）をそれぞれ区分して記載した場合、印紙税の課税標準となる当該契約書の記載金額は１億1,000万円である。

⑶ 「Dの所有する甲土地（時価2,000万円）をEに贈与する」旨を記載した贈与契約書を作成した場合、印紙税の課税標準となる当該契約書の記載金額は、2,000万円である。

⑷ 当初作成の「土地を１億円で譲渡する」旨を記載した土地譲渡契約書の契約金額を変更するために作成する契約書で、「当初の契約書の契約金額を1,000万円減額し、9,000万円とする」旨を記載した変更契約書について、印紙税の課税標準となる当該変更契約書の記載金額は、1,000万円である。

不動産売買契約の仲介人が保存する契約書も課税文書だ。

講義

(1) 正。売買契約の当事者であるAとBが保存する契約書だけでなく、**仲介人**Cが保存する契約書も課税文書だ（不動産売買契約の仲介人が保存する契約書も課税文書として扱われる）。

(2) 誤。一つの契約書に売買契約と請負契約が記載されている場合、売買契約の譲渡金額と請負契約の請負金額を比べて、**高い方**の金額が記載金額となる。

(3) 誤。贈与とはタダでものをあげることだ。タダなのだから、譲渡の対価の金額はないことになる。だから、贈与契約書は**記載金額のない**契約書となる。 528頁5. 3

(4) 誤。減額変更の場合は、**記載金額のない**ものとされる。ちなみに、増額変更の場合は、**増加額**が記載金額となる。 527頁(3)

正 解 (1)

増額変更・減額変更をした場合の記載金額

1 増額変更 ➡ **増加額**

2 減額変更 ➡ **なし（税額は一律200円となる）**（肢(3)）

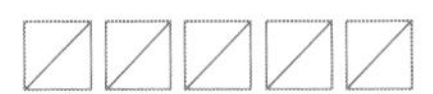

印　紙　税 [平28-23]

印紙税に関する次の記述のうち、正しいものはどれか。

(1) 印紙税の課税文書である不動産譲渡契約書を作成したが、印紙税を納付せず、その事実が税務調査により判明した場合は、納付しなかった印紙税額と納付しなかった印紙税額の10％に相当する金額の合計額が過怠税として徴収される。

(2) 「Aの所有する甲土地（価額3,000万円）とBの所有する乙土地（価額3,500万円）を交換する」旨の土地交換契約書を作成した場合、印紙税の課税標準となる当該契約書の記載金額は3,500万円である。

(3) 「Aの所有する甲土地（価額3,000万円）をBに贈与する」旨の贈与契約書を作成した場合、印紙税の課税標準となる当該契約書の記載金額は、3,000万円である。

(4) 売上代金に係る金銭の受取書（領収書）は記載された受取金額が3万円未満の場合、印紙税が課されないことから、不動産売買の仲介手数料として、現金49,500円（消費税及び地方消費税を含む。）を受け取り、それを受領した旨の領収書を作成した場合、受取金額に応じた印紙税が課される。

交換 ➡ 高い方、贈与 ➡ 記載金額なし。

講義

(1) 誤。印紙税を納付しなかった場合（収入印紙をはり付けなかった場合）、ペナルティーとして納付しなかった印紙税額＋その2倍（要するに**3倍**）の過怠税が徴収される。例えば、もともとの印紙税が1,000円だとしたら、1,000円＋2,000円（2倍）＝3,000円（3倍）を徴収される、ということ。ちなみに、自ら、印紙税を納付していない旨の申出をした場合は、1.1倍の過怠税で許してもらえる。 529頁6. 1

(2) 正。交換契約書に双方の物件の金額が記載されているときは、**高い方**の金額が契約書の記載金額となる。 528頁5. 注1

(3) 誤。贈与とはダダでものをあげることだ。ダダなのだから、譲渡の対価の金額はないことになる。だから、贈与契約書は**記載金額のない契約書**として印紙税が課される。 528頁5. 2

(4) 誤。業者などのプロが作成した受取書（領収書）であっても、受取金額が**5万円**未満の場合は非課税文書だ。だから、49,500円の領収書に印紙税は課されない。 528頁4. 1

正解 (2)

ペナルティー（過怠税）（肢(1)）

1 収入印紙をはり付けなかった場合 ➡ 納付しなかった印紙税額＋その2倍（要するに**3倍**）の過怠税が徴収される。注意！

2 収入印紙ははり付けたが消印をしなかった場合 ➡ 消印をしていない印紙の**額面に相当する金額**の過怠税が徴収される。

注意！ 自主的に申告した場合は1.1倍の過怠税が徴収される（要するに、自主的に申告しなかったら3倍だが、自主的に申告したら1.1倍で許してもらえる、ということ）。

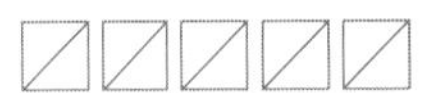

印　紙　税　[令2-23]

印紙税に関する次の記述のうち、正しいものはどれか。

(1) 「建物の電気工事に係る請負代金は 1,100万円（うち消費税額及び地方消費税額 100万円）とする」旨を記載した工事請負契約書について、印紙税の課税標準となる当該契約書の記載金額は 1,100万円である。

(2) 「Aの所有する土地（価額 5,000万円）とBの所有する土地（価額 4,000万円）とを交換する」旨の土地交換契約書を作成した場合、印紙税の課税標準となる当該契約書の記載金額は 4,000万円である。

(3) 国を売主、株式会社Cを買主とする土地の売買契約において、共同で売買契約書を２通作成し、国とC社がそれぞれ１通ずつ保存することとした場合、C社が保存する契約書には印紙税は課されない。

(4) 「契約期間は 10 年間、賃料は月額 10万円、権利金の額は 100万円とする」旨が記載された土地の賃貸借契約書は、記載金額 1,300万円の土地の賃借権の設定に関する契約書として印紙税が課される。

私人が保存する契約書→国等が作成した文書とみなされる。

講義

(1) 誤。消費税額が区分記載されている場合は、消費税額は記載金額に**含めない**。だから、本肢の記載金額は 1,000万円だ（1,100万円－消費税額100万円＝ 1,000万円)。 528 頁 5. 注2

(2) 誤。交換の場合は、契約書に双方の物件の金額が記載されているときは、**高い方**の金額が記載金額となる。だから、本肢の記載金額は 5,000万円だ。

528 頁 5. 注1

(3) 正。国等と私人との間で契約が締結された場合は、私人の側が保存する契約書が、国等が作成した文書とみなされ、**非課税**文書とされる。だから、株式会社 C（私人）が保存する契約書には印紙税は課されない。

527 頁 2. (2)

(4) 誤。土地の賃貸借契約書で記載金額になるのは**権利金**等だ。賃料は記載金額にならない。だから、本肢の記載金額は権利金の額である 100万円だ。ちなみに、後日返還されることが予定されている保証金や敷金も記載金額にならない。ついでに覚えておこう。 527 頁 上の(2) 1

正 解 (3)

国等（国・地方公共団体）と私人が共同で作成した契約書

1 国等が保存する契約書 ➡ **課税**文書

2 私人が保存する契約書 ➡ **非課税**文書（肢(3)）

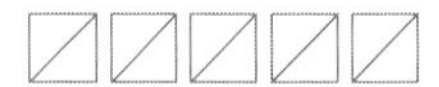

印 紙 税 【平20-27】

印紙税に関する次の記述のうち、正しいものはどれか。

⑴　建物の賃貸借契約に際して敷金を受け取り、「敷金として20万円を領収し、当該敷金は賃借人が退去する際に全額返還する」旨を記載した敷金の領収証を作成した場合、印紙税は課税されない。

⑵　土地譲渡契約書に課税される印紙税を納付するため当該契約書に印紙をはり付けた場合には、課税文書と印紙の彩紋とにかけて判明に消印しなければならないが、契約当事者の代理人又は従業者の印章又は署名で消印しても、消印をしたことにはならない。

⑶　当初作成の「土地を1億円で譲渡する」旨を記載した土地譲渡契約書の契約金額を変更するために作成する契約書で、「当初の契約書の契約金額を2,000万円減額し、8,000万円とする」旨を記載した変更契約書は、契約金額を減額するものであることから、印紙税は課税されない。

⑷　国を売主、株式会社A社を買主とする土地の譲渡契約において、双方が署名押印して共同で土地譲渡契約書を2通作成し、国とA社がそれぞれ1通ずつ保存することとした場合、A社が保存する契約書には印紙税は課税されない。

国等が作成した文書なら非課税だ！

講義

(1) 誤。建物の賃貸借契約書は、非課税文書だ。しかし、敷金の領収書は、記載金額が**5万円**以上なら、**課税**文書となるので、本肢は×だ。

528頁 4. [1]

(2) 誤。消印するのは、本人である必要はない。**代理人**や使用人その他の**従業員**が消印をしてもOKだ。 528頁 3. 注!

(3) 誤。減額変更の場合は、記載金額はないものとされ、税額は一律**200円**となる。だから、本肢の契約書は200円課税されることになるので、「課税されない」とある、本肢は×だ。 527頁 (3)

(4) 正。国等と私人との間で契約が締結された場合、私人の側が保存する契約書は国等が作成した文書とみなされ、**非課税**文書とされる。だから、A社が保存する契約書には課税されない。 527頁 2. (2)

正 解 (4)

国、地方公共団体が作成する文書

国等と私人との間で契約が締結された場合、

① 私人の側が保存する契約書 ➡ 国等が作成した文書とみなされ、**非課税**文書とされる（肢(4)）。

② 国等の側が保存する契約書 ➡ 私人が作成した文書とみなされ、**課税**文書とされる。

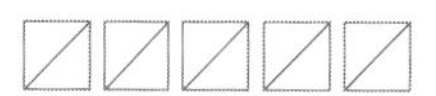

印　紙　税　[平23-23]

印紙税に関する次の記述のうち、正しいものはどれか。

⑴　当初作成した土地の賃貸借契約書において記載がされていなかった「契約期間」を補充するために「契約期間は 10 年とする」旨が記載された覚書を作成したが、当該覚書にも印紙税が課される。

⑵　本契約書を後日作成することを文書上で明らかにした、土地を 8,000 万円で譲渡することを証した仮契約書には、印紙税は課されない。

⑶　「甲土地を 6,000万円、乙建物を 3,500万円、丙建物を 1,500万円で譲渡する」旨を記載した契約書を作成した場合、印紙税の課税標準となる当該契約書の記載金額は、6,000万円である。

⑷　「Aの所有する土地（価額 7,000万円）とBの所有する土地（価額 1 億円）とを交換し、AはBに差額 3,000万円支払う」旨を記載した土地交換契約書を作成した場合、印紙税の課税標準となる当該契約書の記載金額は、3,000万円である。

消去法がいいかも……。

講義

(1)　正。契約内容の変更・**補充**の事実を証明する文書も契約書だ。だから、本肢の契約期間（つまり契約内容）を補充するために作成された覚書も契約書に該当する。したがって、本肢の覚書にも印紙税が課されることになる。

(2)　誤。後日、正式な文書である本契約書を作成することを前提として、作成される**仮契約書**も課税文書だ。だから、印紙税が課されることになる。

527頁(4)

(3)　誤。複数の土地建物を譲渡する場合の契約書の記載金額は、複数の土地建物の**契約金額の合計**だ。だから、本肢の記載金額は1億1,000万円となる（甲土地6,000万円＋乙建物3,500万円＋丙建物1,500万円＝1億1,000万円）。

528頁5.①

(4)　誤。交換の場合は、**高い方**の物件の金額が契約書の記載金額となる。

528頁5.注1

正　解　(1)

肢(4)をもうひと押し！

交換の場合

①　双方の物件の金額が記載されている場合 ➡ **高い方**の物件の金額が契約書の記載金額となる（肢(4)）。

②　交換差金だけ記載されている場合 ➡ **交換差金**が記載金額となる（例えば、「Aの甲土地とBの乙土地を交換する。交換差金として、AはBに3,000万円支払う」という契約書の場合、記載金額は3,000万円となる）。

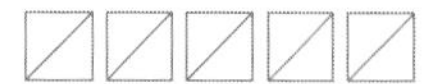

印　紙　税　[令4-23]

印紙税に関する次の記述のうち、正しいものはどれか。なお、以下の覚書又は契約書はいずれも書面により作成されたものとする。

⑴　土地を8,000万円で譲渡することを証した覚書を売主Aと買主Bが作成した場合、本契約書を後日作成することを文書上で明らかにしていれば、当該覚書には印紙税が課されない。

⑵　一の契約書に甲土地の譲渡契約（譲渡金額6,000万円）と、乙建物の譲渡契約（譲渡金額3,000万円）をそれぞれ区分して記載した場合、印紙税の課税標準となる当該契約書の記載金額は、6,000万円である。

⑶　当初作成した土地の賃貸借契約書において「契約期間は5年とする」旨の記載がされていた契約期間を変更するために、「契約期間は10年とする」旨を記載した覚書を貸主Cと借主Dが作成した場合、当該覚書には印紙税が課される。

⑷　駐車場経営者Eと車両所有者Fが、Fの所有する車両を駐車場としての設備のある土地の特定の区画に駐車させる旨の賃貸借契約書を作成した場合、土地の賃借権の設定に関する契約書として印紙税が課される。

契約の内容の変更の事実を証する文書は、契約書に当たる。

講義

(1)　誤。契約の**成立**の事実を証する文書は、その名称を問わず、契約書だ。本肢の覚書は、契約の**成立**の事実を証する文書だ。だから、契約書に当たる。したがって、印紙税が課税される。

(2)　誤。一の契約書に複数の譲渡契約が記載されている場合は、その**合計額**が記載金額となる。だから、本肢の契約書の記載金額は6,000万円＋3,000万円＝9,000万円だ。

528頁 5. 1

(3)　正。契約の内容の**変更**の事実を証する文書は、その名称を問わず、契約書だ。本肢の覚書は、契約の内容の**変更**の事実を証する文書だ。だから、契約書に当たる。したがって、印紙税が課税される。

(4)　誤。土地の賃貸借契約書は課税文書だが、建物や**施設**の賃貸借契約書は非課税文書だ。本肢は施設の賃貸借契約書だから、印紙税は課税されない。

527頁 上の(2)

（正　解）(3)

課税されるか？

1　土地の賃貸借契約書　➡　○
2　建物の賃貸借契約書　➡　×
3　施設の賃貸借契約書　➡　×　(肢(4))

注意！　駐車する場所ではあるが駐車場としての設備がない土地は、土地の賃貸借となる。肢(4)は設備がある土地だから、施設の賃貸借となる。

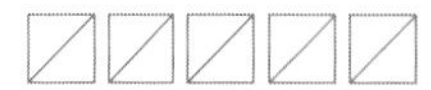

印　紙　税　[平18-27]

印紙税に関する次の記述のうち、正しいものはどれか。

⑴ 「Aの所有する土地（価額1億7,000万円）とBの所有する土地（価額2億円）とを交換し、AはBに差額3,000万円支払う」旨を記載した土地交換契約書を作成した場合、印紙税の課税標準となる当該契約書の記載金額は、2億円である。

⑵ 建物の建築工事請負契約に際して、請負人C社が「請負金額2,200万円（うち消費税及び地方消費税の金額200万円）を受領した」旨を記載した領収書を作成した場合、印紙税の課税標準となる当該領収書の記載金額は、2,200万円である。

⑶ 土地の売買契約書（記載金額5,000万円）を3通作成し、売主D社、買主E社及び媒介した宅地建物取引業者F社がそれぞれ1通ずつ保存する場合、F社が保存する契約書には、印紙税は課されない。

⑷ 給与所得者Gが自宅の土地建物を譲渡し、代金8,000万円を受け取った際に作成した領収書には、金銭の受取書として印紙税が課される。

税金が高い方が、お上にとっては都合がいい。

講義

(1)　正。交換の場合は、いずれか**高い方**の金額が記載金額となる。だから、本肢の交換契約書の記載金額は、高い方の２億円となる。

528頁 5. 注1

(2)　誤。消費税の額が区分表示されていたり、税込価額及び税抜価額が記載されていて、消費税の額が明らかな場合は、消費税は記載金額に**含めない**。だから、本肢の領収書の記載金額は、消費税を含まない2,000万円だ。

528頁 5. 注2

(3)　誤。**課税文書**は何通作成しても、それぞれに印紙税が課税される。契約当事者以外のＦ社が保存する契約書も、課税文書でありトーゼン印紙税が課税される。

526頁 1.

(4)　誤。シロートが作成した領収書は**営業に関しない**領収書なので、印紙税は課税されない。難しく考える必要はないぞ。要するに宅建業者などのプロが作成した領収書は営業に関する領収書なので、記載金額が5万円以上の場合は印紙税が課税されるが、一般のシロートが作成した領収書は営業に関しない領収書なので、記載金額がどんなに高くても印紙税は課税されない、ということだ。

528頁 4.

正　解　(1)

交換契約書の記載金額（肢(1)）

・**高い方**の金額が記載金額となる。ただし、交換差金だけが記載されているときは、交換差金の額が記載金額となる。

贈与税 [平27-23]

「直系尊属から住宅取得等資金の贈与を受けた場合の贈与税の非課税」に関する次の記述のうち、正しいものはどれか。

⑴ 直系尊属から住宅用の家屋の贈与を受けた場合でも、この特例の適用を受けることができる。

⑵ 日本国外に住宅用の家屋を新築した場合でも、この特例の適用を受けることができる。

⑶ 贈与者が住宅取得等資金の贈与をした年の1月1日において60歳未満の場合でも、この特例の適用を受けることができる。

⑷ 受贈者について、住宅取得等資金の贈与を受けた年の所得税法に定める合計所得金額が2,000万円を超える場合でも、この特例の適用を受けることができる。

受贈者は18歳以上でなければならないが……。

講義

⑴ 誤。特例の適用を受けることができるのは、住宅を取得するため等の**資金**の贈与を受けた場合だ。住宅用の「家屋」の贈与を受けた場合は、受けることができない。（住宅を取得するため等の資金の贈与なら特例の適用を受けることができるが、住宅そのものの贈与の場合は、受けることができない、という話）。

⑵ 誤。特例の適用を受けることができるのは、**日本国内**の住宅を取得するため等の資金の贈与を受けた場合だ。日本国外の場合は、ダメだ。

⑶ 正。受贈者（もらう方）は、18 歳以上であることが必要だ。しかし、**贈与者**（あげる方）は、**何歳でも OK** だ。

⑷ 誤。適用を受けるためには、取得する住宅の床面積が 40㎡以上 50㎡未満のときは、所得金額が **1,000万円**以下（床面積が 50㎡以上 240㎡以下のときは、所得金額が **2,000万円**以下）であることが必要だ。本肢の住宅の床面積は、不明であるが、いずれにせよ、所得金額が 2,000万円を超えるときは、適用を受けることができないので、本肢は×だ。

正　解　⑶

住宅取得等資金の贈与を受けた場合の贈与税の非課税の特例

1 贈与者（父母・祖父母）➡ **何歳でも OK**（肢⑶）

2 受贈者（子・孫）　➡ 18 歳以上　注意！

注意！　受贈者は、取得する住宅の床面積が 40㎡以上 50㎡未満のときは、所得が **1,000 万円**以下（床面積が 50㎡以上 240㎡以下のときは、**2,000 万円**以下）であることが必要だ（肢⑷）。

第5編　弱点表

項　目	番　号	難　度	正　解	自己採点
不動産取得税	平 19-28	普通	(3)	
不動産取得税	平 22-24	普通	(3)	
不動産取得税	平 30-24	普通	(3)	
不動産取得税	平 18-28	普通	(2)	
不動産取得税	令　5-24	難しい	(4)	
不動産取得税	令　3-24	普通	(1)	
不動産取得税	令　2-24	普通	(4)	
固定資産税	平 15-28	難しい	(3)	
固定資産税	平 27-24	普通	(4)	
固定資産税	平 20-28	普通	(1)	
固定資産税	平 29-24	普通	(3)	
固定資産税	令　4-24	難しい	(2)	
固定資産税	令　1-24	普通	(4)	
所得税	平 19-26	カンターン	(4)	
所得税	令　1-23	難しい	(2)	
所得税	平 29-23	難しい	(1)	
所得税	令　3-23	難しい	(1)	
登録免許税	平 15-27	普通	(4)	
登録免許税	平 26-23	普通	(4)	
登録免許税	平 30-23	難しい	(2)	
印紙税	平 21-24	普通	(1)	
印紙税	令　5-23	カンターン	(1)	

印紙税	平 28-23	カンターン	(2)	
印紙税	令　2-23	カンターン	(3)	
印紙税	平 20-27	普通	(4)	
印紙税	平 23-23	難しい	(1)	
印紙税	令　4-23	難しい	(3)	
印紙税	平 18-27	普通	(1)	
贈与税	平 27-23	普通	(3)	

問題さくいん

本書に関する正誤のお問合せは、お手数ですが文書（郵便、FAX）にて、弊社までご送付ください。また電話でのお問合せ及び本書の記載の範囲を超えるご質問にはお答えしかねます。
なお、追録（法令改正）、正誤表などの情報に関しましては、弊社ホームページをご覧ください。
https://www.takkengakuin.com/

2024年版　過去問宅建塾【3】法令上の制限その他の分野

2017年4月27日　初版発行
2018年3月　2日　改訂第2版発行
2019年2月　5日　改訂第3版発行
2020年5月13日　改訂第4版発行
2021年2月28日　改訂第5版発行
2022年3月　6日　改訂第6版発行
2023年2月23日　改訂第7版発行
2024年3月　3日　改訂第8版発行

著　者　宅建学院
発行人　小林信行
印刷所　株式会社太洋社
発行所　**宅建学院**
〒359-1111
埼玉県所沢市緑町 2-7-11
アーガスヒルズ 50　5F
☎ 04-2939-0335　FAX04-2924-5940
https://www.takkengakuin.com/

ISBN978-4-909084-78-1

宅建学院 通信講座のご案内

宅建士試験の一発合格を目指すなら、通信講座がおすすめ

宅建士試験は法律に関する知識をはじめ、覚えることが非常に多い。宅建学院の通信講座では豊富な事例を用いて、わかりやすく、丁寧に解説をしています。宅建は知識だけでなく、どの問題を確実に取らなければいけないかなどのテクニックも必要。経験豊富なベテラン講師が知識とテクニックを惜しげなく伝えています。

合格率は全国平均の※1 **3.2倍**※2 **（57%）**

2年連続 全国最年少合格者を輩出！

難しい言葉を極力使わない、わかりやすい講座の証です。

※１ 不動産適正取引機構発表の「令和３年度宅地建物取引士資格試験結果の概要 」より抽出。
※２ 令和３年度「宅建超完璧講座」受講生のうち、講座修了者に対するアンケート結果より算出。

通信講座の特徴

らくらく宅建塾を使った講義

わかりやすさで好評のテキストを使用します。

ベテラン講師の人気授業

ベテラン講師がわかりやすさにこだわって丁寧に解説。知識とテクニックの両軸で合格をサポートします。

Web・DVDから受講スタイルが選べる

Webならどこでも、いつでも。DVDならTVなどでじっくりと勉強。全てのコースで選べます。

質問回答サービスで気軽に質問できる

電話なら週３日(対応日)、Webなら毎日24時間いつでも、気軽に質問ができるので、わからなくなっても安心です。

■ 学習の流れ

基本講義、総まとめ講義といった講義形式の講座では、まず講義動画を視聴してから、演習問題を解いていきます。基本講義については、事前の予習も必要ありません。しっかりと講義を視聴して、問題を解き、理解できるまで復習を行い、 1単位ずつ学習していきます。

■ コースの紹介

宅建超完璧講座

- 厚生労働大臣指定講座 -

24 年 1 月 17 日より開講中

115,500 円（税込）

■質問回答サービス
■模擬試験採点・添削対応
■Web 受講 /DVD 受講
■一般教育訓練制度適用可

基本学習から模擬試験まで、トータルでサポートを受けたい方におすすめ。

基本講義 、分野別模擬試験 、総まとめ講義 、公開模擬試験をセットにしたコース。宅建士試験に関する知識のインプットからアウトプットまで網羅した一番人気の講座です。受講開始時期に合わせて、一人ひとりに適切な学習スケジュールを設定。模擬試験な採点と添削も行いますので、効率よく学習できます。

宅建完璧講座

24 年 1 月 17 日より開講中

88,000 円（税込）

■質問回答サービス
■Web 受講 /DVD 受講

全範囲の基本学習をしたい方におすすめ。

基本講義 、分野別模擬試験をセットにしたコース。宅建士試験に必要な範囲を基礎からしっかり学習できます。基本講義と並行して、分野別模擬試験を受験するので、知識の定着レベルがその都度チェックできます。

宅建総まとめ講座

24 年 6 月開講予定

29,700 円（税込）

■質問回答サービス
■Web 受講 /DVD 受講

一通り学習経験のある方におすすめ。

宅建士試験の全範囲から重要ポイントを中心に総復習するコースです。既に学習した内容の確認や、苦手分野の克服などに役立ちます。

宅建公開模試

24 年 7 月開講予定

25,300 円（税込）

■Web 受講 /DVD 受講

本番前の力試しをしたい方におすすめ。

本試験と同様、50 問の模擬試験を６回受験するコースです。充実の６回分で、模試→復習→次の模試と繰り返して着実にステップアップができます。

※コース名やコースの内容は変更になる場合がございます。各コースとも開講より順次教材をお届けいたします。
各単位のお届けスケジュールは教材とともに随時お知らせいたします。

4つのコンテンツと質問回答サービスで合格をサポート

■ 通信講座の詳細

宅建学院では1回の講義、模擬試験を1単位と呼んでいます。

■ 基本講義（20単位）

収録コース　★宅建超完璧講座★　宅建完璧講座

収録内容

権利関係前半（5 単位）、権利関係後半（5 単位）、宅建業法（5 単位）、法令上の制限・税法・その他（5単位）

1単位ずつ講義を視聴し、問題演習を行います。1単位は約1時間半～2時間半程度で構成されています。講義は細かくチャプターで区切られているので学習しやすく、復習の際にも大変便利です。

■ 分野別模試（4単位）

収録コース　★宅建超完璧講座★　宅建完璧講座

収録内容

各分野に対応する模擬試験4回（1. 権利関係前半、2. 権利関係後半、3. 宅建業法、4. 法令上の制限・税法・その他）

基本講義を受講後に、知識の定着具合を確認するために受験する分野別の模擬試験です。丁寧な解説冊子に加え、重要問題の解説講義もあるため、知識だけでなく問題の解き方まで身に着きます。

■ 総まとめ講義（7単位）

収録コース　★宅建超完璧講座★　宅建総まとめ講座

収録内容

権利関係（3単位）、宅建業法（2単位）、法令上の制限・税法・その他（2単位）

1単位ずつ講義を視聴し、問題演習を行います。1単位は約2時間～4時間半で構成されています。講義は細かくチャプターで区切られているので学習しやすく、復習の際にも大変便利です。

■ 公開模試（6単位）

収録コース　★宅建超完璧講座★　宅建公開模試

収録内容

模擬試験6回

宅建学院独自の予想問題で構成された模擬試験です。ご自宅で受験でき、場所や時間を問わず実力を試せます。丁寧な解説冊子に加え、重要問題の解説講義もあるため、知識だけでなく問題の解き方まで身に着きます。

■ 質問回答サービスについて

質問回答サービスは受講生専用の質問サービスです。
電話、インターネット、FAX と様々な方法で質問いただけます。
わからないところや学習の仕方など何でも質問できるので、
通信講座であっても受け身にならず安心して受講できます。

電話質問

事前予約制で、専属講師に直接質問できます。
希望の日時をご予約いただくと、当日講師よりお電話いたします。
※サービス提供予定日時　毎週月・水・金　20 時～21 時
※夏季休暇、祝日を除く

オンライン質問

質問専用サイトから、24 時間いつでもご質問文を送信いただけます。回答は専属講師が行い、期間内で最大 20 回（20 問）のご質問が可能です。

FAX 質問

宅建学院講師室へ 24 時間いつでも FAX でご質問いただけます。
ご指定の番号へ専属講師が FAX で回答いたします。

※質問解答サービスは 2024 年 10 月末までサービス提供予定です。

一般教育訓練給付制度を利用すると、受講料の 20% が支給されます。

宅建超完璧講座は厚生労働大臣指定の一般教育訓練給付金制度の指定講座です。
一定の条件を満たした方であれば、ご利用いただけます。

教育訓練給付制度厚生労働大臣指定講座については、全単位の受講を修了して通信添削の合計得点が全配点の６割以上であった方に限り、ハローワークから受講料の 20%（上限 10 万円）の教育訓練給付金が支給されます。ただし、次の条件を満たすことが必要です。

■ 過去に教育訓練給付金を受給したことがない方は、
１年を超えるブランクなく通算１年以上雇用保険の一般被保険者であること　(離職後１年以内までは大丈夫です)。

■ 過去に教育訓練給付金を受給したことがある方は、
その受給対象講座の受講開始日以降に１年を超えるブランクなく通算３年以上雇用保険の一般被保険者であること (離職後１年以内までは大丈夫です)。

●ハローワークから貴方に教育訓練給付金が支給されるのは受講修了後のことです。受講申込時にはまずご自身の負担で受講料全額をお支払い頂きます。
●貴方に受給資格があるかどうかは、お近くのハローワークにお問い合わせ下さい。受給資格がないのにあると誤解して受講されても、受講料を返金することはできません。
●教育訓練給付金の支給申請は、受講修了後１カ月以内にしなければ受給できなくなります。

わからないことがあれば、お気軽にお問い合わせください！

■ よくある質問

Q：通信講座にするか、通学の方が良いか悩んでいます。

A：通信講座の大きなメリットは、時間や場所に縛られず、受講できることです。宅建学院の通信講座は、スマホや PC などで視聴する Web 受講、テレビなどで視聴する DVD 受講と、学習環境に応じた受講形態も選べます。
通学には「先生へ質問しやすい」といったメリットがありますが、質問回答サービスをご用意しておりますので、授業を受けているように気軽に質問が可能です。

※「宅建公開模試」コースには質問回答サービスはありません。

Q：どのコースを選んだら良いかわかりません。基準などはありますか？

A：初学者の方や再チャレンジの方で学習に不安のある方は、基礎・復習、模試までセットになった「宅建超完璧講座」をおすすめします。
逆に学習経験のある方で重要ポイントを復習したい方や、質問回答サービスを利用して疑問点を解消したい方などは、「宅建総まとめ講座」をおすすめします。

■ご相談・お申し込みは **Tel.04-2921-2020**

Q：どのくらいで学習カリュキュラムが終わりますか？

A：「宅建超完璧講座」は、全37単位（37回）の講義と模擬試験で構成されており、標準学習期間を8か月に設定しておりますが、受講生一人ひとりに合わせたスケジュールを組んでいますので、どの時期からでも開始できます。
試験日までの期間が少ない場合などご相談いただければ、最適な講座や学習方法をご提案させていただきます。

Q：講座の教材以外で必要な教材はありますか？

A：テキストに「2024年版らくらく宅建塾（基本テキスト）」を使用しますので、既にお持ちの方はお手元のテキストを、お持ちでない方は、お申込み時に同時購入をお願いします。
また、「宅建超完璧講座」であれば、講座内で数多くの問題や模試を実施しますので、別途問題集などを購入する必要はありません。

郵送・FAXでお申込みの場合

下記教材のご購入は、前払いが原則です。

①郵便振替・銀行振込みの場合は、まず講座代金をお振込みの上、その払込票のコピーとこの申込書（コピーで可）を必ず一緒にご郵送又は FAX してください。

②クレジットをご希望の方はチェック欄にチェックをし、本申込書をお送りください。

③お申込先　〒359-1111　埼玉県所沢市緑町 2-7-11 アーガスヒルズ 50　5F　宅建学院
TEL. 04-2921-2020　FAX. 04-2924-5940

2024 宅建学院の通信講座申込書

ご注文商品名	税込定価	Web受講	DVD受講
宅建超完璧講座　一般教育訓練給付制度指定講座	115,500円		
宅建完璧講座	88,000円		
宅建総まとめ講座	29,700円		
宅建公開模試	25,300円		
テキスト　らくらく宅建塾（基本テキスト）　書籍のみの単独販売はしておりません。	3,300円		

※合計金額 をご記入下さい。（送料無料）	十万	万	千	百	十	円

ご注意　教育訓練給付金の支給は受講修了後となります、受給資格がある方も申込時に受講料全額をお支払い下さい。

※お支払い方法	●□に✔をご記入下さい。●商品の発送は全額の入金確認後になります。	□郵便振替	00120-8-662860　宅建学院（タツケンガクイン）	払込票のコピーと、この申込書を必ずご郵送又はFAXして下さい。
		□銀行振込	三井住友銀行小手指（コテサシ）支店　普通　6438161　宅建学院（タツケンガクイン）	
		□クレジット	●宅建学院（04-2921-2020）までご連絡下さい。	

※お名前（フリガナ）	生年月日　西暦　年　月　日	教育訓練給付　希望する□　希望しない□
※ご住所（〒　　）		
※お電話（　　）		
メールアドレス		
※ご送金日　20　年　月　日		

〈個人情報保護について〉**利用目的**－本申込書による個人情報は、次の目的に使用いたします。①お申込み品の発送　②商品開発上の参考　③当社商品のご案内の発送　**第三者への提供**－皆様からお寄せ頂きました情報は、当社以外の第三者への提供はいたしません。**個人情報の取扱いの委託**－当社は、信頼するに足ると判断した外部業者に、商品発送等の業務の一部を委託することがあります。**個人情報の提供の任意性**－本申込書のご記入は、みなさまの任意です。但し、※印の必須項目について記入されないと、商品等の送付ができない場合がございます。**問い合せ**－本申込書による個人情報については、**宅建学院**へお問い合せください。

〈掲載講座について〉講座内容は、法改正の反映等のため、予告なく変更することがございます。また、事情により予告なく販売停止・廃止する場合がございますので、予めご了承ください。

企業研修 **宅建企業研修**

[注意!]
教育訓練給付金は
支給されません。

宅建企業研修

企業様の新入社員や従業員の方々専属で研修を行います。オリジナルプランをきめ細かく相談できるので安心です。

Point 1 合格率が高い!

授業参加に責任感

会社として参加しているので、新入社員や従業員の方々は授業参加により責任感を持ちます。これによって独学で学習するよりも全体として高い合格率が望めます。

グループならではの一体感

受講生となるのは皆同じグループに属する方々ですので、授業空間に一体感が生まれます。また、競争精神も高まるので、独学にはできない学習環境が実現します。

Point 2 一社ごとにプランを作成

柔軟なスケジュール調整

休業日や就業時間等を考慮して、講義の回数や時間をオリジナルに設定します。

予算を抑えても内容は充実

予算内で講義を行い、自宅演習でカバーするようにプランを作成することで、必要な学習量を変えずに予算内で研修を行うこがができます。

例えばこんなプランも!

内定の決まった新入社員を対象に研修をしたい!

例えば7月頃に新入社員の方々の内定が出る場合などで、そこから 10 月の本試験までの3カ月で一気に合格に必要な内容を叩き込みます。時間を確保しやすいメリットを生かして短期勝負で合格させます。

既存の従業員の就業時間を確保しつつ研修したい!

すでにお勤めされている従業員の方々の場合は、多くの時間を一斉に確保するのは難しいです。そこで、就業時間後や休業日などに授業時間を設定するなどスケジュールを工夫して合格を目指します。

研修スタートまでの流れ

お問合せ
お電話にてお気軽にお問合せ下さい。

ヒアリング
予算や実施時期等をお伺いいたします。

プランご提案
ご納得いただけるまで何度でも最適なプランをご提案いたします。

研修スタート
スケジュールに沿って研修をスタートします。

企業のご担当者様、
お気軽にお電話にてご相談ください。

お問合せは
TEL.04-2921-2020

MEMO

MEMO

★元祖！ 楽勝ゴロ合せ 一覧表★

・本書シリーズ らくらく宅建塾[基本テキスト]の対応頁です。

第1編 権利関係

事　項	ゴロ合せ（対応語句は本文参照）	本文頁
法定追認	親は、「生理上」子供の契約の後始末をする	15頁
心裡留保	ゼムユ・アカム	33頁
代理権の消滅	星は半分・ダシは後	43頁
遺留分侵害額請求権	誕　生　石	84頁
単独申請OK	他の変装が評判	113頁
床面積の算出	仙台ハイツは害虫の巣	125頁
共用部分登記	規約の表に法はない	127頁
区分所有建物の管理の定数	集会に来い！ しみったれの重大な規約違反に報復だ！ しのごの言わずに建替えろ！	129頁
借地と借家の違い	違いは特許、採点は同じ！	252頁

第2編 宅建業法

事　項	ゴロ合せ（対応語句は本文参照）	本文頁
変更の届出	明治の薬剤師	283頁
名簿・帳簿	納豆五十丁	292頁
営業保証金の取戻し	日本中から取り戻せ	316頁
手付金等保全措置	ミカン５つでカンジュース1000	363頁
重要事項説明書の記載事項	官僚が　徒歩で私道を　上下して　預り金を分けたそうろう	377頁
区分所有建物	専々、共滅、敷修繕、ダブル管理に積立金、貸借専管だけでいい	379頁
貸借特有事項	赤痢菌の過去	381頁

第3編 法令上の制限

事　項	ゴロ合せ（対応語句は本文参照）	本文頁
特定用途制限地域	制限は予知できない	404頁
用途地域外では	特 別 利 口	406頁
準都市計画区域では	ちがいは利口	406頁
開発許可	セミの耳は意味ない	414頁